宇宙變化의 原理이야기
(六十甲子이야기)
2

열린문학 신가사(A)부문 본상

조대일 (시인)
KBS 문화센터 혈액형 의학 강사, <월간 건강 다이제스트> 혈액형 의학 칼럼 연재, 법무부 보호관찰소 범죄예방위원, 우리생활 건강연구회 설립, 혈액형 의학 명명, 경기대학교 사회교육원 혈액형 의학 강의, 대한 사격 연맹 이사, 건강원 운영, KBS 건강 365 혈액형 의학 연재, 신지식인상 수상, 국제문화예술협회 열린문학 신인상 수상
저서: 당신도 의사가 될 수 있다/혈액형과 현대병/혈액형이 체질이다 1, 2권/혈액형의학의 체질이야기 I, II, III/혈액형의학의 체질이야기 IV, 아기를 잘 낳는 비결/즉효 응급처치 비법/인체 메카니즘/이것이 혈액형 의학이다. 집필중: 혈액형의학과 요리의 만남/우주의 잣대 (한국철학시리즈)/占風의 여든한가지 질문집/ 성격과 감정의 형성그리고 심리여행/ 우리말의 모양과 소리

●●● 당선소감

心象之身

마음은 몸에서 나온다고 하는 옛 선현의 말씀입니다.
몸이 있어야 마음이 있지 몸없는 마음이 이 세상에 존재할 수 있는가?
생명! 인체속 생명 메카니즘을 찾아 40여년, 서양사람의 코가 왜 큰가?를 찾았을 때 밀려드는 허무와 고독함, 그 마음 달래느라 한 장 한구절씩 썼던 짧은 글귀들.
국제문화예술협회 김선총재님 오문옥 회장님, 김석인 본부장님, 이오동 국장님 이하 심사위원 여러분! 감사합니다. 진심어린 감사를 올립니다.
꿈인가? 생시인가? 오늘 암이 깊고 당뇨까지 겹쳐 힘든데 항암휴유증으로 마약을 투여해도 통증이 멈출줄 모르던 몸을 맡기면서 "선생님 무조건 믿고 시키는대로 하겠습니다." 하던 그 분이 전화를 했다. "선생님 대박났어요, 뭔지 알아맞혀 보세요, 네~ 아 무릎이 좀 편해지셨나요?" 그보다 더 큰거요, 무엇일까?~ "당뇨, 암, 고지혈증 모두 정상이래요, 아~ 감사합니다. 감사합니다. 모두가 박여사님 실천하는 노력 덕분입니다." "감사합니다. 박여사님 스스로 치료하고 이기신 겁니다." 경사도, 흉사도 겹쳐서 온다는 옛말이 맞기는 맞나 보다. 특히 물심양면으로 지도하고 이끌어주신 김선총재님. 총재님과 인연의 다리를 놓아주신 엠-애드 임선실 실장님께도 감사를 드립니다. 앞으로 여력이 있는한 국제문화예술협회와 동행하겠습니다.
선배 문인 여러분들의 지도편달이 더욱더 필요합니다.
아직도 갈증이 심합니다. 선배문인 제현들의 건강과 행복한 삶을 위하여 선배문인 제현들의 명예에 누가 되지 않도록 정성을 다하여 갈고 닦겠습니다.

—點風 謹書

宇宙變化의 原理이야기 2

共平 조대일

| 프롤로그 |

宇宙變化의 原理이야기2

◎ 하늘은 법을 만들고 땅은 그 법을 집행한다.

이를 선악과(인과응보)라 한다. 동서고금을 통털어서 아로새겨진 인간의 역사나 제반행위, 神의 역사까지도 하늘 아래 있음을 잊지 말라. 지혜롭지 못하거나 교만한 인간은 반드시 인생을 후회할 것이요, 후회할 때는 자신의 발등을 찍고 싶고 눈물 흘리며 통곡하고 하늘을 우러러 탄식할 것이다. 지혜로운 자는 이 글을 읽고 골수에 새길 것이다.

◎ 그동안의 4주8자에 대한 오해와 진실에 대한 정답을 찾아서!!!

이 세상 三世의 모든 인간은 夫生母育(부생모육)의 은혜를 입어 이 세상에 태어났다는 사실은 그 누구도 부인할 수 없을 것이다.

그리고 태어난 후에는 가정이라는 환경에 의하여 성장하고 길들여짐 또한 벗어나기 힘들다는 사실도 잘 알고 있을 터이다.

이는 곧 하늘 아버지와 땅 어머니의 은혜를 입어 만생명(인간)이 태어나고 자라고 적응하고 생존하는 현상에 있어서 그 이치가 조금도 차이가 없음 또한 자명한 일일 것이다.

여기에 지혜로운 우리의 조상 성현들께서 우주를 측량하는 잣대를 만드셨으니 이름하여 음양과 오행과 천간과 지지와 8괘와 육십갑자다.

인간이 태어나 한평생을 살아감에 있어 천변만화 만고풍상을 겪듯이 음양과 오행 천간지지 팔괘와 六十甲子도 우주의 공식임에는 분명하지만 살아 움직이는 생명체와 같이 천변만화 할 수 있다는 점을 미리 이해하지 않으면 안 된다는 사실이다.

　지난 甲子년 필자가 산중수행도중 삼매에 들었을 때 천우신조함으로 일 만년의 역사를 거슬러 올라갔을 때 그 당시에도 육십갑자가 사용되고 있었음을 밝히지 않을 수 없다. 이하 자세한 내용은 "우주변화의 원리 이야기 제1권"에 있다.

　지금 현재의 인류는 지구의 6代 자손이란점도 다시한번 밝혀두고자 한다.

　문제는 4주8자가 맞다 아니면 틀리다라는 것이 아니다. 문제의 핵심은 해설상의 오해와 감정사의 미명 또는 편견, 상호간의 인식부족과 용어개발의 미숙함, 비유의 부적절성 등이 종합되어 불신과 오해의 근원이 되고 있음을 부언하지 않을 수 없다.

　지구상에 존재하는 모든 생명체는 환경의 지배를 벗어날 수 없음이 지구상 생명체의 운명이며 실체다. 인간도 가정이라는 환경을 벗어날 수 없다는 논리 또한 같은 이치로 작용한다.

　다음으로 큰 문제점은 교만과 편견이다. 우리 민족의 대륙지배가 무너지고 난후 신흥세력에 의한 장자손의 말살추적 세력에 의하여 도망다니기에 바빴던 지난 3천년이란 기나긴 세월 우리가 우리 자신을 잃어버리는 망각 속에서 우리자신도 모르게 우리들 관습속에서 자라버린 사대사상이 우리들 주체사상처럼 둔갑해 버린 현실에서의 교만과 편견이다. 그리고 굳어져 버린 고정관념이다.

　옛날에는 중국을 사대하여 이 세상 모든 학문은 "시원중국"이라 하였고, 지금은 이 세상 모든 학문은 미국을 비롯한 "시원서양"이라는 개념이다.

필자가 40여 년 간 우리학문을 연구해 오면서 겪은 일화 한 토막으로 이를 대신할 수 있을 것이라 생각된다. 어느 날 한 손님에게 생년월일을 물었더니 자신은 모태신앙을 가진 크리스챤이기 때문에 믿지 않을 뿐만 아니라 보는 것도 믿을 생각도 없다고 하였다. 그래서 그러시냐면서 성명을 풀어보니 부모님도 내 마음을 몰라주고, 자식들도 내 마음을 몰라주니 세상사는 게 답답하지 않느냐?고 물었더니 그걸 어떻게 아느냐?고 되물었다. 그래서 대답하기를 성경도 불경도 부처도 예수도 이 세상에 존재하기 이전 우주의 이치요 작용이라 했더니 그때야 생년월일을 대면서 4주를 봐달라고 하였다. 그때 4주를 풀었더니 눈물을 줄줄 흘리면서 하소연을 하는 것이었다.

대개 사람들은 자기가 알고 있는 세계가 전부인 것처럼 그리고 자기 지식으로 충분히 세상을 판단하고 선악을 구분 짓고 단죄할 수 있다라는 생각으로 세상을 살아가고 있다. 사람들을 만나 대화를 하다보면 모두가 다 선생이요 도사요, 정치, 문화, 역사, 철학, 심리, 의학, 과학, 우주에 이르기까지 무불통지였다. 그러면서 문제는 "자기앞"도 가릴 줄 모른다는 점이었다. 이러한 실상이 현대인들이 앓고 있는 교만과 편견의 극치라는 전염병이다. 아는 척을 해야 하고 있는 척을 해야 하고 잘난 척을 해야 직성이 풀리는 듯 이것이 오늘날 우리들의 자화상이다.

다음으로는 바탕환경을 인정할 줄 아는 배려의 인식이다. 자기의 잣대, 자기의 색상, 자기의 생각, 자기의 틀을 벗어나면 모두 악으로 단정하고 악을 뛰어넘어 저주할 만큼 상대의 입장을 전혀 고려하지 않고 배려하지 않는 인색함의 지나침이다. 이것은 단적으로 표현하면 과욕이다. 욕심이 지나침이다. 사람이 욕심을 부리게 되면 4방이 암흑이 된다. 오직 자기의 욕망을 채워주는 반디불이 하나만 보일 뿐이다. 그리고 잠시 욕심이 가라앉으면 후회막급이다.
 동서고금 세상사란 장단점이 있을 뿐 절대성은 없다. 우주이치는 불변이지만 그 작용은 천변만화다. 좋은 물건 나쁜 물건 좋은 사람 나쁜 사람이 있는 것이 아니고 장점이 많은가와 단점이 많은가가 있을 뿐이다. 그것마저 나에게 일때이고 당신에게는 반대일 수도 있다.
 하나의 예로 사람들에게는 5성(五性)의 금목수화토가 있다. 금성은 의리가 최우선이고 목성은 착함이 최우선이고 수성은 멍청함을 가장 싫어하고 화성은 예절을 최우선시하고 토성은 신용을 최우선시 하는 것 등이다. 이러한 바탕환경에 의하여 보는 것, 듣는 것, 먹는 것, 입는 것, 말하는 것, 냄새 등의 반응이 천차만별이다. 사람이 살아가는 방법이나 지식의 인식도 등은 더더욱 그렇다.
 이러한 관점에서 우주의 이치에 해당하는 우리의 철학인 육십갑자는 불변의 진리임에는 틀림이 없지만 받아들이는 입장이라면 이견이 분분할 것이다.
 그렇지만 우리것을 우리가 갈고 닦으며 소중하게 여기지 않는다면 그 누가 우리의 것을 가까이 할 것인가?
 아직은 구차하고 미비하지만 강호제현들의 깊은 애정과 질타를 희망하면서 육십갑자 이야기를 나름 전개하고자 한다.

목 차

플로로그 …… 4

제 1부 팔자의 해부
도대체 팔자란 무엇인가?(무엇인고?) …… 12
21세기 과학만능시대에 왜 4주8자가 필요한가? …… 14
이 세상 모든 인간은 태어나는 순간 8자가 정해진다 …… 16
인간은 스스로를 보고도 모르는 청맹과니다 …… 18
나를 알아야 세상이 아름답다 …… 19
인간은 사회적 동물이다 …… 21
가화만사성인다 …… 23

제 2부 팔자의 변수
팔자가 무엇이길래 …… 26
팔자소관이다 …… 28
팔자도 유전이다 …… 30
자식의 소질은 부모의 잠재적 억눌린 욕구의 발현이다 …… 31
인생은 세 번 태어나고 기회도 세 번 온다 …… 32
성인의 지혜는 진리이다 …… 34

제 3부 팔자 출현의 환경
하늘과 땅이 있으매 …… 36
하늘과 땅을 재는 잣대가 나오고 …… 37

음양의 의미 …… 40
오행과 그 의미 …… 40
절기와 그 의미 …… 42
12운성이란 …… 44
六親法 …… 50
支藏干 …… 52

제 4부 팔자의 구성과 배경
팔자의 구성 …… 56
오행의 항성(恒性) …… 58
천간지지의 변성과 불변성 …… 60
空亡法 …… 61
三災 …… 62
干合과 支合 …… 63
干沖과 支沖 …… 65
破 …… 66
害 …… 66
刑 …… 68

제 5부 사주를 세우는 법
사주 세우는 법 …… 70
년시계의 출발점 …… 71
월시계의 출발점 …… 72

일일시계의 출발점 …… 74
시간시계의 출발점 …… 75
대운 산출법 …… 76

제 6부 인생사용설명서를 읽기 위하여
12지신 간명 …… 80
12지신의 종합적 개념 …… 85
천간간명법 …… 86
六親의 작용 …… 90
길신과 길신의 작용 …… 92
흉신과 흉신의 작용 …… 97

제 7부 格局과 用神
格의 區分 …… 118
내격선정의 4원칙 …… 119
用神의 定法 및 類型 …… 135

제 8부 팔자로 보는 성격 그리고 직업적성
天禀과 性格 …… 145
직업과 적성 그리고 소질 …… 152
明宮小限法 …… 170
空亡 …… 178
三角鼎足立式 …… 181
祕監十二式 …… 182

제 9부 격국용신 분류간법에 대한 훈련공부

正官格 …… 187
偏官格 …… 190
印綬格 …… 196
正財格 …… 201
偏財格 …… 207
食神格 …… 214
傷官格 …… 220
雜氣財官格 …… 235
羊刃格 …… 242
建祿格 …… 250
時上一位格 …… 255
年時上 官星格 …… 264
時上偏財格 …… 273
曲直格 …… 279
炎上格 …… 283
稼穡格 …… 291
從革格 …… 298
潤下格 …… 304
井欄叉格 …… 315
玄武當權格 …… 318
句陳得位格 …… 324
福德格 …… 328
棄命從財格 …… 338

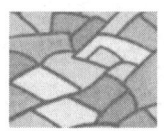

1부
팔자의 해부

◎ **도대체 8자란 무엇인가⑴무엇인고!)**

四柱八字(4주8자)는 인생의 사용설명서이다.

누차 반복하지만 4주8자에 사용되는 天干地支(천간지지)는 우리들의 훌륭한 조상님 등이 우주의 실상을 보고 만들어낸 우주를 재는 잣대이다. 이 잣대의 정확성은 매일 아침 태양이 동쪽에서 떠올라 서쪽으로 넘어가는 것과 그 이치가 추호의 착오도 없다. 만약 내일 아침 태양이 동쪽이 아닌 남쪽이나 북쪽 아니 서쪽에서 떠오르는 일이 발생한다면 그 순간 이 잣대는 무용지물이 된다. 필자가 이 글을 쓰는 자신감 또한 내일도 내일의 내일도 영원히 태양은 동쪽에서 떠오를 것을 믿는데서 얻는 것이다.

이 잣대의 출현환경이 자연이며 자연과학이기 때문이다.

그럼 4주는 무엇이고 8자는 무엇인가?

2010(庚寅年) 6월 1일 10시 생이라면

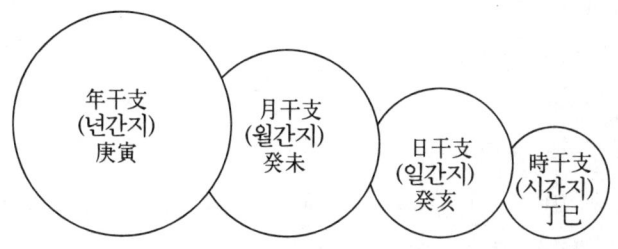

위 그림에서처럼 四柱(4주)는 년간지, 월간지, 일간지, 시간지 4개를 4주라고 한다. 8자는 4개의 간지에 각 두자씩 묶여 있으니 8자(여덟자)가 된다.

이것을 命(명)이라고도 한다. 이 명을 움직이는 것이 歲月(세월)인데 즉 시간이다.

이 시간의 흐름을 運(운)이라 이름 한다. 다시 말하면 운명이란 것이다.

그럼 같은 날 같은 시간에 태어난 사람은 같은 운명으로 세상을 살아가는가? 하는 문제가 제기된다. 이 문제를 풀기 위하여 연구 끝에 찾아낸 해답이 환경이다. 환경이란 나를 세상에 태어나도록 도와준 어머니와 아버지다. 결론부터 이야기한다면 어머니 8자와 아버지 8자가 내 8자 도합 24자로 풀어야 한다는 의미다. 이것이 이 세상 같은 8자는 없다는 운명공식이다. 이를 숙명이라 한다. 좋던 싫던 간에 내가 이 세상에 태어났다는 사실은 어머니와 아버지의 결합에 의해서다. 그리고 내 몸을 형성하고 있는 모든 세포는 외가와 친가의 정보를 몽땅 담고 있다. 지구상에 나타난 최초의 인간으로부터 대대로 물려받은 이 정보의 누적에 의하여 인류는 날로 발전한다. 때론 선이 지선으로, 악이 극악으로 선이 악으로, 악이 선으로 바뀌기도 한다. 그러면서도 선이 영원한 선으로 또는 악이 영원한 악으로 남아 있지도 않는다. 그것은 외가와 친가의 정보교합 때문이다. 그러므로서 옛날에도 악인과 선인이 있었고, 지금도 악인과 선인이 공존하고 있다. 또한 천재와 둔재의 공존과 바꿈도 같은 이치다. 이러한 변화와 그 실상을 읽어내는 공식이 六十甲子(육십갑자)요 개인의 정보가 들어있는 칩이 4주8자요 이 암호를 분석하고 풀어내는 키워드가 陰陽五行(음양오행)이다. 이것이 곧 인생사용설명서다. 인간은 분명 인간이 만든다. 자동차도 비행기도 인간이 만든다. 문제는 인생사용설명서만 없다. 하지만 이미 인생사용설명서는 존재했었다. 암호화 하였을 뿐만 아니라 그 출현에 대해서도 철저하게 비밀로 되어있다. 일설에는 이론들이 존재하지만 그 이론들은 상상이나 추측에 불과하다고 단언할 수 있다. 앞으로 몇 백 몇 천년이 걸릴지는 모르겠지만 과학이 좀더 발전을 거듭하여 통일과학이 출현하게 되면 그때 풀릴 것이다.

그럼 현대과학의 수준은 어느 정도인가? 언젠가 과학자들의 종합의견으로 우주만물을 분석하는데 아직 27%에 그치고 있으며 73%는 현대과학으로는 아직 풀수 없는 미지의 세계라고 말한 바 있다. 그럼에도 불구하고 사람들은 과학만능을 이야기 하고 있다. 그러면서도 神(신)을 믿고 또 창조설을 믿는다. 이러한 현실을 볼 때 우리 모두는 분명 불확실성의 모순 속에서 길 없는 길을 찾아 헤매고 있는 기분이다.

◎ 21세기 과학만능시대에 왜 4주8자가 필요한가?

사람이 태어나 말을 배우게 되면 끊임없는 질문의 연속이다. "엄마 이게 뭐야?" 이러한 궁금증은 성인이 되어도, 박사가 되고, 교수가 되어도 마음속 질문은 멈추지 않는다. 이것이 무한 우주의 무한비밀이다. 즉 당신도 나도 모르는 세상을 살아가면서 궁금증을 풀어가는 과정에서 언제나 세상은 끝난다.

오늘을 살아가고 있는 이 세상 모든 사람들은 과학만능을 외치면서도 한치 앞을 모르는 답답함으로 존재한다. 다시 말하면 인간의 궁금증이란 모르기 때문이다. 너도나도 백일하에 드러난 알 수 있는 일들이라면 그 누가 궁금해 할 것이며 또한 알고 싶어 하며 질문을 하겠는가?

아직 세상이 밝히지 못한 아니 접근도 불가능한 분야가 생명체이다.

지금 과학은 생명체속의 DNA를 완전 해독했다고 하는 자랑거리가 겨우 초파리다. 초파리는 지구상에 있는 가장 단순한 생명체이며 포도껍질 등의 음식물을 한 두 시간만 방치해도 곧바로 생겨나는 생명체가 초파리다.

앞에서도 밝힌바 있지만 4주8자는 인간의 사용설명서가 들어있는 정보칩이다. 이 세상은 인간중심세계요, 이세상 주체가 인간이다. 고로 인간이 인간의 정보를 필요로 하고 있다. 또한 스스로도 궁금해 하고 있다.

이 궁금증이 이 시대에 4주8자가 필요한 이유다. 그럼 8자속에 무엇이 숨어 있길래! 한 인간의 과거와 현재와 미래가 숨어 있다. 소질과 적성과 성격, 품성 인과 관계, 대인관계, 환경, 배경까지 모두 들어있다. 그래서 수천 년간 수많은 사람들이 8자에 목숨 걸고 매달려 있는 것이다.

우리의 속담에 "천하가 무너져도 내 코뿔만 못하다" 라는 말이 있다. 이것이 현실이다. 나는 무엇이며 나는 누구이며 가능은 무엇이며 불가능은 또한 무엇이며 부모는 형제는 자식은 무엇이며 꿈꾸는 미래는 성공할 것인가 실패할 것인가 모두가 궁금할 뿐이다.

◎ 이 세상 모든 인간은 태어나는 순간 8자가 정해진다.

메밀은 천년이요 기장은 만년이란 말이 있다. 여기에 약초가 한 뿌리 있다. 해마다 꽃을 피우고 씨앗을 맺는다. 하지만 그 씨앗들이 모두 약초가 되지는 않는다. 어떤 씨앗은 땅에 묻히지도 못한다. 어떤 꽃은 열매로 변하지도 않는다. 한 뿌리에서 나오는 꽃도 다르고 해마다 반복해서 피우는 꽃도 다르고 그 꽃들이 맺는 열매도 다르다. 다행히 땅을 뚫고 나와 약초가 되었다 해도 또 다른 길을 갈 수 밖에 없다. 어떤 것은 잡초로 오인되어 뽑히기도 하고 어떤 것은 솎음을 당하기도 하고 어떤 것은 이식도 당하고 어떤 것은 작업 중에 희생당하기도 하며 어떤 것은 약초로 뽑히고 어떤 것은 종자용으로 남겨지기도 한다. 동물도 같고 사람도 같다. 그렇다면 식물도 동물도 8자가 있단 말인가? 분명 있다. 하지만 이를 사람의 지혜로는 알 수 없을 뿐이다.

예를 들면 개미가 사람을 보면 똑같은 사람일 뿐이고 사람이 개미를 보면 똑같은 개미일 뿐이다. 필자도 처음 도시로 나와 서양인을 보았을 때는 똑같은 서양인 일뿐 다름을 구분하지 못했다. 그들도 마찬가지였을 것이다.

만약 하늘 저 높은 곳에서 지상을 내려다본다면 사람이 사람으로 보이겠는가? 인간은 세상 만물 중 最貴(최귀)하다. 그리고 주체성을 가지며 협업하며 살아간다. 여기에 운명이 존재한다.

우리들 인간이 함께 살아가는 이 세상에는 시간의 톱니바퀴 4개가 맞물려 돌아간다. 제일 크고 느리게 돌아가는 톱니바퀴가 년을 가리키고, 다음 톱니바퀴가 월을 가리키며 세 번째 톱니바퀴가 일을 가리키며 제일 작은 톱니바퀴가 時(시)를 가리킨다.

六十甲子(60갑자)시계

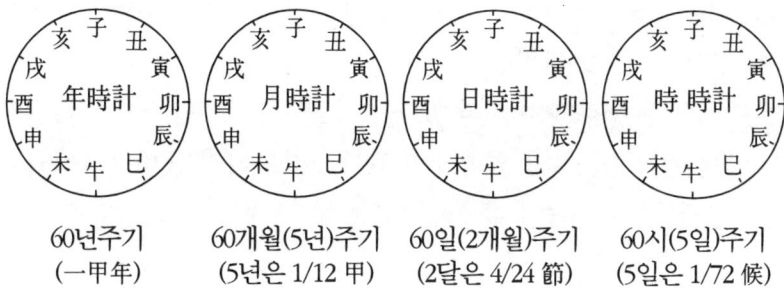

  60년주기　　60개월(5년)주기　60일(2개월)주기　60시(5일)주기
  (一甲年)　　(5년은 1/12 甲)　(2달은 4/24 節)　(5일은 1/72 候)

위 그림은 연월일시가 각각 60갑자의 시계가 있음을 표현하고 있다. 다시 말하면 년갑자와 월갑자와 일갑자와 시간갑자가 있다. 이 4개의 시계가 돌아가는 과정에서 어느 순간에 인간의 한 생명이 태어나게 되면 그 순간의 4개의 시간을 4주8자라고 하는 것이다. 여기서 문제의 핵심은 日干(일간)이 주체이며 월지(월지)가 부모에 해당되며 그 외 6자는 가족과 가정환경에 해당된다. 시갑자로는 5일이 60갑자요 일 갑자는 60일이요, 월갑자는 5년이 60갑자가 되고 년 갑자는 60년이 된다.

4주8자에서의 핵심요체는 日干(일간)과 月支(월지) 관계라고 볼 수 있다. 즉 일간은 나 자신이요, 월지는 부모에 해당되기 때문이다. 부모가 나를 잘 키워줄 것인지 버릴 것인지 죽일 것인지 본체만체할 것인지에 대한 관계를 표출하고 있기 때문이다. 도의적으로나 상식적으로나 아니면 우주 이치상 그럴 수는 없지만 생명체이고 동물이고 인간이기 때문에 현실적으로 실제 상황일 수 있다는 점을 간과해서는 안 된다. 실제 상황의 예를 들면 부모가 자식을 버리기도 하지만 자식이 부모를 버릴 수도 있다. 이러한 상황이 현실세계이다.

언젠가 신문에 보도된 사실인데 자식을 낳아 이름을 하늘 땅 바다로 삼남매를 이름을 지어 놓고 부모가 가출하고 소년가장이 되어 살아간나다는 내용이었다.

이치를 생각할 때 하늘 땅 바다는 생명을 기르지만 생명이 하늘땅 바다를 기를 수는 없는 일이다. 따라서 자식을 하늘 땅 바다로 삼았으니 이 세상에서 가능한 일이겠는가?

◎ **인간은 스스로를 보고도 모르는 청맹과니다.**

옛말에 "귀가 있어도 듣지 못하고 눈이 있어도 보지 못 한다" 또 귀 있는 자는 들을 것이요, 눈 있는 자는 볼 것이다. 라고 했다. 그러나 이 세상 사람들 99.99%는 보면서도 모르고 못 보는 청맹과니다. 팔자는 인생의 거울이다.

아마도 한국인이라면 99.99% 는 한두 번쯤 철학관이나 점쟁이 집을 찾아간 경험이 있을 것이다. 거지에서 대통령에 이르기까지 지관들도 한두 번쯤은 만나 보았을 것이다.

필자는 40여년 팔자를 연구하면서 어떻게 하면 족집게처럼 잘 맞출 것 인가가 아닌 8자의 원리가 무엇인가를 연구해 왔다. 예를 든다면 오늘 비가 올 것인가? 구름이 낄 것인가? 아니면 맑을 것인가가 아닌 날씨의 변화가 왜 일어날까에 관심이 더 많았던 것이다. 이글은 이러한 관점에서 쓰여 지고 있음을 미리 밝혀 두고자 한다. 다시 말하면 한국인으로 태어났기에 최소한 한국철학의 전문가는 아니라 할지라도 상식적 개념 정도는 누구나 알고 살아야겠다는 생각에서다.

　예를 든다면 우리들은 각자 이름을 가지고 있으며 사람을 만날 때 명함을 주고받으며 통성명을 한다. 이때 자신의 日柱(일주)를 함께 이야기할 수 있다면 악연을 만나 서로 고통 받을 일이 거의 없을 것이다. 이것이 한국철학의 기본개념이요 함께 살면서 어울리고 웃고 우는 정이 서린 문화민족이다. 우리는 이러한 정서를 잊고 산지 오래다. 이러한 문자와 철학, 문화를 오늘날 이 시대를 살아가는 우리들 이웃들에게 널리 알리고자 이글을 쓰고 있다.

　옛것이란 무조건 좋고, 무조건 나쁘다가 아니다. 적어도 한 인류가 원시로부터 성장하여 몇 십 만년을 유지한다고 했을 때, 지금 현재의 인류는 지구의 6대손이라고 하면 헤일 수 없이 많은 실패와 재기를 거듭하면서 쌓아온 내공이 어찌 100년도 못사는 한 개인의 논리에 좌우될 수 있겠는가?이다.

　다만 8자라고 하는 심오한 철학에 대하여 아직까지 보지 못하고 찾지 못하고 깨닫지 못한 부분들이 너무 많아서 보고도 모르는 우리들 후손들의 게으름과 아둔함으로 폄하하고 있음이 심히 안타까울 뿐이다.

　필자는 그동안 청맹과니가 되지 않으려고 부끄러운 후손이 되지 않으려고 주경야독하면서 애써 왔건만 아직도 八字玄玄(8자현현)하다. 하지만 이제는 그간의 연구한 내용을 정리하지 않으면 안되는 때를 맞이하여 보고서를 작성하는 것이다. 이마저 게을리 하여 차일피일 한다면 보고서 작성마저 불가능할 것이기 때문이다. 우리가 아침에 일어나면 거울을 마주하고 면도를 하거나 화장을 한다. 즉 내 얼굴을 보아야 나를 꾸밀 수 있다는 이야기다. 인생도 누구나 자신의 8자를 보고 알아야 하루, 한 달, 일 년, 일생의 계획을 세울 수 있음이다.
　이 세상에 거울이 없다면 사람에게 팔꿈치가 없는 것과 같다. 우리에게 8자가 없다면 세상에 거울이 없는 것과 무엇이 다르겠는가? 그래서 8자는 인생의 거울인 것이다.

◎ 나를 알아야 세상이 아름답다
　손자가 말하기를 "나를 알고 적을 알면 백전불패다" 라는 말을 했다고 전한다. 혹자는 백전백승이다라고 표현하는데 이는 손자병법을 잘못 읽는 오해다. 또한 손자병법의 골자는 36計(계)로 집약되며 36계는 다시 전쟁의 6하 원칙으로 분류된다. 그 마지막 36번째의 전략은 走爲上(주위상)이라 했다. 즉 도망가는 것이 최고라는 뜻이다. 삼국지를 읽다보면 36계가 모두 쓰이고 있음을 보여준다. 제갈공명이 36계를 잘 사용한다. 그리고 조조는 역이용 당한다.
　그럼 나를 알기 위한 방법은 있는가? 있다 무엇인가? 팔자다. 사실은 당신도 나를 모르고 부모도 나를 모르고, 자식도 나를 모르고, 나도 나를 모른다. 그런데 어떻게 하여 필자가 나를 알려준단 말인가? 한마디로 8자속에는 성격, 성품, 적성, 소질, 사업운, 직업운, 귀격, 천격, 부자, 가난, 부모형제, 자식, 이성 관계, 심지어는 사돈에 8촌까지 적나라하게 펼쳐져 있다. 모르고 살아갈 뿐이다.
　이로 인하여 남을 괴롭힌 사람이 나에게는 잘하고 나를 괴롭힌 사람이 남에게는 잘하고 나는 미워보이는데 다른 사람들은 예쁘다 하고, 다른 사람들은 밉다하는데 내눈에는 예쁘게 보이는 것이다. 그것은 개성과 상대성, 취향 때문이다.
　그럼 나를 알아야 세상이 아름답다는 뜻은 무엇인가? 그것은 자신의 8자를 정확히 분석하고 분수를 지키며 욕심을 버리고 객관성을 확보하여 절도 있는 삶을 행할 때 세상은 황홀하게 아름답다. 그러기 위해서는 우선 상식을 알아야 한다. 세상에는 상식에는 인색하고 허영과 부황, 아부와 칭찬에만 인심이 후하다. 그리고 후회한다. 그리고 세상을 원망한다. 옛말 그른데 없다고들 한다. "호랑이 열두번 물어가도 정신만 차리면 산다"가 이유 없이 생긴 말이 아니다. 요즈음 사회저변을 보고 있노라면 그 추태들 형언할 수 없다. 야외 전등불에 불나방이 모여든다. 혹시나가 역시나로 끝나고 이번만은 나만은 하지만 또 역시나다.

一將功成萬骨苦(일장공성만골고)라 했다. 한사람의 장군이 훈장을 받기 위해서는 만명의 병사가 희생을 감수해야 한다. 이를 바꾸면 한 사람의 부자를 만들기 위해서는 만명의 재산을 모아 주어야 한다. 산이 높으면 높은 만큼 골도 깊다. 명예가 높으면 높은 만큼 고생 또한 많이 해야 한다. 이를 天地理致(천지이치) 즉 天理(천리)라 한다.

세상에는 언제나 무엇이건 공짜가 없다. 뿌린 만큼 거두고 가꾼 만큼 얻는다. 오죽하면 여북하랴마는 이것이 상식이다. 최소한 상식만 벗어나지 않는다 해도 나도 보이고 당신도 보인다. 본대로 행하라. 그럼 세상이 아름다울 것이다.

◎ **인간은 사회적 동물이다.**

獨不將軍(독불장군)이란 말이 있다. 세상은 홀로 살아갈 수 없다. 모여 살면서 무엇이든 함께 해야 한다. 이 지구상에는 70억이 넘는 나와 비슷하고 당신과 비슷한 사람들이 지구 곳곳에서 집단을 이루며 살아가고 있다.

더군다나 지구촌 전체가 하룻거리로 좁혀진 지금 어울림의 미학을 연구하지 않으면 안 된다. 어울림의 핵심철학이 인연이다. 인연은 우연이고 필연이고 운명이다. 이 세상은 보이는 세계와 보이지 않는 두 세계가 존재한다. 어림잡아 보이는 세계는 1%요 보이지 않는 세계는 99%이다. 실제로는 보이는 세계가 0.1% 내지 0.01%일 수도 있다. 하지만 그것은 착각이요 천만의 말씀이다. 한 가지 예를 들어보자 지구촌에 국가가 200여개 있고 인구는 70억을 넘는다. 시쳇말로 마당발이라고 하는 사람들이 알고 지내는 지인들이 몇 명이나 되겠는가? 100명, 1000명, 만명? 그래 만명이라고 치자 그럼 지구 인구를 70억으로 계산하면 70만분의 1을 안다가 된다. 이를 %로 환산하면 0.0000014%이다 이럼에도 불구하고 사람들과 이야기하다보면 모르는 것이 없다. 미국은 어떻고, 영국사람은 어떻고, 일본인은 어떻고, 한국인은 어떻고들 한다. 기막힌 비약이다.

한 사람이 세상에 태어나는 행운과 확률은 대략(한 남자의 일생동안 생산한 정자수와 바교하여)30조분의 1에서 100조분의 1이란 계산이 나온다.

오늘 당신과 내가 만났다면(소개든 우연이든 업무든 어떤 이유를 막론하고) 줄잡아 30조분의 1이라는 희귀한 행운 둘이 만나는 것이다. 이것을 인연이라 한다. 그래서 길을 가다가 옷깃만 스쳐도 인연이라고 하는 것이다. 이처럼 소중한 인연을 사람들은 이익의 유무로 그것도 코앞의 작은 이로움의 유무로 사람을 판단한다.

사람이 살다보면 호연이 악연으로, 악연이 호연으로 뒤바뀌는 현상은 일상다반사다. 그래서 새옹지마란 말이 생겨난 것이다. 대개 사람들은 새로운 인연을 만났을 때 좋은 사람인가 나쁜 사람인가를 구분하려고 애를 쓴다. 하지만 인연이란 내 거울이다. 어느 날 악연을 만났다면 어느 날 내 안에 있는 악의 발로이고 어느 날 호연을 만났다면 이 또한 내 안에 있는 선의 발로임을 잊어서는 안 된다. 또한 당신이 나를 악연으로 구분했다면 어떻게 할 것인가? 그럼 나도 당신을 악연으로 구분짓는다고 치자 남은 것은 무엇인가? 괴로움이다. 이상하게도 악연은 자주 만나게 된다. 악연을 호연으로 바꾸게 되면 괴로움이 평화로 바뀐다. 그 바꾸는 일은 내가 해야 하는 일이고 또 나만이 할 수 있는 일이다. 이웃이 4촌이요, 지인이 8촌이다. 부모의 슬하를 벗어나게 되면 나와 가까이서 생활하는 인연이 부모형제다. 내가 제아무리 악연으로 구분했다 해도 그 악연 앞에 내가 갑자기 졸도했다면 그 사람이 나를 구해줄 것이다. 나 또한 마찬가지가 아니겠는가?

◎ **가화만사성이다.**

이 세상 사람들이 표현하는 모든 방법에는 반드시 주체와 개체가 있다. 우리의 시작도 끝도 나 자신이다.

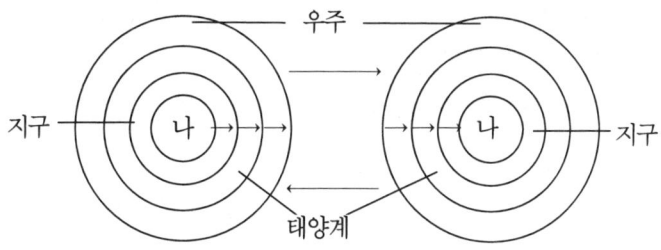

이 세상 만유의 주체는 나 자신이다. 이 세상에 내가 없다면 이 세상 역시 없는 것이다. 따라서 이 세상에 내가 태어남으로써 세상이 존재하는 것이요 내가 사라지면 역사도 세상도 사라진다. 결국 나와 이 세상은 삶을 함께 하는 공존체이다. 이 세상의 주체인 내가 살아가는 주무대는 어디인가? 나를 태어나게 하고 내가 태어난 곳이기도 하며 잠을 자는 곳이며 해 뜨면 나오고 해지면 다시 돌아가는 곳 그곳은 가정이다. 가정은 이 세상을 구성하는 최소단위의 집합체이며 기초단체다. 이 기초단체들이 건강할 때 이 사회가 건강한 것이다. 이 기초단체가 무너지면 이 사회가 무너지는 것이다. 이 기초단체의 핵심은 음과 양이며 부부다. 이 부부는 萬事成(만사성)을 좌우한다. 즉 家和(가화)의 유무가 부부에 의하여 결정되는 것이다. 어떻게 결정되는가? 음과 양의 결합이다. 이것을 宮合(궁합)이라 한다. 다시 말하면 부부간 궁합이 맞으면 가화만사성이요, 궁합이 맞지 않으면 萬事不成(만사불성)이다.

그럼 궁합의 요체는 무엇인가? 日干(일간)이다. 부부간 일간이 음양으로 만나면 가화만사성이요. 음음이나 양양으로 만나면 만사불성이다. 다시 말해 부부 일간이 음과 양으로 만나면 사공이 하나가 되고 부부일간이 음음이나 양양으로 만나면 사공이 둘이 되는 것이다. 비단 이 궁합은 부부간만이 아니다. 이 세상 남녀노소 모두가 이 궁합에 의하여 호연과 악연이 이루어진다.

예를 든다면 사업파트너도 궁합이 맞으면 사업이 순조롭고 궁합이 맞지 않으면 사업 망하는 것은 시간문제다. 만약 궁합이 맞지 않음에도 불구하고 관계가 좋다면 그것은 이기적 환경 때문이다. 즉 정략결혼인 셈이다. 정략결혼은 이익과 함께 생멸한다. 그것뿐 이다. 그간 필자가 가족관계성과 인간관계성을 분석한 결과로는 어김없는 사실이다. 옛 말에 마누라가 예쁘면 처갓집 부치가래 보고도 절한다는 말은 현실이라는 사실을 팔자를 연구하면서 더욱 분명해졌다.

마누라가 예쁘다는 것은 얼굴이 미인이다라는 뜻과는 거리가 멀다. 예쁜 짓을 말하는 것이다. 예쁜 짓도 미운 짓도 자기할 나름이란 말이 그 말이다. 하지만 문제의 핵심은 궁합이 맞아야 미운 짓도 예쁘게 보인다는 점이다. 궁합이 맞지 않으면 예쁜 짓도 밉게 보이니 어쩌란 말인가!

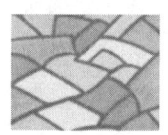

제 2부
팔자八字의 변수變數

◎ **팔자가 무엇 이길래!**

　사람이 살면서 잘되면 내복이요, 못되면 조상 탓이라는 말들을 많이 한다. 사실 망우리에 가도 핑계 없는 무덤 없고 백 살에 죽어도 척을 건다고 한다. 8자란 우주를 재는 잣대이며 우주만물 속에 내재되어 있는 五性(5성)이다. 이를 태어는 순간의 우주시간을 인생에 대입하여 인생사용설명서로 활용하고 있는 셈이다. 즉 5성이란 五行(5행)의 金木水火土(금목수화토)를 말한다. 다시 말하면 한국철학(동양철학)에서는 우주만물에 다섯 가지 원소가 있고 이 다섯 가지 원소로 우주만물이 이루어졌다고 보았던 셈이다.
　이것이 맞느냐 틀리느냐라는 생각은 잠시 접어두자. 옛날 서양에서는 지수화풍 4원소로 되어 있다고 보았다. 하지만 과학적으로 물질을 분석하다보니 오늘날은 104가지의 자연원소에 인공원소 10 여 가지가 추가 되었다.

　이를 객관적으로 관객이 되어 살펴보면 한국과학은 간단명료하고 서양과학은 세분된 차이가 보인다. 예를 들어 우리가 木이라 하면 나무, 풀, 생명의 생성, 바람, 공기 등을 의미한다. 이를 서양에서는 공기 하나만을 보고도 산소, 수소, 중수소, 삼중수소, 헬륨, 탄소, 질소 등으로 분류하고 있다. 또 하나 우리가 金이라고 할 때 서양과학으로 분석하면 철, 비철 등으로 수십가지 금속원소가 있다. 이를 우리는 양금(철류)과 음금(비철류), 가을, 견고함 등으로 표현한다.

　여기서 우리는 동서양의 장단점을 발견할 수 있다. 서양의 세분화가 문명을 발달시킨 반면 그 세분화가 환경을 파괴하고 인류멸망을 채찍질하고 있다. 여기에 반하여 우리의 5성과학은 문명을 크게 발전시키지는 못하지만 친환경적이며, 인간적이며, 자연회귀이며 자연과 하나라는 관점을 낳고 인류멸망을 지연시키며 인간의 행복지수를 높이는 장점이 있다.

　사실 세상 만물과 모든 인간에게는 장단점이 있을 뿐 좋다 나쁘다 맞다 틀리다는 없는 것이다. 너와 나를 막론하고 혈기가 왕성할 때는 무엇이든 생각대로 될 것 같은 그런 기분으로 산다. 그렇지만 막상 사회에 발을 내딛게 되면 아~ 이건 아닌데! 하다보면 자기수정을 해야 되고 세습에 젖게 되며 운명론이 고개를 들기 시작하고, 과거 어렸을 적 어르신들의 말씀이 맞기는 맞는구나 하면서 몸은 늙어가고 기는 꺾이고, 의욕을 잃으니 질병이 찾아오고 이것이 운명의 장난이구나 이것이 생노병사구나 이것이 옛 현인들이 말씀하신 일장춘몽이구나 라고 생각하게 된다. 그리고 당신과 나 그 누구를 막론하고 후회를 하게 된다. 좀 더 빨리 아니 젊었을 때 아니 어렸을 때 부모님들이 좀 더

자세히 이러한 세상이치를 알려 주었더라면 이처럼 후회를 하지는 않을 것을! 하지만 천만의 말씀이다. 그때는 매를 맞으면서도 귀가 막혀 있는데 어찌 듣는단 말인가? 오직 부모의 슬하를 떠나는 일과 어른 흉내 내는 일과 마음대로 세상을 휘둘러 보겠다는 생각만 머릿속에 가득한데 설령 귀가 뚫렸다 해도 머릿속에 그 좋은 말씀들이 단 한마디도 들어오지 않는 것을 어쩌란 말인가?

　이러한 과오는 조상대대로 최초의 인간으로부터 자자손손 대대로 물려 받아갈 것이다. 당신과 나 우리 모두의 몸속에 그러한 정보구조가 각인되어 있으므로…

　사람의 인생을 읽는데는 8자와 관상과 수상과 습관, 수행에 의한 心相(심상)이 종합된다. 그리고 三變六甲(삼변육갑)의 변화를 겪는다. 3변이란 세 번 태어남을 말하는데 처음 부모님에게서 태어남이요, 두 번은 결혼하여 부부의 두 8자가 삶이요, 세 번은 자식을 낳아 세8자가 살아가는 변화다. 여기에 6갑이라 하여 한사람의 일생을 60년으로 보고 10년씩 대운이 여섯 번 바뀐다 하여 6갑이고, 세 번의 기회가 있다는 것은 좋은 운 3회와 덜 좋은 운 3회가 있고 3재라고 하여 12년에 3년씩 5회가 있는데 8자에 의하여 복삼재(호삼재)가 되기도 한고 악삼재가 되기도 한다. 이러한 여러 과정을 간단히 8자라고 한다.

◎ 팔자소관이다 (팔자속이다)

　사람마다 세상에 태어난 소임이 있다. 그러면 생존방법도 타고 난다. 이를 타고난 재질이라 한다. 타고난 재질이란 적성과 소질이다. 적성은 맞음이고 소질은 많음이다. 따라서 적성은 편안함이고 소질은 좋아함 또는 행복함이다.

　다시 말하면 내안의 바램과 세상의 어느 부분이 일치한 상태에서의 효과에 대하여 사람들의 표현이 소질이니, 재질이니 하는 것이다.

대개 성공한 사람들의 이야기를 들어보면 대부분 우연한 기회에 마주친 어떤 일에 대하여 자신도 모르게 빠져드는 집중력(몰입, 무아지경, 밤새움, 무한반복연습)에 의하여 성공이라는 빛을 발산하게 되는 것이다. 이러한 빛의 대소강약 정도는 조건발생이다.

예를 들어 지난 90년대부터 21세기로 들어서면서 한국인으로 세계적 스포츠 스타가 배출되고 있다. 그것도 한 두 명이 아니다. 야구, 축구, 배구, 골프 등 분야도 다양해지고 있다. 요즘은 영화, 배우, 가수 등도 합류하고 있다. 이것이 조건발생이다. 어떤 집안에는 선생님이 많고, 어떤 집안에는 사업가가 많고, 어떤 집안에는 박사가 많이 배출되는데 이 또한 환경적 조건 발생이다.

환경적 조건이란 무엇인가? 가족이나 친척 또는 매일 접하는 반복 습관된 정보다. 예를 들면 음악가 집안이라고 했을 경우 매일 귀에 익은 음악이 흘러나오고 자신도 모르게 박자를 맞추는 일 등이다. 그래서 사람들은 무엇인가 특별히 잘하고 누군가 흉내 내기 어려운 기술을 지녔을 때 팔자속이라 한다. 팔자속이란 자신도 모르는 무의식 속의 반복된 습관 또는 타고난 재능을 말한다. 타고난 재능은 곧바로 프로가 가능하다. 타고난 재능이 아닌데 프로가 되려면 하늘의 별을 따기만큼이나 힘들다. 그것은 연습시간에 몰입이 안 되기 때문이다.

학생들도 공부에 몰입만 된다면 공부 못하는 학생이 어디 있겠는가, 하지만 집중이 안되고 잡생각에 책상 앞에 앉아있는 허수아비 노릇을 하므로써 성적이 오르지 않는 것이다.

만약 책과 하나가 되어 몰입할 수 만 있다면 천재와 둔재의 구분은 불가능해진다. 요즘 아이들을 보면 컴퓨터 게임하면 배고픔도 날이 저무는 것도 날이 새는 것도 모른 채 몰입한다. 그러다가 부모가 무엇인가 시키면 그때서야 배고픔과 피로가 밀려온다. 그럼 자연스럽게 짜증이 난다.

◎ 팔자도 유전이다.
　부전자전이요 모전여전이란 말이 있다. 세상에 있는 모든 생명체는 몽땅 유전이다.
　소나무씨를 심으면 소나무가 나오고, 사과씨를 심으면 사과나무가 나온다. 대추씨를 심었는데 밤나무가 나왔다는 말은 일찍이 들은바가 없다.
　인간도 예외는 아니라서 건강상태는 물론 손짓 발짓 몸짓 눈짓 턱짓까지 닮지 않은 곳이라고는 하나도 없다. 아버지 아니면 어머니를 닮았다. 이럴 수는 있다. 외모는 아버지를 닮고 성격은 어머니를 닮았다든가 외모는 어머니를 닮고 성격은 아버지를 닮았다든가 등이다. 어쨌든 이유를 불문하고 자식은 부모를 닮는다. 단 5대5일 수도 6대4일수도 있고 9대1일수도 있다.
　문제는 8자도 닮는가? 이다 그렇다 팔자도 부모를 닮는다. 왜 그럼 부모와 삶이 똑같지 않은 것인가? 그것은 성장환경과 시대가 다르기 때문이다.
　대개 부모가 부지런하면 자식은 게으르고 부모가 게으르면 자식은 부지런하다. 이것이 성장환경과 적응이다. 또 부모가 똑똑하면 자식은 아둔하고, 부모가 아둔하면 자식이 똑똑하다. 이 또한 적응이다. 그러나 그렇지 않은 경우도 많다. 왕대밭에 왕대 나고 솜대 밭에 솜대 난다고 한다. 하지만 이런 경우는 극소하고 희귀하다. 세종대왕 아들이 세종만 못하고 율곡선생 아들이 율곡만 못하고 이순신장군 아들이 충무공만 못하다는 것은 천하가 다 아는 사실이다. 이것이 환경과 시대의 다름이다. 옛말에는 백정이 백정을 낳고 갓바치가 갓바치를 낳았다. 그러나 지금은 그렇지가 않다. 그것은 시대와 제도의 다름이다.

팔자의 유전문제는 전문가는 잘 안다. 한 여인이 첫 결혼을 후처로 하고 딸을 낳았다면 그 딸 또한 후처 되는 것이 상례이다. 그렇지 않은 경우 아이를 낳지 못하거나 이혼을 하거나 사별을 하거나 그 이상의 고통을 안고 살아간다. 남자도 다르지 않다. 아버지가 상처를 하면 아들 또한 상처하기 쉽고 그렇지 않으면 상처만큼의 고달픈 인생을 살아간다. 여기서 씨도둑이란 말이 나온다.

준걸준(준)자가 있다. 이는 집안 팔자를 바꾸는 인물을 말한다. 다시 말해서 내 집을 바꿀 수 있는 팔자는 1000분의 1이란 뜻이다. 가난한 사람이 부자 되기 어렵고 부자가 재벌되기 어려운 것과 같은 이치다.

◎ 자식의 소질은 부모의 잠재적 억눌린 욕구의 발현이다.

흔히들 자식이 그 부모와는 전혀 다른 길을 갈 때 똘것이 나왔느니 그 집 내력은 아니다는 등의 말을 한다. 사람은 한 가지 소질만을 타고난 것이 아니다. 부모와 그 조상들의 정보를 모두 유전 받으므로 하여 다양한 소질을 가지고 태어난다. 만약 부모가 음악을 좋아하고 가수가 되고 싶었는데 환경적 요인에 의하여 음악은 접근도 못하고 장사를 했다고 한다면 그 자식은 음악적 소질을 가지고 태어난다는 뜻이다.

이러한 연유로 하여 부모의 예상과는 전혀 다른 인생길을 가는 경우가 많다. 이러한 경우라 할지라도 부모와 조상들의 잠재성의 발현이란 점에서는 전혀 변함이 없다.

따라서 팔자는 부모의 삶이요, 내적 욕구, 추구, 갈구한 바의 외적 표현일 수 있다. 실제로 생각이나 말로써 표현은 하지 않았지만 저 깊은 내면에서 도도히 흐르는 강물처럼 끊임없이 대양(大洋)을 향하여 발전해온 內功(내공)인 것이다. 이 내공은 시간의 장단과 욕구의 강약과 시대환경의 적부적에 의하여 폭발하게 된다. 물론 불발탄이 나올 수도 있다. 이러한 불발탄이나 폭발의 대소 또한 내공의 양태에 따라서 다르게 나타날 수 있다. 화가나, 가수를 예로 든다면 돈 버는 사람, 돈 못 버는 사람, 역사에 남아서 후손에게 음덕을 끼치는 사람 등 다양한 형태의 화가, 가수들과 같은 양상이다.

　내공의 양태란 가문의 양태와도 같다. 문인집안, 무인집안, 도인집안, 상인집안 하듯이 유전정보는 내력을 담는다. 부지불식간 무의식 중에 자기 최면이 작용을 한다. 우리의 조상은 정승이었다. 장군이었다. 왕이었다 하는 등이다. 예를 들어 우리의 조상은 왕이었으니 내 자손 중에서도 반드시 왕이 나올 것이다라는 신념을 가지고 대를 이어 기도를 한다거나 치성을 드리고 또는 덕을 베풀면서 왕이 나오기를 염원 한다면 그 염원에 합당한 자손이 태어나게 되어 있다.

◎ 인생은 세 번 태어나고 기회도 세 번 온다

　우리들 속담에 삼세판 또 삼세번이라는 말이 있다. 젊어서는 이 말의 뜻을 모르니 그런말이 있는가 보다하는 정도였다. 인생사 전반에 있어서 삼세번은 진리임을 부정할 수가 없다.

　사람은 세 번 태어난다. 부모에게서 태어난 나는 첫 번째 탄생이요, 부모는 세 번째 탄생이다. 이것이 7, 8, 9의 법칙이다. 또한 3, 1의 법칙이기도 하다. 아버지 8자와 어머니 8자, 나의 팔자가 도합24자에서 나의 일간이 나를 대신하여 존재한다. 아버지도 어머니도 24분의 1을 살아간다. 나는 1이고 24는 내가 살아가는 배경이요 환경이다.

　두 번째 탄생은 내가 성장하여 이성을 만나 결혼할 때이다. 팔자가

16자를 떠나서 새로운 8자를 만나 16자가 되는 상황이다. 여기서도 1은 나 자신이고, 16자는 환경이 된다.

  배우자도 같은 운명이다. 좋은 만남은 창조적이며 진취적이고 발전 향상된다. 하지만 잘못된 만남은 인생질곡의 늪을 벗어나기 힘들다. 사사건건 의견이 충돌되고 365일 다투지 않는 날이 없으니 지옥이 따로 없다. 반대로 좋은 만남은 천국이 부럽지 않으니 순간의 선택이 천국과 지옥을 좌우하는 꼴이 된다. 일상생활 속에서도 만남은 중요하지만 특히 배우자선택은 인생의 행불행을 좌우한다.

  세 번째의 탄생은 자식을 낳는 순간이다. 자식이 태어나면 내가 부모님에게서 태어나듯 7, 8, 9의 운명이 시작된다. 이것이 三大三合(3대3합)이다. 복3합이면 발복하고 악3합이면 패가한다. 보이지 않는 팔자의 세계, 운명의 세계가 남극이 되기도 하고 북극이 되기도 한다. 즉 무수리가 왕비되는가 하면 단종이 사약을 받는 운명이 되기도 하는 것이다. 이것이 내안에 3생(三生)이 존재하는 까닭이다.

  세 번의 기회란 팔자를 풀다보면 인생 60으로 보았을 때 대운이 6회 들어오는데 행운3회 불운3회씩이니 성공과 실패의 기회가 각각 3회씩 있다는 뜻이 된다.

  첫 번째 문제는 행운이 인생 전반에 있느냐 후반에 있느냐 하는 것이다. 전반에 있으면 부모님 덕이 있다는 뜻이 될 것이고 후반에 있다면 자식들이 잘 될 것이라는 의미가 된다.

  두 번째 문제는 운명을 아는 가 모르는가이다. 옛말에 고기를 잡을 때 기술도 기구도 없다면 막고 품는 것이 제일이다라고 했다. 운명을 모른다면 기회가 언제인지도 모를뿐더러 기회가 와도 기회인줄 모르니 어찌할 것인가? 그냥 흘러갈 뿐이다.

  세 번째 문제는 준비다. 물론 운명을 알아야 한다는 전제하에서의 일이지만 준비하지 않으면 기회가 왔음을 알았다해도 잡을 수가 없다. 개구리도 움추려야 뛴다는 속담이 있다. 예를 들어서 어떤 공사를 함에 있어 입찰을 보고 낙찰을 받았다고 치자, 공사를 진행함에 있어서 건설사 면허증과 공사 진행비와 그 공사에 필요한 인재와 장비가 필요한 것이다. 이러한 준비가 없다면 그것은 기회가 아니다. 만약 준비되지 않은 기회를 기회라고 여긴다면 그것은 부실공사가 이루어지고 부실공사는 패가망신으로 이어진다. 인생 60에서 10년씩 행운과 불운이 교차로 3회씩 들어 있는데 왜 행운 30년 불운 30년으로 되어있지 않고 10년씩 교차로 들어 있는지에 대하여 생각해 볼 필요가 있다. 10년간 뜻을 이루었으면 10년간은 준비하라는 뜻이다. 10년의 준비없이 새로운 10년을 맞는다면 고전을 면하기 어렵다. 아무리 잘 나가는 회사라도, 10년간 성장했다면 숨고르기를 해야 마땅하다. 숨고르기 없이 내쳐 달린다면 이성을 잃기 쉽다. 사람이 이성을 잃게 되면 먼저 자신을 착각하게 되고 욕심을 부리게 되고 아전인수격이 된다. 그래서 브레이크를 밟아야 하는 때를 놓치게 되고 한순간에 꿈은 사라진다. 옛 성현들은 이러한 인간의 자만과 방심을 경계하였다.

◎ **성인의 지혜는 진리다.**

성인의 지혜란 무엇인가? 우리들 모두는 성인을 만나볼 기회를 잃었다. 그러나 그 성인들이 남긴 지혜의 말씀으로 우리는 성인을 만난다.

지혜는 무엇이고 진리는 무엇인가? 지혜는 진퇴양난을 해결하는 방법이며 융통성이고 응용력이다. 진리란 천 년 만 년이 흘러도 변하지 않는 법칙을 말한다. 여기서 논하고자 하는 주요 내용은 보이지 않는 세계의 작용에 관해서다. 불경에서는 인과응보요 성경에서는 선악과다 이 말씀들은 결과적으로 같은 말이다. 인과응보는 줄여서 과보라고도 하는데 행 한데로 받는다는 뜻이요, 선악과는 선을 행하면 선과가 열리고 악을 행하면 악과가 열린다는 의미다. 하지만 사람들은 대부분 이 말을 믿지 않는다. 왜냐면 현실 속에서 악당들은 대부분 호의호식하고 착하게 살아가는 서민들은 매일 고생만하고 사는 것처럼 보이기 때문이다. 왜 그럴까? 악업과 덕업은 쉽게 이루어지지 않는다. 또한 쉽게 사라지지도 않는다. 이미 덕업을 이루어 자손 발복이 시작되었다면 덕업이 남아있는 동안은 호의호식이 가능하다. 덕업도 악업도 은행의 예금통장과 같다. 눈에 보이지 않을 뿐 우리의 몸속에는 유전정보에 의하여 하루도 빠짐없이 대차대조표의 계산이 진행되고 있다. 남이 이루어 놓은 것은 우스워 보이고 내가 이루어 놓은 것은 위대해 보이는 것 이것은 욕심이다. 욕심을 앞세우게 되면 설사 선을 행했다 할지라도 적덕이 되지 못한다.

　따라서 부자가 천국가기는 바늘구멍에 밧줄을 꿰기보다 더 어렵다고 했는데 가난한 서민이 부자 되는 것 또한 그만큼 어렵다. 착하게 산다고 하여 덕이 쌓이는 것이 아니기 때문이다. 德(덕)이란 센 발음으로 표현하면 떡이 되고 턱이 된다. 다시 말하면 덕이란 이로움을 베풀고 나누어 주는 것이다. 떡은 나누는 것이고 턱은 베푸는 것이다.

　옛날 서당에서는 매달 장원한 사람이 턱을 냈다. 또한 과거급제를 하면 응당 턱을 냈다. 그리고 벼슬을 하게 되면 덕을 베풀 수 있는 기회가 생긴다. 물론 반대급부도 있게 마련이다. 한 사람을 이롭게 하면 그 반대쪽 사람은 피해를 입는다. 하지만 가난한 사람은 덕도 떡도 턱도 낼 길이 없다. 그래서 가난도 대물림하는 것이다. 이를 두고 세상은 원망하거나 남을 탓하는 일은 악업을 더욱 가중시키는 일이 된다. 이런저런 이유로 서민들의 가난 벗기기는 나랏님도 불가항력인 것이다.

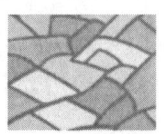

제3부
8자 출현의 환경

◎ 하늘과 땅이 있으매

태초에 하늘과 땅이 있었으니 하늘은 陽(양)이요, 땅은 陰(음)이다. 양은 있으나 만질 수 없으니 運氣(운기)라 하고 음은 만질 수 있으니 실체요 본체요 주체라 음은 주인이요 양은 왔다가는 손님이다.

여기에 사람이 태어나 살아가면서 하늘과 땅의 반복되는 현상을 살펴보면 규칙이 있는지라 이를 지켜보고 기록을 하면서 깨달음을 얻은 바 하늘엔 4시(四時)가 있고 땅에는 4방(四方)이 있고 인간에게는 생노병사가 있음이라.

이때 지혜 있는 성현들이 나타나 인간들의 궁금증을 하나하나 풀어나가게 된다. 인간이란 짐승은 배고픔만 면하면 끝나는 뭇 짐승들과는 달리 궁금증이 생기면 풀어야 직성이 풀리고 풀지 못하면 살 수 없는 특성을 지녔으니 이름하여 역사가 쓰여지기 시작한다. 이 역사에 등장하는 인물들이 하나 둘 그 지혜들을 모아 오늘에 전하게 되니 이름하여 성현들이라, 환인, 환웅, 단군께서는 天地人(천지인)으로 칭하여 三皇(삼황)이라 하고 예하 5제(五帝)를 두었으니 金木水火土(금화수화토)다. 수인씨로 하여금 불을 지펴 농기구를 만들게 하고, 복희씨로 하여금 문자를 만들고 짐승을 길들이게 하였으며 소호씨로 하여금 5곡을 가꾸고 집을 짓게 하였으며 신농씨로 하여금 약초를 기르고 질병을 돌보게 하였으며 헌원씨를 비서로 두고 사방을 조율케 하였다.

이는 유사이전의 구전역사로써 맞고 틀림, 진짜가짜, 있고 없음, 모두 묻어두고 넘어 가자, 역사가 기록된 후로도 권력자들에 의하여 수없이 반복된 왜곡과 은폐에 의하여 모든 사실은 사라지고 없는 터 오직 작금의 현실에서 이치에 합당한가를 다룰 뿐이다.

◎ 하늘과 땅을 재는 잣대가 나오고

하늘엔 5성(五性)이 있고 땅에는 6기(六氣)기 있으니 이를 음양으로 분류하여 10간 12지(十干十二支)가 된다. 이름하여 천간지지(天干地支)라 한다. 천간은 甲乙丙丁戊己庚辛壬癸(갑을병정무기경신임계)로써 십간이요, 지지는 子丑寅卯辰巳午未申酉戌亥(자축인묘진사오미신유술해)로써 십이지라 한다.

하늘은 수시로 변하고 땅은 움직이지 않으니 하늘은 變(변)이요 땅에는 不動(부동)이라 이러한 十干과 十二支로 짝을 지으니 六十甲子가 탄생하게 된다.

變不動(변부동)~天干은 변하고 地支는 不動(부동)이다.

이 표는 天干地支 六十甲子를 표현하고 있다. 이를 六甲이라고도 한다. 六十甲子에는 표에서처럼 甲이 6개 있다는 뜻이다. 즉 10간과 12지의 최소공배수가 60이기 때문이다. 이 六甲時計(6갑시계)가 년시계, 월시계, 일시계, 시시계 4개가 따로 각각 존재한다. 이 시계는 하늘과 땅과 사람을 재는 잣대가 된다. 예를 들어서 이 시계를 보고 금년 2010년의 기후를 읽어보자. 금년은 庚寅(경인)년이다.

> 庚~ 하늘, 乙庚合金(을경합금), 金太過(금태과)
> 寅~ 땅, 寅申沖火(인신충화), 火太過(화태과)

표처럼 하늘은 金運(금운)이 작용하고 땅에서는 火氣(화기)가 작용한다. 즉 하늘과 땅이 쇠와 불로서 싸우는 격이다. 쇠는 불을 이기지 못하나 干支 자체로 보면 하늘은 금이고 땅은 목이다. 그러니 쇠는 나무를 이길 수 있다. 결국 일진일퇴의 공방이 예상된다. 여기에 인신충화는 상화(상화)다 상화는 일관성이 없으니 변덕이 심하다. 하늘에서 쇠폭탄이 떨어져 터지면서 불이 일어나는 현상이다.

  60년전 庚寅年에는 6.25라는 전쟁이 일어났다. 우주의 이치란 뜨거워지면 차거워지고 추워지면 반드시 더위지는 법이다. 이에 따라 相火(상화)의 위력으로 국지적으로 뜨거워 괴로운 곳이 있는가 하면 뜨거움을 식히기 위하여 비폭탄을 맞는 곳이 발생하고(金의 자식인 水가 어미를 위하여 복수를 시도함) 이 과정에서 초목의 피해가 커지며 태과의 작용으로 열매는 크고 껍질은 적으므로 과일이나 곡식의 껍질이 터지게 된다. 봄에 눈이 내리는가 하면 가을이 일찍 시작되고 서리가 빨리 내린다. 과일은 익었는데 추석은 아직 돌아오지 않는다. 태풍은 없어도 가을비가 잦을 것이다. 추위가 빨리 온다. 겨울준비를 잘해야 할 것이다. 이것이 년시계가 일려주는 금년기후의 내용이다. 다시 간추리면 금년기후는 폭설, 폭염, 폭우, 혹한의 순서로 진행된다. 이것을 우주의 잣대라고 하는 것이다.

  이 잣대를 인간에게 적용해 보면 어떠한 현상이 일어날까?

  庚寅生(경인생)은 남녀불문하고 이성이 두렵다. 그래서 자연스레 이성을 멀리 하게 되고 가정은 불안하고 울었다. 웃었다. 심신은 고달프고 외로움에 몸을 떤다. 자존심은 강한데 결국 강한 자존심 때문에 인생을 그르친다. 크게 흥하고 크게 망하니 이 또한 불행을 비껴갈 수 없는 운명임을 어찌할 것인가! 만약 후회하는 순간이 온다면 그때는 이미 내 인생의 상황이 종료되었음을 의미한다. 여생을 비참하지 않게 보낼 수 있는 대책을 강구해야 할 것이다.

◎ **음양의 의미**

陰(음)과 陽(양)은 한국철학을 이해하는 데 필요한 첫 번째 관문이다. 음양의 시원(시원) 즉 출발점은 하늘과 땅이다. 하늘은 양이라 하고 땅을 음이라 한다. 그래서 최초의 음양이라는 글자는 언덕위의 해(阳 양)와 언덕위의 달(阴 음)로 표현 하였다. 하늘에서는 해와 달이 음양의 상징이요, 땅에서는 바다와 육지가 음양의 상징이요, 사람은 남자와 여자가 음양의 상징이요 음은 靜(정)하고 양은 動(동)하는 성질을 지녔다.

음의 뿌리는 땅이라서 실체요 실물이요 양의 뿌리는 하늘이라서 有之處(유지처)로 있으되 만질 수 없고 저것이라고는 할 수 있으나 이것이라고는 할 수 없다.

음은 주인이요, 양은 손님이다. 그러니 여자는 주인이고 남자는 손님이다.

하늘과 땅에도 각기 음양이 있으니 천간과 지지의 음양을 살펴보자
천간 : 甲乙丙丁戊己庚辛壬癸
　음 : 乙丁己辛癸(을정기신계)
　양 : 甲丙戊庚壬(갑병무경임)
지지 : 子丑寅卯辰巳午未申酉戌亥
　음 : 丑卯巳未酉亥(축묘사미유해)
　양 : 子寅辰午申戌(자인진오신술)

이 천간지지와 음양은 동양학의 모든 면에서 기본이며 작용의 근원이 된다.

◎ **五行(오행)과 그 의미**

5행은 동양학적 원소이며 五性(오성)이기도 하다. 이 5행을 음양으

로 분류하면 10천간이 되고 12지지가 된다.

오행(五行): 金木水火土(금목수화토)

金星(금성): 庚辛申酉(경신신유)

금의 속성은 강하고 단단하고 불변하며 날카롭고 의리의 속성을 지닌다. 자연계에서는 나무를 다스리고 불의 다스림을 받으며 물을 생하고 흙의 생함을 받는다. 이 관계는 8자를 푸는데도 같은 이치로 적용된다.

木星(목성): 甲乙寅卯(갑을인묘)

목의 속성은 곧고 굽으며 환경에 민감하게 반응하며 依他性(의타성)이 있고 어짐을 상징하나 竝立不可(병립불가)의 특성이 있다.

자연계에서는 흙을 다스리고 금의 다스림을 받으며 불을 생하고 물의 생함을 받는다.

水星(수성): 壬癸子亥(임계자해)

수의 속성은 부드럽고 유연하며 변화가 무쌍하고 지혜의 속성을 지닌다. 자연계에서는 불을 다스리고 흙의 다스림을 받으며 나무를 생하고 금의 생함을 받는다.

화성(火星):丙丁巳午(병정사오)

화의 속성은 따뜻하고 뜨겁고 만물의 형상과 양태를 변화시키며 때로는 속성까지도 변화시키며 예절의 속성을 지닌다. 자연계에서는 금을 다스리고 물의 다스림을 받으며 흙을 생하고 나무의 생함을 받는다.

土星(토성):戊己辰戌丑未(무기진술축미)

토의 속성은 만물의 근본이며 만물의 밭이며 보이지 않는 모든 생명체를 품는다. 믿음이란 신용의 속성을 지닌다. 자연계에서는 물은 다스리고 나무의 다스림을 받으며 금을 생하고 불의 생함을 받는다.

5행과 그 속성을 표로 본다

속성＼五行	木	火	土	金	水	비고
방위	동쪽	남쪽	중앙,간방	서쪽	북쪽	
계절	봄	여름	환절기	가을	겨울	
천간	甲乙	丙丁	戊己	庚辛	壬癸	5행
지지	寅卯	巳午	辰戌,丑未	申酉	亥子	〃
얼굴	눈	혀	입	코	귀	5관
5장	간	심장	비장	폐	신장	
6부	담,췌,12지장	소장	위,식도	대장	방광,자궁	
12경락	간, 담	심소심삼장장포초	비,위	폐,대장	신,방광	
소리(音)	각(角)	치(徵)	궁(宮)	상(商)	羽(우)	五音
소리값	ㄱ,ㅋ	ㄴㄷㄹㅌ	ㅇㅎ	ㅅㅈㅊ	ㅁㅂㅍ	5성
소리 根	牙(어금니)	舌(혀)	喉(목구멍)	齒(앞니)	脣(입술)	
氣	風氣	熱氣	濕氣	乾氣	寒氣	5기
味	酸(신맛)	苦(쓴맛)	甘(단맛)	辛(매운맛)	鹹(짠맛)	5미
色	靑	赤	黃	白	黑	5색
香	누린내	탄내	단내	비린내	쉰내	5취
常	仁	禮	信	義	智	5상
心	분노	기쁨	슬픔	걱정	두려움	5심
數理	3,8	2,7	5,10	4,9	1,6	

◎ 절기와 의미

절기란 계절이다. 팔자는 춘하추동 4계절에서 무엇으로 태어났느냐가 중요한 가치를 발휘한다. 즉 봄은 木旺節(목왕절)이요, 여름은 火旺節(화왕절)이요 가을은 金旺節(금왕절)이요 겨울은 水旺節(수왕절)이다. 또 환절기는 土旺節(토왕절)이다.

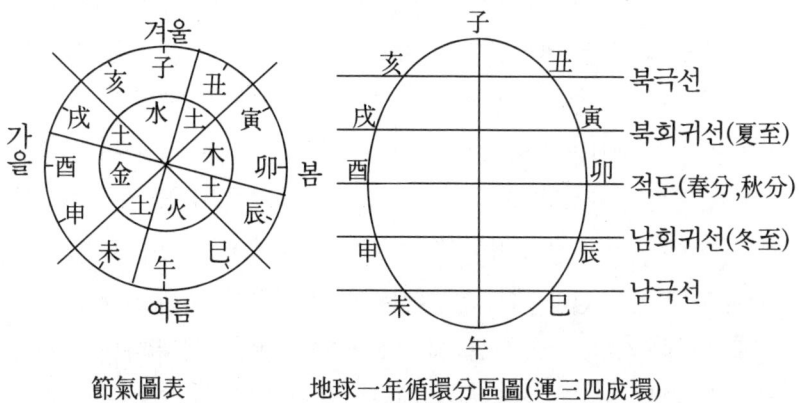

節氣圖表　　　地球一年循環分區圖(運三四成環)

   어떤 사람이 어떤 계절에 태어났는가? 그 사람에 대한 운명의 강약이 정해진다. 사람이 운동을 하거나 노동을 하거나 체력의 뒷받침 없이는 불가능하듯이 인생도 운명의 뒷받침 없이는 불가능하다. 인생은 운명 51%, 노력 49%로 이루어진다.
   같은 하버드대학이나 서울대를 졸업해도 재벌과 거지가 있다. 이것이 현실로 존재한다는 사실은 누구나 알고 있을 터이다. 물론 이유는 있다. 그러나 그 이유마저도 운명임을 어찌하랴! 그럼 운명의 강왕과 쇠약은 어떻게 태어나는가? 그것은 日干(일간)과 月支(월지)의 관계이다.
   먼저 强旺(강왕)을 살펴보자 庚辛金日干(경신금일간)이 金旺節(금왕절)인 가을이나 土旺節(토왕절)인 환절기에 태어나면 강왕하다라고 한다. 甲乙木日干(갑을목일간)은 목왕절인 봄이나 수왕절인 겨울에 태어나면 강왕하고 壬癸水日干(임계수일간)은 수왕절인 겨울이나 금왕절인 가을에 태어나면 강왕하고, 丙丁火日干(병정화일간)은 화왕절인 여름이나 목왕절인 봄에 태어나면 장왕하고 戊己土日干(무기토일간)은 토왕절인 환절기나 화왕절인 여름에 태어나면 강왕하다. 그럼 衰弱(쇠약)은 어떠한가? 강왕을 제외한 나머지는 모두 쇠약이다. 물론 강왕과 쇠약 중 강왕이 쇠약으로 쇠약이 강왕으로 변하는 몇 가지 예외가 있기는 하다. 그것은 日干合變(일간합변)작용이다. 예를 들어 水旺節(수왕절)에 丙火나 丁火로 태어났는데 시간(시간)이나 월간(월간)에 신이나 임이 있어 병신합수(병신합수)나 정임합목(정임합목)이 되면 신약(신약)에서 신왕(신왕)으로 변한다. 또한 반대로 화왕절에 병화나 정화로 태어났는데 병신합이나 정임합이 된다면 월지재성이나 월지식상이 되므로 하여 신왕이 신약으로 변화되는 꼴이다.

이처럼 절기는 운명의 강약을 좌우하는 의미를 갖는다.

◎ 12운성이란

"나"로 지칭되는 일간에 대한 12地支와의 관계설정을 十二運星法(12운성법)이라 한다. 이 관계작용은 팔자 본국에 있는 四支(년월일시)의 작용과 대운 지지의 작용과 세운(년월일시)地支의 작용이 있다.

십이운성 일람표 1은 일간기준이다. 건왕쇠병, 사묘절태, 양생욕대로 암기하면 외우기가 쉽다. 여기서 戊己가 丙丁을 따라간다는 것만 기억하고 다른 것은 모두 5행이 같고 음양이 같은 지지가 건록이다. 丙丁일간은 戊己가 따라옴으로 하여 5행은 같고 음양이 다른 것이 건록이다. 陽日干은 건록에서 시작하여 순행하고 음일간은 역행한다.

십이 운성 일람표1

일간\12운성	甲	乙	丙戊	丁己	庚	辛	壬	癸
건록(建祿)	寅	卯	巳	午	申	酉	亥	子
제왕(帝旺)	卯	寅	午	巳	酉	申	子	亥
쇠(衰)	辰	丑	未	辰	戌	未	丑	戌
병(病)	巳	子	申	卯	亥	午	寅	酉
사(死)	午	亥	酉	寅	子	巳	卯	申
묘(墓)	未	戌	戌	丑	丑	辰	辰	未
절(絶)	申	酉	亥	子	寅	卯	巳	午
태(胎)	酉	申	子	亥	卯	寅	午	巳
양(養)	戌	未	丑	戌	辰	丑	未	辰
장생(長生)	亥	午	寅	酉	巳	子	申	卯
목욕(沐浴)	子	巳	卯	申	午	亥	酉	寅
관대(冠帶)	丑	辰	辰	未	未	戌	戌	丑

12운성표2

연일지\12운성	건	왕	쇠	병	사	묘	절	태	양	생	욕	대
亥卯未木(甲)	寅	卯	辰	巳	午	未	申	酉	戌	亥	子	丑
寅午戌火(丙戊)	巳	午	未	申	酉	戌	亥	子	丑	寅	卯	辰
巳酉丑金(庚)	申	酉	戌	亥	子	丑	寅	卯	辰	巳	午	未
申子辰水(壬)	亥	子	丑	寅	卯	辰	巳	午	未	申	酉	戌

이 표는 참고용이다. 표에서처럼 甲年이나 甲日은 앞 표1과 같이 寅이 건록이고 卯가 제왕이다. 역시 음년간이나 음일간은 역행한다.

여기서 혼란스러운 것은 년간과 일간이 같다면 모르지만, 다르다면 건록이 2개일 수 있다는 것과 일간으로 볼 때는 건록이었는데 년간으로 보면 病(병)이 된다.(甲日干과 壬年干), 이때는 어느 것을 기준해야 하는가? 이다.

지금까지 역학계에서 12운성에 대하여 년기준과 일기준만 있었지 왜 2개의 기준이 있는지에 대한 설명이나 근거가 없음은 소비자나 공급자 공히 혼란을 야기할 수 있다. 이 부분은 뒤에서 덧붙이기로 하고 12운성에 대하여 다시한번 정리하면 일간을 기준으로 12가지의 진행 (4주지지, 대운. 세운 계절)상에서 12지지와의 관계를 표현한 것이다. 즉 비겁은 건왕이요, 식상은 병사요, 관재는 절태요, 인수는 생욕이다. 그리고 辰戌丑未(진술축미)는 쇠묘양대이니 4주지지나 대운세운에서 이들을 만나면 인생의 열두 고개 중 하나는 작용이 일어난다는 것으로 참고할 일이다. 그럼 구체적으로 어떠한 작용이 일어날 수 있는지에 대하여 열두고개를 넘어가 보자

첫째고개는 장생이다. 장생은 인수요, 水木火 일간의 경우이다. 세상에 태어남을 의미한다. 土金日간의 장생은 관성이다. 장생인수는 선생, 교수, 언론직업이 좋고 문장이나 인기인으로 명성을 얻을 수 있으며 장생관성은 관직에 나가면 고위직에 오를 수 있으며 남자는 자식운이 여자는 남편운이 좋다.

두 번째 고개는 목욕이다. 목욕은 인수와 식상과 관성과 재성에 있다. 목욕은 발가벗은 모양이니 이성이나 수치를 모르는 어린시절을 의미한다. 4주에 목욕이 있으면 낭비가 심하고 사치, 색정, 술집, 도박 등과 인연이 깊다. 즉 목욕식상이면 연예인이나 화류계와 인연이 많고, 목욕재성이면 버는 것보다 쓰는 것이 많으며 목욕관성이면 명예는 얻어도 뜬구름이고 비리에 연루되기 쉬우며 남자는 자식이 방탕할 수 있고, 여자는 남편이 방탕할 수 있다. 목욕인성이면 어머니가 방탕

하거나 술중독일 수 있다.

　셋째고개는 관대다. 관대는 부모의 슬하를 떠나서 스스로 독립한다는 뜻이오, 벼슬길에 올라 제복을 입고 관대를 두른다는 의미다. 독립심과 자존심이 강하고 인내하고 불의를 배척하며 법조계, 군인, 학자, 종교계에 인연이 많다. 관대식신은 사업이 순조롭고 승진이 잘되며 자녀가 발달한다. 관대상관은 사사건건 막히고 불길하며 생사이별수도 따른다. 관대관성은 관직에 나갈 운이요, 시험운도 좋다. 관대인수는 예술계통에 소질이 많고 조금 허황하여 사기성에 조심하고 자식문제로 걱정이 많다.

　넷째고개는 건록이다. 건록은 비겁이고 인수다. 공명정대하고 불의를 모르며 부정에 대하여 추상같고, 책임감이 강하다. 그러므로 공직자나 봉급생활자등에 어울린다. 건록 비겁은 형제가 발전하고 우애가 좋으며 건록인수는 예술계나 문학 학자와 인연이 깊다. 건록은 식록이라고도 한다. 월지에 있으면 건록이요, 일지에 있으면 전록이요, 시지에 있으면 귀록이다. 건록에 육합이 있으면 암록이라 하는바 암록을 지닌 운명은 평생 금전에 궁함이 없고 또 역경에 처한다해도 뜻하지 않는 곳에서 손을 내민다. 언덕이 많다.

　다섯째 고개는 제왕이다. 제왕 역시 비겁과 인수다. 제왕은 만인의 위이므로 더 나아갈곳이 없는 형상이다. 매사를 지나치게 염려하며 고집이 세고 충고를 무시하며 제왕비겁이면 너무 지나치므로 하여 남을 상하게 하지 않으면 스스로가 상하는 극단의 위험을 안고 있다. 제왕인수는 자칫 독선으로 흐르기 쉽다. 지배받기를 거부하니 자영업이나 법관, 의사, 군인, 요리사, 식료품업 등이 적합하다.

　여섯째 고개는 쇠다. 인생의 최고위에서 어쩔 수 없이 내려와야 하는 그리고 새출발하는 시점이 쇠다. 그러므로 진실하고 온순하고 타

협적이다. 여기에 4주가 신약하다면 거짓, 핑계, 사기, 도둑이 될 수 있고, 신왕하면 그나마 교사나 명상가, 발명가, 전문직에 종사할 수 있다. 여성일 경우 온순하고 일부종사하는 현모양처가 될 수 있다.

일곱째 고개는 병이다. 병은 온후독실하고 질병이 많고 고향을 떠나게 되며 인연이 짧고 수고가 많다. 다재다능하여 다른 사람들에게는 쓸모가 많으나 본인은 번민이 많다. 외적 활동보다는 내적활동으로 참모, 연구, 철학, 교사 등에 인연이 많다. 기계를 다루는 일에 소질이 많다. 예능 예술부문에서 뛰어난 재능을 발휘할 수 있다. 하지만 안타까운 일은 항상 인생이 고달프다는 점이다.

여덟 번째 고개는 사(死)다. 사는 노고 병액, 곤궁, 무기력, 불운, 이별을 유도한다. 천성은 담백하고 명랑하고 정직하고 부지런하며 성실히 노력하는 상이다. 장남 출신이 많고 아니면 장남을 대신하거나 경제를 책임지거나 양자 가는 일이 많다. 종교, 문예, 학자, 연구직, 효자 효부와의 인연이 많다. 사교성은 없지만 누군가 믿어주면 배신하지 않고 변함없이 혼신의 노력을 다하게 된다.

아홉 번째 고개는 묘(墓)다 묘는 부모형제 일가친척을 떠나 근심과 고독속에서 살아간다. 하는 일마다 실패요, 인연마다 이별이요, 외롭고 쓸쓸한 곳으로 향하는 운명이다. 천성은 침착하고 불변하며 건전하고 겸손하다. 그러나 행동은 일방통행이다. 전문직인 기술, 연구직에 적합하고 탁월한 기능을 보이며 비교적 활동량이 적은 고정된 직장이 좋고 명리를 기대하지 마라 요절의 위험이 항상 따라 다닌다.

열 번째 고개는 절(絶)이다. 절은 이별, 파산, 단절, 고립, 轉變(전변)을 유도하는 운명이다. 천성은 인정이 많고 마음이 약하며 따라서 손재가 많고 여자는 몸망치기 쉽고, 남자는 부도 만나기 쉽다. 직업은 철학, 교육, 종교, 예술쪽에 인연이 많다. 변화가 무쌍한 직업에 타고난 소질을 발휘한다. 주관이 분명하지 않고 남의 말에 귀 기울이며 호불호를 판단하기 어렵고 몰입하기 쉽다.

열한 고개는 태(胎)다 태는 온유하나 인연에 변화가 많고 직업에 변화가 많으며 결단력이 부족하고 우둔둔감하여 차 떠난뒤에서 손드는 격이다. 시키는 일은 잘하지만 스스로하는 일은 잘 해낼수 없다. 태는 아직 엄마의 뱃속에 있음이니 더부살이격이다. 하지만 기획력이나 아이디어가 기발하다. 천성은 정적이며 고요함을 즐긴다. 그러나 직업은 자유업이 좋다. 타의 간섭을 싫어하기 때문이다. 잔일이 많은 꽃집이나 구멍가게, 김밥집, 라면집 등이 어울릴 수 있다.

열두고개는 양(養)이다. 양은 발전 진취적이나 일찍이 독립해야 하고 이사를 자주하거나 양자를 가거나 색란을 겪을 수 있다. 천성은 온건하고 검소하며 낙천적이나 실속이 없고 남을 이끌 수 있는 리더십이나 수완도 부족하다. 직업은 변화가 적고 전통적인 직장이 좋으며 요양소, 양로원, 양계장, 양어장, 양묘장 등 무엇이든 기르고 보살피는데 소질이 많다.

12운성을 쉽게 보는 법

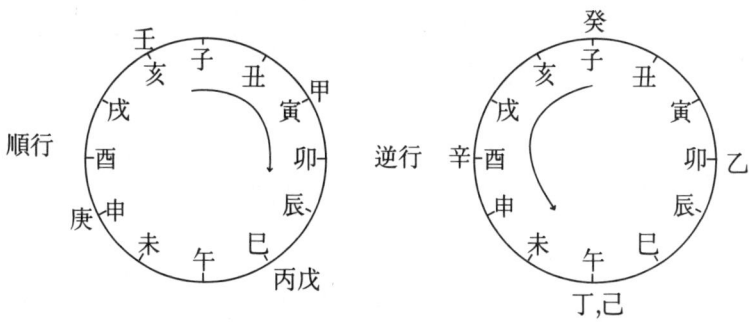

위 표에서 표시된 음과 양의 日干(일간)인바 양일간은 순행하고 음

일간은 역행한다. 또 한지지 옆에 있는 일간은 건록에 위치해 있다.
건록에서 부터 순서대로 건, 왕, 쇠, 병, 사, 묘, 절, 태, 양, 생, 욕, 대 순으로 역행 또는 순행하면서 8자에 있는 연월일시의 해당되는 지지 4개를 표시하면 된다. 표시된 운명은 六親(육친)과 연관된다. 또 4지지(四地支)와 연관된다. 예를 들어 월지 병운성이면 부모가 病(병)이요 그 월지가 인수라면 어머니의 병이다. 만약 남명 월지가 병이고 육친 재성이라면 아버지와 그의 처가 병이 된다. 따라서 재물에 병이 들었으니 재물 또한 박약하며 비천한 운명이 될 수 있다.

◎ 六親法(육친법)
육친이란 살을 맞대고 살아가는 가족의 관계를 일컫는다. 따라서 肉親이라고도 한다. 나와 부모형제자매 자식 부부의 관계다

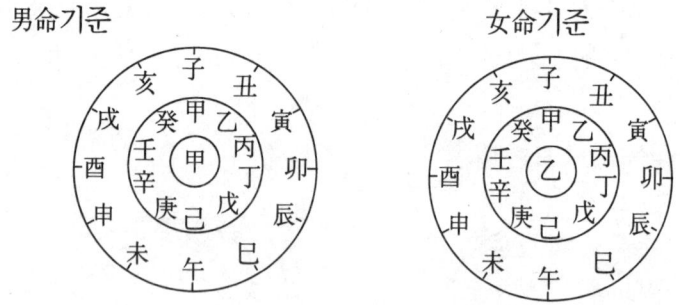

먼저 위 표의 男命(남명)기준을 보자. 육친의 人的(인적)관계는 첫째가 나(본인)와 둘째가 형제자매, 셋째가 아버지요, 넷째가 어머니요, 다섯째가 처(부인, 여자는 남편)요, 여섯째가 자식이다. 이를 음양오행으로 부호를 부여하니 육친법이다.

육친(六親)	음양이 같음	음양이 다름	음양합명
생아자부모(生我者父母)	편인(偏印)	정인(正印)	인수 또는 인성
아생자자손(我生者子孫)	식신(食神)	상관(傷官)	식상
극아자관귀(克我者官鬼)	편관(偏官)	정관(正官)	관성 또는 칠살
아극자처재(我克者妻財)	편재(偏財)	정재(正財)	재성
비화자형제(比和者兄弟)	비견(比肩)	겁재(劫財)	비겁

이 육친법을 암송하는 방법은 "생아부모(生我父母)편정인, 아생자손(我生子孫) 식상관, 극아관귀(克我官鬼)편정관, 아극처재(我克妻財)편정재, 비화형제(比和兄弟)비견겁" 이라고 반복하면 외워진다. 이 육친법을 읽는 방법은 음양오행의 生克(생극)관계이다. 앞에서도 밝혔지만 다시한번 표로써 정리해 본다.

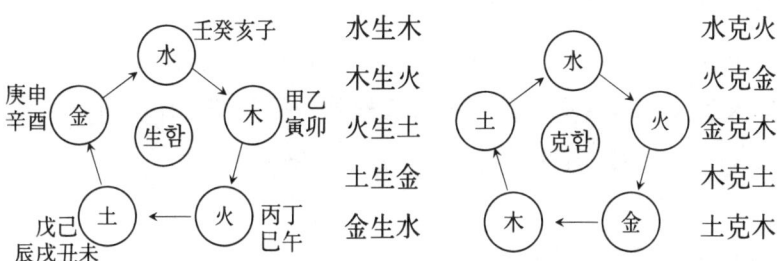

5행 生氣圖(생기도)　　　　　5행 克氣圖(극기도)

생아자란 나를 낳아준자요, 아생자란 내가 낳은 자요, 극아자란 나를 이기는자요, 아극자란 내가 이기는 자요, 비화자란 나와 같은 동기 즉 형제자매를 뜻한다. 여기서 잠깐 동양학의 오류 한가지가 相生相克(상생상극)이다. 상생상극이라 하면 서로 낳을 수 있고 이길 수 있다는 의미인데 이러한 사소한 문제점이 동양학 전체를 미신시하고 오도하는 실마리가 되고 꼬투리가 된다. 예를 들어서 수생목하고 목생수 할 수는 없다. 어머니가 자식을 낳고 자식이 어머니를 낳을 수는 없다. 다시 말하면 이치와 상황을 혼동한 때문이다. 한 예를 더 든다면 금극목할 수는 있지만 목극금할 수는 없다. 실례로 도끼로 나무를 자른다는 말은 있지만 나무로 도끼를 자른다는 말은 들은바가 없고 있을 수도 없다는 것이다. 요즘 회자되는 말로 "적과의 동침"이란 말이 있다. 이는 상황일 뿐 이치는 아니다. 이치와 상황을 혼동하면 학문이 아니고 사술이다.

◎ 支藏干(지장간)

지장간이란 무엇인가? 하늘 없는 땅도 없지만 땅 없는 하늘도 있을 수 없다.

하늘은 5행의 기운을 내리고 땅은 그 기운을 품는다. 고로 땅은 어느 곳을 막론하고 하늘의 기운이 깃들어 만물을 생육하는 터이니 地支속에 숨어있는 하늘의 기운을 지장간이라 한다.

天父氣射降(천부기사강)
地母氣受姙(지모기수임)
運萬物生育(운만물생육)
時令萬物變(시령만물변)
生老病死回(생노병사회)
하늘은 아버지로써 양기를 내리고
땅은 어머니로써 양기를 받아 간직하고
천지의 작품으로 만물이 낳고 자란다.
계절에 따라 만물은 변하고

생노병사를 돌고 돈다.

하나의 지지속에는 둘 내지 세 개의 천간이 들어 있다. 두 개의 천간이 들어있는 경우는 前氣後氣(전기후기) 또는 主氣客氣(주기객기)라고도 하며 세 개의 천간이 들어있을 경우는 초기(여기), 중기, 정기 또는 前氣 中氣 主氣(전기 중기 주기)라고 한다.

다시 말하면 전기는 앞지지의 기운이고 후기는 본지지의 기운이다. 세 개의 천간이 있는 경우는 초기는 앞지지의 기운이고 중기는 인수나 식상천간이고 정기는 본지지의 기운이다. 따라서 지지에 소장된 천간5행은 강약과 끈기를 측정하는 척도가 된다.

지장간의 유형을 살펴보면 子午卯酉는 천지의 기둥이며 도화요 寅申巳亥는 변화의 머리요 역마요 사람의 기둥이다. 辰戌丑未는 계절의 끝이요, 환절기요, 庫(고)요, 墓(묘)요, 화개요, 땅의 기둥이다. 이를 표로 만들면 다음과 같다.

지지(地支)	초기(初氣)	중기(中氣)	정기(正氣)
子	壬(10일)		癸(20일)
午	丙(10일)	己(10일)	丁(11일)
卯	甲(10일)		乙(20일)
酉	庚(10일)		辛(20일)

지지(地支)	초기(初氣)	중기(中氣)	정기(正氣)
寅	戊(7일)	丙(7일)	甲(16일)
申	戊(7일)	壬(7일)	庚(16일)
巳	戊(7일)	庚(7일)	丙(16일)
亥	戊(7일)	甲(7일)	壬(16일)

지지(地支)	초기(初氣)	중기(中氣)	정기(正氣)
辰	乙(9일)	癸(3일)	戊(18일)
戌	辛(9일)	丁(3일)	戊(18일)
丑	癸(9일)	辛(3일)	己(18일)
未	丁(9일)	乙(3일)	己(18일)

표와 같이 子卯酉는 10, 20이고 오는 10, 10, 10일이며
寅申巳亥는 7, 7, 16일이며
辰戌丑未는 9, 3, 18일이다.

이것이 地支藏干(지지장간)의 月律五行分布率(월률오행분포율)이다. 즉 寅月(인월)은 정월인데 입춘일로부터 30일간인데 인월의 앞달인 丑月의 토기운(戊天干 무천간)이 7일간 초기 또는 餘氣(여기)라 하고 식상의 화기운(丙天干 병천간)이 7일간 작용하는데 중간에서 작용하므로 중기라 하고, 寅木月(인목월)의 정기 또는 本氣(본기)의 목기운(甲天干 갑천간)이 끝에서 작용한다. 이는 어떤 연유인가?

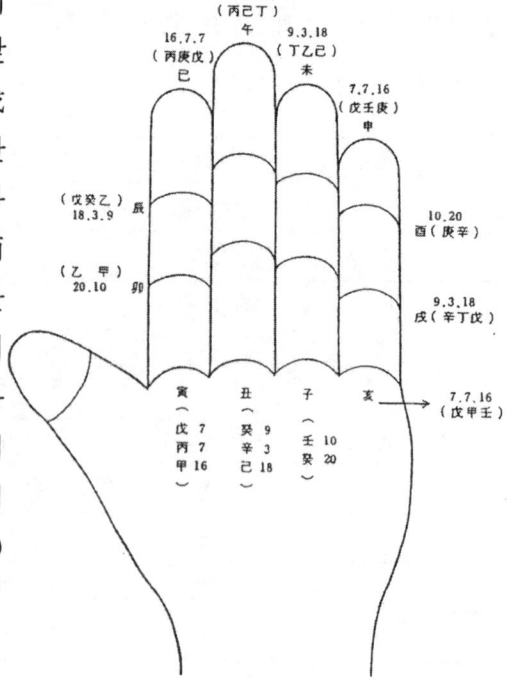

하늘에서 봄을 알리면 땅에서는 꽃을 피운다. 이것은 天符(천부)라 한다. 天氣(천기)가 변화의 조짐을 보이면 그 가운데 3候(후)에 걸쳐 땅에 도달하게 된다. 이것이 초기와 중기의 작용이다.

지지와 장간(지장간) 표시도 ※ 끝말잇기 형식을 빌리면 외우기가 쉽다. 寅申巳亥는 장간이 戊로시작되고 寅에서 시작하여 未에서 끝나고 申에서 시작하여 丑에서 끝난다.

예: 寅(戊丙甲) 卯(甲乙) 辰(乙癸戊) 巳(戊庚丙) 午(丙己丁) 酉(庚辛) 戌(辛丁戊) 亥(戊甲壬) 子(壬癸) 丑(癸辛己)으로 끝나는 형식이다. 그림과 같이 왼손 손바닥, 손가락 마디를 활용 12지지를 외워서 각인시켜 두면 팔자에 관한 많은 공식을 적용할 수 있다.

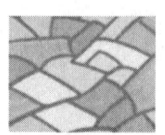

제 4부
팔자의 구성과 배경

◎ **팔자의 구성**

팔자는 어떻게 구성되는가?

宇宙(우주)란 공간우와 시간주자로 시간과 공간을 시공(時空)이라고도 한다. 여기 시간에는 4개의 시계가 있다. 4개의 시계는 같은 60진법으로 운행되고 그 60진법이 곧 60갑자다. 다시말하면 년시계는 60년을 일갑(一甲)이라 하고 월시계는 60개월(5년)을 일갑이라 하고 일시계는 60일을 일갑이라 하고, 시시계는 60시간(24시간×5일=120시간÷2시간(동양학에서는 1일을 12시간(12지지)으로 계산함)으로 5일을 일갑으로 한다. 따라서 오늘 정오에 한 생명이 태어났다면 2010년(년시계) 8월(월시계) 12일(일시계) 12시(시시계)가 된다. 오늘 태어난 새생명이 남자라면 대운순행하고 여자라면 대운 역행한다.

예 8월 12일은 음력 7월3일, 오시생의 4주8자(남여)와 운세

```
     년시계      월시계      일시계      시시계
       庚         甲         甲         庚
       寅         申         午         午
   대운 男순행  9 19 29 39 49 59    대운 女역행  2 12 22 32 42 52
              乙 丙 丁 戊 己 庚                癸 壬 辛 庚 己 戊
              酉 戌 亥 子 丑 寅                未 午 巳 辰 卯 寅
```

4주8자의 해설

```
         년주        월주       일주        시주 ──── 四柱
          庚         甲        (甲)        庚(天干)   八字
                                                   
          寅         申         午         午(地支)
       조부모,조상   부모       (나)        자식,자손
```

년주의 쓰임새~ 일반적으로 년주에 대한 해설이나 기록은 없다. 하지만 4주의 쓰임을 모르고서는 제대로 4주를 감정하기란 문제점이 많다. 그만큼 4주의 네 기둥의 의미는 깊다. 천간은 기둥이요, 지지는 주춧돌이다. 기둥과 주춧돌이 잘 맞아야 제 기능을 다 할 수 있다. 년주의 쓰임은 이성관, 부부궁, 가정안정도, 상하기질과 조상 그리고 양택의 단초가 된다.

이로 미루어 경인년주는 매우 불안정하다. 이성을 배척하는 기운이 강하고 세상을 다스리려 하나 오히려 다스림을 받게 된다. 조조가 자기 꾀에 고초를 겪는 것과 같은 이치다. 태생지에서 북쪽에 양택을 정하면 평생 영화가 없고 동쪽에 양택을 정하면 안정된 삶을 누릴 수 있다.

월주의 쓰임~ 월주는 부모요 인적배경이요, 조화의 환경이요 조후의

상황이다. 갑신월주(갑신월주)는 5행상 하극상하니 가정에 질서가 무너지므로 항상 불안정한 환경이라 말할 수 있다.

일주의 쓰임새~ 일주는 나 본인이다. 본인의 성격과 기질을 나타낸다. 갑오 일주는 성격이 착하고 선을 추종하고 즐기며 악을 멀리한다. 일지간합(日支干合)하므로써 성공적인 기질을 지녔다. 고로 악을 보고 선을 생활화하고 열악한 환경을 이겨내고 가난을 보고 부를 쫓는 기질을 지니게 되니 재앙을 복록으로 바꾼다.

시주의 쓰임새~ 시주는 자식이다. 그리고 사회성과 대인관계성을 판단하는 근거가 된다. 시주가 순하지 않으면 파란이 많고 꿈을 이루기가 어렵다. 즉 시주가 스스로 충극하면 자손의 미래가 어두워지므로 파란이 일게 되고 대인관계 또한 부드럽지 않게 된다.

이상의 4주 각 기둥의 쓰임새이다. 이 쓰임새를 모르고서는 인생사용설명서를 읽기 어렵다. 인생사용설명서는 이 네 기둥을 축으로 하며 팔자를 읽을 수 있기 때문이다. 팔자 읽기는 5행 읽기와 운기 읽기가 있다.

지금 철학관에서 일반적으로 활용하는 팔자 읽기는 5행 읽기이다.

◎ 五行(5행)의 恒性(항성)

5행은 누차 설명하지만 金木水火土의 五星(5성)을 말한다. 5성을 五性(오성)이라고도 한다. 항성이란 언제나 변함없는 性質(성질)인바 5행의 본질을 말한다. 또한 항성이란 불변의 법칙을 일컫는바 관습 되고 고정된 상징성을 말할 수도 있다. 예를 든다면 동서남북을 木火金水 또는 춘하추동을 木火金水라고 하는 것 등이다.

5행의 항성표

속성＼5행	木	火	土	金	水
天干	甲乙	丙丁	戊己	庚辛	壬癸
地支	寅卯	巳午	辰戌丑未	申酉	亥子
生成數	3, 8	2, 7	5, 10	4, 9	1, 6
節氣	春	夏	환절기	秋	東
방위	東	南	中央,間方	西	北
색깔	靑	赤	黃	白	黑
맛	酸(신맛)	苦(쓴맛)	甘(단맛)	辛(매운맛)	鹹(짠맛)
臭(냄새)	노린내	탄내	단내	비린내	쉰내(썩은내)
五臟	간(담)	심장(소장,심초)	비장(위장)	폐(대장)	신장(방광)
五官	눈	혀	입	코	귀
五志	怒	喜	思	悲	恐
五常	仁	禮	信	義	智
五星	歲星(木星)	惑星(火星)	辰星(土星)	太白星(金星)	鎭星(水星)
五神	靑龍	朱雀	黃龍	白虎	玄武
五氣	風	熱	濕	燥	寒
五氣	魂	神	意	魄	精
五卦	☲(離中虛)	☰(乾三連)	☶(艮上連)	☵(坎中連)	☷(坤三絶)
五格	曲直	炎上	稼穡	從革	潤下
五聲	角	徵	宮	商	羽
五音	牙	舌	喉	齒	脣
五音	ㄱㅋ	ㄴㄷㄹㅌ	ㅇㅎ	ㅅㅈㅊ	ㅁㅂㅍ
五穀	보리, 밀	기장, 수수	조. 피	쌀	콩,녹두,팥
五果	季사과,매실	杏,감,양두	棗, 유자, 귤	桃,배,은행	栗,포도,머루
五菜	무,참깨,우엉	고추,상치,갓	아욱,배추,들깨	부추.마늘.후추	미나리양파연근
五蓄	개, 토끼	양, 염소, 말	소	닭	돼지
五蟲	毛蟲	羽蟲	裸蟲	鉀蟲	鱗蟲

◎ 천간지지의 變性(변성)과 不變性(불변성)

천간지지는 변할 수 없다. 또한 천간은 지지를 기준하여 회전 운행한다. 그러나 인생사용설명서인 팔자에서는 상황에 따라서 변하기도, 불변하기도 한다. 따라서 천간은 8변 2불이고 지지는 8변 4불이다.

天干 甲 ㉠ 合土
　　 乙 ㉭ 合金
　　 丙 辛 合水
　　 戊 癸 合火

甲己丙辛丁壬戊癸의 8간은 상황에 따라 本性(본성)이 변하고 기와 경간은 어떤 상황에서도 변하지 않는다. 이를 두고 8변성과 2불변성이라고 한다.

地支 子 ㉴ 沖君火
　　 ㉰ ㉵ 沖土
　　 寅 申 沖相火
　　 卯 ㉻ 沖金
　　 辰 戌 沖水
　　 巳 亥 沖水

子寅申卯辰戌巳亥의 8지는 상황에 따라서 본성이 변하고 午丑未酉는 변하지 않으므로 이를 8변성과 4불변성이라 한다.

변성과 불변성에는 어떤 문제가 있는가?

불변성에는 8자대로 진행되지만 변성에는 돌발적 상황이나 변수가 일어날 수 있다. 여기에는 8자 本局(본국)변화와 대운변화가 있다. 이 변화로써 복이 화(禍)로 변하기도 하고 화가 복으로 변하기도 한다.

예를 들면 겨울 子月(자월)에 정화로 태어났다면 신약한 8자가 되는데 月干(월간)이나 時干(시간)에 壬干(임간)을 만난다면 丁壬合木(정임합목)으로 月支(월지)가 인수되어 신왕한 8자로 변하는 것이다. 이를 禍變福(화변복)이라 한다.

또 이와 반대인 경우도 있다. 예를 들면 卯月木旺節(묘월목왕절)에 甲日干(갑일간)으로 태어 나거나 乙日干(을일간)으로 태어 났다면 신왕한 8자인데 년지나 일지에 酉가 있다면 신약한 8자로 변하여 福變禍(복변화)가 되는 것이다. 한가지 예를 더 든다면 酉月生(유월생) 壬日干(임일간)으로 태어난 신왕한 8자인데 丁干大運(정간대운)이 오게되면 丁壬合木(정임합목) 되어 金剋木(금극목)되므로 황당무계한 재앙을 만나게 된다.

◎ 空亡法(공망법)

 공망이란 무엇인가? 공망이란 천간은 10개이고 지지는 12개인데 甲子부터 육갑을 세어 가면 癸酉까지는 짝이 맞는다. 그리고 천간은 없고 지지만 2개가 남는다. 이 남은 지지가 戌亥이다. 이를 천간이 없는 지지라 하여 공망 또는 천공 또 旬空(순공) 또는 天中殺(천중살)이라고도 한다. 그럼 공망을 따지는 이유는 어디에 있는가?
 먼저 공망된 지지가 흉이라면 길이 되고 길이라면 흉이 되는 이유다. 또 공망이 충되면 解空(해공)되니 이 또한 길작용이 아니겠는가?
 그럼 공망은 어디에서 그 쓰임을 찾는가? 년주와 일주이다. 앞에서 사주의 작용을 설명한 바 있다. 먼저 년주는 이성관, 부부궁, 가정운 등을 가늠하는 잣대인데 이때 8자에 공망이 있으면 그 작용에 있어 재앙이 깃들게 된다. 다음 일주를 기준으로 보는 공망인데 일간의 활동무대가 8자다. 여기에서 공망을 보게 되면 그 공망에 해당하는 육친작용에 마가 발생하는 것이다. 이것이 공망을 싫어하는 이유다. 예를 들어서 정인이 공망이라면 그 어머니가 짝을 잃었다는 뜻이 된다. 만약 남자 8자에서 관성이 공망이라면 자식이 짝없이 살아갈 수 있다는 공식이 성립된다.

또 건록이 공망이라면 건록에 기둥이 없고 주춧돌만 있는 격이니 무용지물이 아니겠는가? 이것을 공망의 실체라고 한다.

그렇다면 공망은 어떻게 산출하는가? 육갑에 의거 旬中(순중) 11위와 12위가 공방이 된다.

甲子 旬中에 戌亥가 공망이요
甲寅 旬中에 子丑이 공망이요
甲辰 旬中에 寅卯가 공망이요
甲午 旬中에 辰巳가 공망이요
甲申 旬中에 午未가 공망이요
甲戌 旬中에 申酉가 공망이요

다시 말하면 육갑의 뒷자리 2개가 공망이 되는 것이다.

◎ 三災(삼재)

세상 사람들의 입에 오르내리는 삼재라는 것이 있다. 도대체 3재가 무엇인가? 제대로 3재를 아는 사람들도 꽤나 드물다. 그저 막연하게 재수없는 해 정도로 이해하고 드는 삼재, 쉬는 삼재, 나는 삼재라고 하여 3년을 손꼽아 세고 있다. 3재도 팔자에 따라서 복삼재가 되기도 하고 禍(화)삼재가 되기도 한다. 3재(三災)란 천재(天災), 지재(地災), 인재(人災)를 3재라 한다. 다시 말하면 하늘의 재앙인 벼락이나 폭우, 장마, 가뭄 등으로 인한 재앙과 땅의 재앙인 지진이나 해일, 산사태 등으로 인한 재앙과 사람의 재앙인 도둑, 강도, 강간, 살인, 전쟁, 납치, 부도 등의 재앙을 말한다.

그럼 이러한 재앙이 언제 오는가? 계속 반복되지만 년주를 기준으로 재앙의 해를 계산한다. 즉 년주 寅午戌(인오술), 火局(화국)과 申子辰(신자진) 水局(수국)과 巳酉丑(사유축) 金局(금국)과 亥卯未(해묘미) 木局(목국)을 기준으로 하여 년지 후 三位(삼위)를 삼재로 한다.
다시 말하면 년지 寅午戌生은 申酉戌이 삼재다. 삼재 산출법은 다음
과 같다.

　寅午戌生(인오술생)은 申酉戌년이 三災요
　申子辰生(신자진생)은 寅卯辰년이 三災요
　巳酉丑生(사유축생)은 亥子丑년이 三災요
　亥卯未生(해묘미생)은 巳午未년이 三災다.

　삼재 산출공식을 살펴 보면 가정운과 부부궁의 기준이 되는 년주의
기력을 감소시키는 食傷(식상)의 해가 3재가 된다. 단, 화국만 화국의
식상이 없으므로 財星(재성)의 해로 되어 있다. 세상의 이치가 다 그
러하듯 기력이 약해지면 재앙이 몰려오는 것은 어쩌면 당연한 결과가
아니겠는가?
　여기서 목화금수 4국은 년지 三合(3합)이다. 그리고 地支三合(지지
삼합)이다.

◎ **干合과 支合**

　사람들이 세상에 태어나게 되면 4주8자라는 운명의 수레에 몸을 싣
게 된다. 대개 사람들은 노력으로써 인간의 한계를 극복하고 노력으
로써 원하는 바를 취하며 노력으로써 운명도 개척할 수 있다고들 말
한다. 과연 그럴 수 있을까?
　만약 그럴 수만 있다면 이글은 무용지물이요 백해무익한 사회악이
될 것이다. 피가 펄펄 끓는 젊은 시절에는 무슨 말인들 못하겠는가마
는, 땅에 발을 붙이고 살아가야만 하는 인간이라면 감히 해서는 안되

는 말씀이고 생각이다.

　사람들은 팔자를 들고 가거나 짊어지고 가거나 타고 가거나 끌고 가거나 팔자가 정해놓은 보이지 않는 길을 가고 있을 뿐이다. 인간은 지구를 벗어나 살 수 없기 때문이다. 이러한 8자의 숨어있는 작용을 파헤치기란 쉬운일이 아니다. 그 대표적인 공식이 8자의 이합집산인데 合沖破害刑(합충파해형)이다.

　먼저 合(합)에는 간합과 지합이 있고 지합에는 3합과 2합(6합이라고도 한다)이 있다. 그리고 陰陽合(음양합)이 있다.

　　天干合　甲己合土
　　　　　　乙庚合金
　　　　　　丙辛合水
　　　　　　丁壬合木
　　　　　　戊癸合火
　地支三合　寅午戌 火局
　　　　　　申子辰 水局
　　　　　　巳酉丑 金局
　　　　　　亥卯未 木局
　地支二合　子丑合 濕土(습토)
　　　　　　寅亥合 濕木(습목)
　　　　　　卯戌合 熱火(열화)
　　　　　　辰酉合 寒金(한금)
　　　　　　巳申合 暖水(난수)
　　　　　　午未合 炎火(염화)

　음양합은 오성과는 관계없이 음양이 만나면 합을 이루는 경우이다. 예를 들면 갑자와 을축이 만나면 합이요, 갑자와 정묘, 갑자와 계해 등

음주와 양주가 만나면 합을 이룬다.

◎ **干沖과 支沖**

합은 재생산이요 충은 소멸이다. 8자에서의 沖(충)이란 음과 음이 만났을 때와 양과 양이 만났을 때 부딪치고 다투고 싸우는 현상이다. 하지만 이 현상은 우주의 이치이므로 무엇이든 언제든 어디서든 같은 작용이 일어난다. 예를 들면 여자와 여자는 투기하고 남자와 남자는 질투하고 짐승도 수컷 끼리나 암컷끼리는 다툰다. 돌과 돌은 부딪치지만 돌과 흙은 하나 된다. 나무와 나무는 병립하기 어렵지만 나무와 풀은 공생한다.

天干沖　　甲戊沖 乙己沖
　　　　　戊壬沖 己癸沖
　　　　　壬丙沖 癸丁沖
　　　　　丙庚沖 丁辛沖

庚甲沖 辛乙沖이 있는데 여기 10개의 천간충은 기본충에 속하며 음음이나 양양이 만나면 모두가 충이 된다. 예를 들면 甲甲이나 甲丙 甲壬 또는 乙乙 乙癸 乙丁도 충이 된다.

地支沖　　子午沖 丑未沖
　　　　　寅申沖 卯酉沖
　　　　　辰戌沖 巳亥沖이 있다. 지지충 또한 천간충과 같이 음음충 양양충이 된다. 단 지지충은 재생산된다는 점이 천간충과 다르고 합과 같은 작용이 있다. 즉 천간합에서 甲과 己가 합하면 土를 생산하듯 子와 午가 沖하면 火를 생산한다. 또 丙辛合水와 같이 寅申沖은 오행과 전혀 다른 화를 생산하는 경우도 있다.

◎ 破(파)

파는 글자 그대로 깨진다라는 뜻이다. 地支에 있어 서로 바라보면 합하는 것과 부딪치는 것처럼 여기서는 깨지는 관계를 말한다.

主 (子酉破
    午卯破
生 (寅亥破
    巳申破
成 (丑辰破
    戌未破

寅	午	戌	三合
亥	卯	未	三合
申	子	辰	三合
巳	酉	丑	三合

특히 삼합끼리 바라보면 깨지는 관계가 六破(6파)이다.

삼합에는 生氣 主氣 成氣(생기 주기 성기)로 구성되는데 주기 또는 旺氣(왕기)라고 하는 局(국)의 중심을 깨는 것이 子酉와 午卯破다.

다음 국의 시작인 生氣(생기)를 깨는 것이 인해와 사신파다.

마지막으로 국을 완성시키는 成氣(성기)를 깨는 것이 丑辰과 戌未 破가 된다. 예를 들면 寅午戌火局의 주인이 있다고 보자.

　　　　寅　　　　午　　　戌　　火局
　　백성(땅,터)　왕(주인)　궁궐(집)

보기와 같은 寅午戌火局이 있는데 寅을 破하게 되면 남의 땅에 집을 짓고 사는 형국이 되고, 午를 破하게 되면 주인 없는 빈집(폐가)이 되며 戌을 破하게 되면 집이 무너져 집 없는 천사가 되는 형국이다.

◎ 害(해)

지지에는 해의 종류가 6개가 있어 六害(6해)라고도 한다. 害라함은 상대에게 상처를 남기고, 시기하고, 질투하며 괴롭히고 심하면 죽음으로 몰아가는 고약한 관계를 말한다. 세상의 잣대란 언제 어디서나 동일하다. 그리고 이치 또한 하나다.

만약 8자상에서 나와 아버지가 6해의 관계에 놓여 있다면 누가 피해를 주고 누가 피해를 받게 되는가? 강한자가 피해를 주고 약한자가 피해를 받게 된다. 이로 인하여 가족관계에서도 본의 아니게 서로가 서로에게 피해를 입히는 불상사가 일어나고 있다. 그렇다면 6해를 피할 수는 없는가? 피해를 최소화할 수는 있어도 피할 수는 없다. 이것이 인생사용설명서요 운명이라는 굴레요 족쇄다.

子未害 申亥害

丑午害 酉戌害

寅巳害

卯辰害

만에 하나라도 이러한 운명의 굴레를 벗어버릴수만 있다면 세상에 어떤 사람이 못살고 고생하고 자살하는 고민을 하겠는가?

이를 두고 불가에서는 해탈이라 했다. 무슨 말인가? 인생의 굴레를 벗는다는 뜻이다. 그럼 해탈에는 어떤 방법이 있을까? 해탈에는 먼저 이치를 아는 일이다. 이치를 안다해도 한쪽만 알아서는 안되고 서로가 알아야 한다. 이치를 안 다음에는 서로가 노력하고 배려하여야 한다. 그 뿐이다. 혹자는 해탈을 "죽음"으로 정의하는 경우가 있다. 하지만 미안하게도 죽음이 해탈은 아니다. 남아있는 가족이 미안한 마음이나 원망하는 마음 아쉬운 마음 서운한 마음을 씻어내고 잊어버리기 전까지는 불탈이다. 그래서 동서고금을 막론하고 많은 사람들이 도통이다. 성불이다. 깨달음이다 하면서 명상을 하고 수도를 하고 수신을 하는 것이다. 이는 해탈을 위한 몸부림이요 깨달음을 향하여 길 없는 길을 가고 또 가는 것이다. 옛날도 지금도 또 미래도 그 여정은 멈추지 않고 영원히 계속 될 것이다.

◎ 刑(형)

刑字(형자)의 의미부터 살펴보자 왜냐면 지금까지 대부분 동양철학자들이 한결같이 8자에 형살이 들면 죄와 벌을 들먹이기 때문이다.

형자의 의미는 형벌, 성공, 살륙, 법을 상징한다. 따라서 8자의 강약에 의한 吸引力(흡인력)이 행불행을 좌우한다. 즉 운수가 불길하면 송사나 형벌로 작용하고 운수가 좋을 때는 성공으로 작용하고 현자는 법으로 작용하고 우자는 살육 상해로 작용한다. 예를 들면 三刑殺(삼형살)이 들어있는 사람 중 재벌이나 지존이 되는가 하면 전과자가 되는 예도 있다는 점이다.

刑에는 刑, 自刑, 三刑이 있고 災殺(재살)이라고 하는 囚獄殺(수옥살)이 있다.

三合(삼합)	亥 卯 未	寅 午 戌	巳 酉 丑	申 子 辰
方合(방합)	亥 子 丑	巳 午 未	申 酉 戌	寅 卯 辰
刑(형)	↓ ↓ ↓ 자형 형 형	↓ ↓ ↓ 형 자형 형	↓ ↓ ↓ 형 자형 형	↓ ↓ ↓ 형 형 자형

표에서처럼 삼합과 방합의 대립에서 형이 성립한다.

3형은 삼합의 머리와 꼬리의 합이 형을 이루고 삼합의 주기가 대립하여 수옥살을 성립한다.

```
寅 午 戌      巳 酉 丑      寅 午 戌      亥 卯 未
巳 酉 丑      寅 午 戌      申 子 辰      巳 酉 丑
申 子 辰      亥 卯 未         ↓            ↓
寅巳申三刑    丑戌未三刑    子午災殺     卯酉災殺
```

위에서 형살의 구성을 살펴보았다. 형살의 구성은 合(합)을 파괴하는 것이 형이다. 또 합을 파괴하는 것이 충이요 흉살이 된다. 다시 말하면 8자에는 뭉치려는 힘과 뭉치는 것을 방해하는 힘과 힘의 대결이요 작용이요 균형이다. 이 균형이 운에 따라서 이롭기도 하고 피해를 입기도 하고 무해 무탈하기도 하는 것이다.
　형살에서 간과할 수 없는 한 가지는 寅巳申 삼형은 氣勢之刑(기세지형)이요 丑戌未三刑은 無恩之刑(무은지형)이요 자묘는 無禮支刑(무례지형)이라는 점이다.
　즉 기세지형은 기세가 강왕함이요, 무은지형은 은혜를 원수로 갚는 형이요 무례지형은 안하무인의 기질을 가지고 있다는 의미다.

제 5부
四柱를 세우는법

◎ **4주(四柱) 세우는 법**

    8자에는 네 개의 기둥이 있으니 년주, 월주, 일주, 시주가 그것이다. 각 기둥은 천간과지지 두자로 되어 있으니 네 기둥을 합하면 8자가 되니 이를 두고 四柱八字(4주8자)라고 한다. 사람이 태어나는 시점에서 연월일시 4개의 시계가 가리키는 시간이 곧 4주인바 이를 6갑시계 또는 6갑시간이라 한다.

    다시 말하면 년 6갑시계(60년 주기)와 월6갑시계(5년주기)와 일6갑시계(60일주기)와 시6갑시계(5일주기)의 4개가 사람이 태어나는 순간을 가리키는 시간이 곧 4주요 8자인 것이다.

    현재 우리가 사용하는 시계의 출발점은 각시계마다 다르다.

◎ 년시계의 출발점

 년시계의 출발점은 입춘절입시간(立春節入時間)이다.

 다른 차원에서 보면 동지절입(冬至節入)시간을 1년의 시작으로 볼 수 있고 또 다른 시각은 음력이나 양력 1월1일을 1년의 시작으로 볼 수도 있다. 그런데 왜 하필이면 입춘절입시간을 1년의 시작으로 보는가? 이다.

 그 이유는 생명 순환법칙에 의한 우주이치의 합법성이다. 지구는 압축, 폭발, 배기, 흡입이라는 순환작용을 되풀이 하고 있다. 지구 생명체는 이 법칙의 지배를 받는다. 이를 두고 생명은 환경의 지배를 받는다고 하는 것이다. 또한 이 원리에 의하여 증기기관이나 내연기관 작동 원리가 탄생하게 된 것이다.

 다시 말하면 지구생명체는 입춘에 지북(지구북반구)생명체가 폭발을 시작하고 입하에 배기를 시작하며 입추에 흡입을 시작하고 입동에 압축을 시작한다. 따라서 6갑의 한해는 입춘절입 시초부터 출발하므로 2010년 庚寅(경인)년의 시작을 보면 양력으로는 2010년 2월 4일이요, 음력으로는 2009년 12월21일 辰時初(진시초)인 오전 7시30분(대전기준-한국표준시간)부터 시작되는 것이다. 이로 인하여 4주의 기둥을 세울 때 2009년 12월 25일(음력)생이라면 년주가 己丑(기축)이 아니고 庚寅(경인)이 되는 것이다. 이는 2010년의 시작을 알리는 시각이 음력 2010년 12월 21일 진시이기 때문이다. 또 2009년 12월 21일이라 해도 卯時(묘시)까지는 기축연호를 써야 한다. 이와 같이 입춘의 출발점이 새해를 알리는 시작점이 된다. 이와 반대로 2011년 1월 2일생이라면 년주를 어느 것으로 세워야 하는가? 2011년 입춘 절입점이 1월 2일 未時(미시)초이므로 만약 2011년 음력 1월 2일 午時(오시)생이라면 년주는 경인을 써야 한다. 아직 2011년의 시작인 입춘 절입점에 이르지 않았기 때문이다. 이와 같이 년주는 그해 입춘 절입점으로부터 다음해 입춘 절입점 직전까지를 그해 년주로 세우는 것이다.

◎ 월시계의 출발점

월주를 세우는 월시계의 출발점은 어디인가?

24절기에서 홀수자리가 매월 출발점이다. 그래서 입춘절입일은 가상으로 1월1일 이 된다. 하지만 입춘절입일로부터 1월이 시작되지만 꼭 1일은 아니다.

예) 一月 ~ 立春 節입점으로부터 1월 시계 작동(지난 12월의 끝점)
　　　　　우수
　　二月 ~ 경칩 절입점으로부터 2월 시작　춘분
　　三月 ~ 청명 절입점으로부터 3월 시작　곡우
　　四月 ~ 입하 절입점으로부터 4월 시작　소만
　　五月 ~ 망종 절입점으로부터 5월 시작　하지
　　六月 ~ 소서 절입점으로부터 6월 시작　대서
　　七月 ~ 입추 절입점으로부터 7월 시작　처서
　　八月 ~ 백로 절입점으로부터 8월 시작　추분
　　九月 ~ 한로 절입점으로부터 9월 시작　상강
　　十月 ~ 입동 절입점으로부터 10월 시작 소설
　十一月~ 대설 절입점으로부터 11월 시작 동지
　十二月 ~ 소한 절입점으로부터 12월 시작 대한

이처럼 홀수절기의 절입점으로부터 달시계의 작동이 시작된다.

◎ 一年의 月時計表

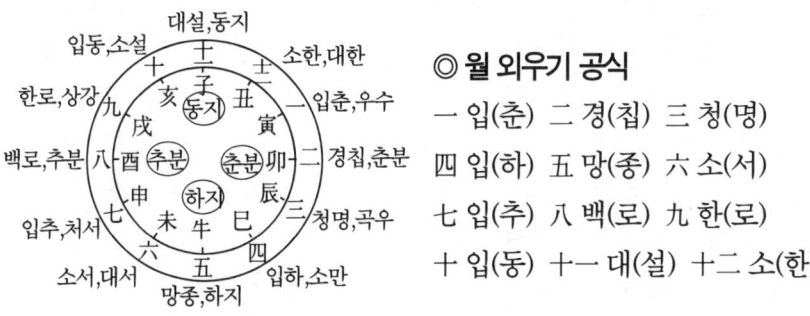

◎ 월 외우기 공식

一 입(춘) 二 경(칩) 三 청(명)
四 입(하) 五 망(종) 六 소(서)
七 입(추) 八 백(로) 九 한(로)
十 입(동) 十一 대(설) 十二 소(한)

위 표를 보면 地支와 12월, 절기가 표시되어 있다. 외우기 공식을 보면 一입(춘)이라고 되어 있다. 이는 1월의 시작이 입춘절기 절입점으로부터 시작한다는 뜻이다.

그럼 月柱(월주)는 어떻게 세우는가? 물론 만세력을 펴놓고 보면 자세히 나와 있다. 옛날 만세력이 귀할때는 달력을 보고 계산했으며 또는 한해의 기록을 담은 책력을 보고 사주를 뽑았다. 참고로 월주세우는 법을 보면 경인년 1월의 월주를 세우려면 1월의 지지는 寅(인)이다. 月干(월간)은 년주가 경인이므로 乙庚合金(을경합금)하여 金을 생해주는 陽土(양토)를 구하니 戊土(무토)가 나온다. 따라서 경인년 1월의 월주는 戊寅(무인)이 된다. 이 공식을 풀어보면 다음과 같다.

甲己之年 甲己合土의 아생지기는 양火이므로 1월 월주는 丙寅月
乙庚之年 乙庚合金의 아생지기는 양土이므로 1월 월주는 戊寅月
丙辛之年 丙辛合水의 아생지기는 양金이므로 1월 월주는 庚寅月
丁壬之年 정임합木의 아생지기는 양水이므로 1월 월주는 壬寅月
戊癸之年 무계합火의 아생지기는 양木이므로 1월 월주는 甲寅月이 된다.

◎ 一日時計(1일시계)의 출발점

　日柱(일주)는 캘린더에 나와 있는 그날의 日辰(일진=일간지)을 세우면 된다. 4주중 주인격은 일주이므로 년주나 월주는 절입에 의하여 1월이 2월이 되기도 하고 2010년이 2009년이 되기도 하며 2010년이 2011년이 되기도 하며 1월이 전년 12월이 되기도 하지만 일주는 변할 수도 이동할 수도 없다. 그러나 하루의 시작과 끝은 어떻게 되는가?에 대한 규정은 중요하다. 옛날 시계가 없을때는 어림시를 썼다. 어림시란 감각이나 본능에 의하여 짐작되는 시간을 말한다. 지금은 지구상에 위도와 경도가 그려지고 집집마다 개인마다 시계가 있으니 어림이 필요 없게 되었다. 지금 일반적으로 사용하고 있는 시간은 일본 동경시를 쓰고 있다. 큰 차이는 없지만 분명한 것은 우리는 우리나라의 중심인 대전시를 사용함이 원칙이라는 것이다. 왜냐하면 이 세상 어떤 사회나 집단 국가에는 특성과 환경, 성향이 각기 다르다는 점은 독자제현들께서도 인정할 것이다. 세상에는 아주 작고 사소한 차이라도 설사 상대가 서로 다름을 인정할 수 없는 작은 차이라도 시간이 흐르면 거꾸로 인정하기 힘든 차이가 발생하게 된다. 하물며 일본과 한국이 같은 시간을 사용한다는 것은 어느 모로 보아도 맞지 않는 일임은 분명한 현실이다.

　따라서 우리의 시간은 현재의 시간보다 30분이 늦어야 옳다. 그렇다면 오늘은 어디까지이고 내일은 어디서 부터인가?

　오늘은 자정 넘어 0시 30분부터 오늘밤 자정 넘어 0시 30분까지가 오늘의 시간이다. 그럼 0시30분 시점이 자시의 중심이 되므로 오늘밤 11시30분(23시30분)부터 내일의 자시가 시작되지만 오늘밤 자정 넘어 0시30분까지는 오늘 간지를 사용해야 한다. 이외에도 日柱(일주)를 세우는데에는 또 다른 의문을 제기할 수 있는 여지가 있다. 하루의 시작과 끝을 어떻게 규정할 것인가?라는 문제다.

하루의 시작과 끝을 자정으로 할 것인가? 아니면 일몰로 할 것인가? 아니면 일출로 할 것인가? 그것도 아니라면 1년의 시작은 입춘일부터 하듯이 寅時(인시)부터 할것인가? 하는것도 생각해 볼 여지가 있다. 하지만 아직은 관습법대로 사용하되 이글은 자정넘어 0시 30분부터 하루의 시작으로 진행될 것이다.

◎ 시간시계의 출발점

시주(時柱)세우는 법은 1일을 12지시로 나누고 일지시는 2시간으로 되어있다. 따라서 자시라면 전날밤 11시30분부터 새벽 1시30분까지 이고 축시라면 새벽 1시30분에서 3시30분까지이다. 이 시간으로 연산하여 해시(해시)까지 가면 하루 12지시가 끝난다. 만약 갑일 낮 12시라면 시주를 어떻게 세우는가?

갑일은 갑자시(甲子時)로부터 시작한다. 여기에도 공식이 있다. 즉 甲己合土(갑기합토)를 극하는 양간을 시간으로 삼으니 갑자시가 되는 것이다.

예) 甲己之日 甲己合土의 我克之氣(아극지기)는 陽木(양목)이므로 갑자시
　　乙庚之日 乙庚合金의 我克之氣는 陽火(양화)이므로 丙子時
　　丙辛之日 丙辛合水의 我克之氣는 陽土(양토)이므로 戊子時
　　丁壬之日 丁壬合木의 我克之氣는 陽金(양금)이므로 庚子時
　　戊癸之日 戊癸合火의 我克之氣는 陽水(양수)이므로 壬子時가 된다.

따라서 甲일 낮 12시라면 午時가 되는데 甲子로부터 시작하여 午時까지 짚어가면 庚午(경오)시가 된다. 여기에서 하나 문제가 되는 부분은 正子時(정자시)와 明子時(명자시)부분이다. 정자시는 0시30분부

터 1시 30분까지이고 밤11시30분부터 0시30분까지도 자시는 자시인데 어떻게 적용할 것인가?이다. 다시 말하면 0시30분에서 1시30분에 있는 자시는 어디에 붙여야 하는가이다. 이를 두고 명일의 자시를 끌어다 사용해야 하므로 명자시라 한다. 이를 풀어보면 甲일 甲子시는 정자시이고 甲일 夜子時(야자시)는 또 甲子時라 할 수는 없으므로 2일 丙子時를 끌어다 써야 하기 때문에 명자시라 하고 갑일 병자시가 되는 것이다. 이를 두고 명자시라 한다. 옛날에는 한밤중에 태어났다면 이유없이 명일로 계산하여 정자시를 써왔던 것으로 기억한다. 그러나 지금은 과학이 발달하고 시계가 발전하다보니 정확도를 추구하는 차원에서 이러한 문제가 발생한 듯 하다. 하지만 이치로 볼 때 정자시와 명자시는 합리적이라고 판단된다. 참고로 명자시를 야자시라고도 한다.

◎ 대운 산출법

  대운이란 무엇인가? 운이란 天干(천간)의 운동변화를 의미하고 大(대)란 천간의 一循(일순)을 의미한다. 대운의 출발점은 월주를 기준으로 陽男陰女(양남음녀)는 순행(순행)하고 陰男陽女(음남양녀)는 逆行(역행)한다. 순행이란 태어난 날을 기준하여 다음달 절입일까지를 세어서 나온 숫자를 3으로 나누어 값이 나오면 그 값에 1이 남으면 버리고 2가 남으면 1을 더하여 대운의 숫자를 정한다. 이것이 미래절입 대운법이다. 역행이란 생일기준으로 절입일까지 뒤로 간다. 헤아린 숫자를 역시 3으로 나누어 1이 남으면 버리고 2가 남으면 1을 더하여 대운의 숫자로 정한다.
  예: 양남의 경우
  1950년 5월 5일 오시생이라면

년 월 일 시
庚 壬 丙 甲
寅 午 戌 午
0 6 16 26 36 46 56 66
壬 癸 甲 乙 丙 丁 戊 己
午 未 申 酉 戌 亥 子 丑

생일이 5월 5일인데 6월절입일인 소서(순행미래절)가 5월 23일이므로 23-5=18이므로 18÷3=6이니 대운의 숫자는 6이 된다. 대운육갑 역시 순행하므로 임오월부터 시작하여 癸未, 甲申, 乙酉 순으로 진행된다.

예: 양녀의 경우
년 월 일 시
庚 壬 丙 甲
寅 午 戌 午
0 5 15 25 35 45 55 65
壬 辛 庚 己 戊 丁 丙 乙
午 巳 辰 卯 寅 丑 子 亥

이 경우는 양녀이므로 역행하여 과거절로 되돌아가니 14일간이다. 14÷3=4와 2가 남는다. 2가 남으면 1을 더해야 하므로 4+1=5가 대운의 숫자가 되고 대운 역시 역행하여 임오, 신사, 경진, 기묘 순으로 진행된다.

예: 음남의 경우
2001년 10월 10일 자시(정자시)생이라면
년 월 일 시

辛 己 辛 戊
巳 亥 卯 子
0 6 16 26 36 46 56 66
己 戊 丁 丙 乙 甲 癸 壬
亥 戌 酉 申 未 午 巳 辰

이 경우는 乾命陰年(건명음년)이므로 음남의 4주다, 고로 역행하여 과거절로 돌아가 입동이 9월 23일이니 17일이다. 따라서 17÷3=5와 2가 남는다. 이로써 대운은 6이 된다.

예: 음녀의 경우
년 월 일 시
辛 己 辛 戊
巳 亥 卯 子
0 4 14 24 34 44 54 64
己 庚 辛 壬 癸 甲 乙 丙
亥 子 丑 寅 卯 辰 巳 午

이 경우 음남과 같은 4주 8자지만 대운이 다르고 작용이 달라진다. 이 4주는 坤命陰女(곤명음녀)로 대운 순행한다. 생일에서 미래절로 나아가니 13일이다. 따라서 13÷3=4가 되고 1이 남으니 1은 버리므로 대운수는 4가 된다. 이와 같이 4주를 세우고 대운을 산출하여 인생사용설명서를 완성하게 되었다. 앞에서 기초적이고도 원칙적인 요점의 대략을 기술한 바 있다.

이제는 어떻게 인생사용설명서를 읽을 것인가 하는 문제가 남은 것 같다. 인생사용설명서를 읽음에 있어 한글도 한문도 아닌 부호요 암호요 천지이치를 담은 道(도)이니 순간과 영원을 통하여 추호의 사심도 없어야 바르게 볼 수 있음이다.

　따라서 4주8자는 글 아닌 글이요 글없는 글이다. 잘 읽으면 명판관이요, 잘못 읽으면 헛참판이 된다. 그래서 4주8자는 아무나 보는 것이 아니고 지혜로 보고 이치로 보고 도로써 보아야 하는 것이다.

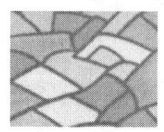

제 6부
인생사용설명서를 읽기 위하여

◎ 十二之神 看明(12지신 간명)

우리가 일반적으로 12지신이라고 하는 것은 12지지를 동물로 형상화한 인식도이다. 이 인식도에는 연월일시를 각기 동물로 형상화하여 상징했는데 그 의미는 실로 헤아리기 어렵다. 보통 사람들은 상징만 보고 말들을 하는데 사실은 거리가 멀고 멀다.

먼저 12지신의 성향을 살펴보면 子卯巳申(자묘사신)은 지혜로움을 상징하고 亥寅午酉는 힘을 상징하며 辰戌丑未는 정직하고 우직함을 상징한다.

● 子는 쥐로 상징한다. 쥐는 짐승 중에서 가장 작다. 그리고 영리하며 욕심이 많다. 굴에서 생활한다. 含意(함의)는 겨울의 중심이오, 하루의 시작과 끝이요(了 마칠료, 一 시작일), 동지요, 최강의 압축과 축소요, 음의 극이요, 흙속에 묻혀있는 씨앗이다. 시간은 자정(자정)이다.

쥐에도 五性(오성)이 있으니 甲子는 청쥐로 인자한 쥐요, 丙子는 붉

十二支神 六甲輪回圖 (12지신 6갑윤회도)

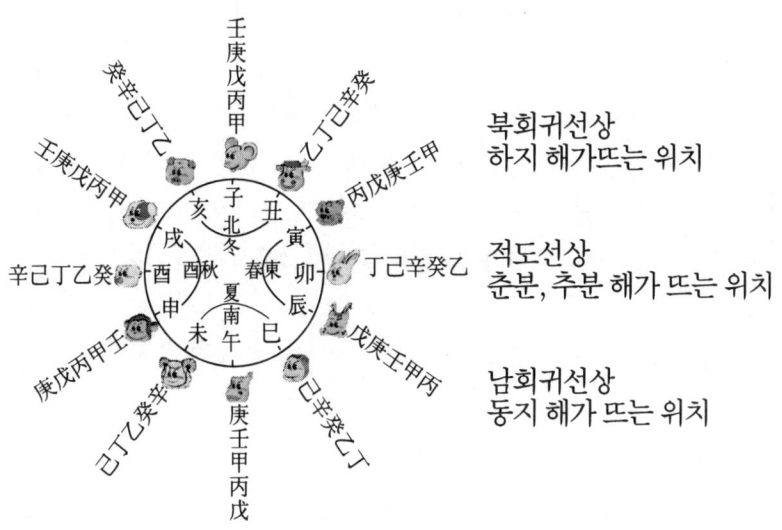

북회귀선상
하지 해가뜨는 위치

적도선상
춘분, 추분 해가 뜨는 위치

남회귀선상
동지 해가 뜨는 위치

은쥐로 예의바른쥐요 戊子는 황쥐로 신용있는 쥐요, 庚子는 백쥐로 의리 있는 쥐요, 壬子는 흑쥐로 영리한 쥐다.

　丑은 소로 상징했다. 소는 짐승 중에서 말 다음으로 크고 우직하고 정직하게 힘으로 먹고 산다.

　함의는 겨울의 끝자락인 환절기요 축은 田(밭전)자에서 한 변이 날아갔으니 자(씨앗)에서 뿌리를 내리기 위하여 문을 열고 나오려는 형상이다. 있는 힘을 다하여 단단한 껍질을 뚫고 나와야 한다. 씨앗은 자신의 키 5배가 넘어 묻히면 五氣(오기)가 돌지 않음으로 세상으로 나오는 것을 유예한다. 그리고 기회가 올 때까지 천년만년을 기다린다. 이것이 우주의 섭리요, 생명의 이치다. 시간은 1시 반에서 3시 반 사이다.

　●寅은 호랑이로 상징한다. 호랑이는 굴에서 생활한다. 호랑이는 12

지신중 세 번째로 크다. 힘으로 살아간다. 인자를 보면 씨앗이 뿌리를 내리고 투구를 쓰고 흙을 헤집고 세상 밖으로 나오는 형상이다. 있는 힘을 다하여 돌도 바위도 밀고 뚫고 나온다. 씨앗의 움터 나옴을 보라! 대부분 모자를 쓰고 나오지 않던가! 인은 봄의 시작이요, 甲寅은 인자한 호랑이요, 丙寅은 예의바른 호랑이요, 戊寅은 신용 있는 호랑이요, 庚寅은 의리 있는 호랑이요, 壬寅은 지혜로운 호랑이다. 시간으로는 3시 반에서 5시 반 사이다. 인방은 북회귀선상이요 하지해가 뜨는 방향이다.

• 卯는 토끼로 상징한다. 묘는 봄의 중심이요, 동쪽이요 해 뜨는 중심이요, 춘분이요, 대동강물이 풀리고 개구리가 튀어 나온다는 경칩의 다음절기이니 햇볕이 따스하고 골목에는 겨우내 움츠렸던 아이들이 뛰어 나와 놀아대니 왁자지껄하다. 토끼가 깡충깡충 재주부리는 모습을 상형하였다. 함의는 만물이 생동하는 모양새다. 토끼 역시 5성이 있으니 乙卯는 착한 토끼요, 丁卯는 예절바른 토끼요, 己卯는 정직한 토끼요, 辛卯는 의리를 중시하는 토끼요, 癸卯는 지혜로운 토끼다. 토끼는 굴을 파고 살며 영리하다. 야성이 강하여 길들여지지 않는다. 시간으로는 5시 반에서 7시 반이다.

• 辰은 용으로 상징한다. 용을 쉽게 표현하면 구렁이다. 즉 뱀을 생각하고 구렁이를 보면 놀랠 것이다. 또 미꾸라지를 생각하고 구렁이를 보면 역시 놀랠 것이다. 구렁이는 굴을 파고 산다. 진의 함의는 몰라보게, 상상을 초월한, 뜻밖이라는 뜻이다. 그래서 옛날 시골 코흘리개가 군수나 장관이 되었다면 옛날 코흘리개를 생각하고 장관의 현실을 보면서 "개천에서 용났다" 라고 표현한 것이다. 다시 말하면 몰라보게 변했다는 의미다. 실제 용이란 없는 동물이고 실체는 구렁이를 상징하며 용이라고 하는 동물은 고래, 코끼리, 기린, 하마, 아나콘다

등으로 이들의 화석을 龍骨(용골)이라 하여 약재로 사용한다. 또 龍虎相爭(용호상쟁)이란 말도 용과 호랑이가 여의주를 놓고 다툰다는 말인데 이는 태양이 지구의 寅方(인방)과 辰方(진방)을 오가는데서 유래한 말이다. 진방은 남회귀선상이요 동지해가 뜨는 방향이다. 사람도 용처럼 크면 정직하고 우직하고 순하다. 시간으로는 7시 반에서 9시 반 사이다.

• 巳는 뱀을 상징한다. 뱀은 굴을 파고 살며 겨울잠을 자고 추위와 답답함을 싫어한다. 사는 여름의 시작이다. 만물이 몰라보게 자라나서 산천이 신록으로 덮였는데 왜 이시기를 뱀으로 상징했을까? 뱀은 겨울잠을 자는데 입동에 땅굴을 파고 들어가 입하에 나온다. 즉 1년 중 반년을 땅속에서 잠으로 보내는 것이다. 다시 말해서 입하라는 절기는 뱀이 나오는 절기라는 뜻이다. 뱀은 영리하고 지혜롭다. 뱀에도 5성이 있으니 乙巳는 착한 뱀이요. 丁巳는 예절 있는 뱀이요, 己巳는 믿음 있는 뱀이요, 辛巳는 의리 있는 뱀이요, 癸巳는 지혜 있는 뱀이다. 시간으로는 9시 반에서 11시 반이다.

• 午는 말로 상징했다. 오는 계절로는 여름의 중심이요 하루로도 正午(정오)다 陽(양)의 極(극)이니 一陰始生之處(일음시생지처)라 짐승으로는 가장 크고 빠르고 활발하다. 절기로는 하지요 시간으로는 11시 반에서 13시 반사이다. 함의로는 팽창배기의 극이요 주역에서 乾爲天卦(건위천괘)는 스스로 강하여 스스로 이기니 길하지만 오래가지 않는다. 라고 하였다. 산 정상에 올랐으니 산꼭대기에서 살 수는 없고 이제 下山(하산)할 일만 남았으니 하지를 지나 날로 해가 짧아지듯 양기는 줄어들고 음기는 이제 막 태어나 날로 왕성해지는 겪이다. 말은 힘으로 살아가는 짐승이요 그러니 우직하고 정직하다. 말에도 5성이 있으니 갑오는 어질고 병오는 예의가 있으며 무오는 신용이 있고

경오는 의리가 있고 임오는 지혜가 있다. 자에서 오까지는 생명의 출발에서 꽃이 피기까지의 과정이라 할 수 있다.

• 未는 양(염소)으로 상징했다. 여기서부터는 1년의 전반기인 팽창이 끝나고 다시 수축으로 들어가는 후반기의 시작이다. 지구는 말에서 염소만큼 작아지고 여름의 끝을 달리고 있다. 이제 모든 곡식과 과일의 꽃은 지고 열매가 자라고 알곡이 차기 시작한다. 三伏(삼복)의 중심이며 양은 여름에는 더운데도 불구하고 서로 붙어 자며 겨울에는 추운데도 불구하고 서로 떨어져 잠을 자니 이 또한 우주이치의 기묘함이다. 이러한 양의 잠자는 양태는 처서부터 떨어져 자고 우수부터 붙어 자기 시작한다. 양에도 5성이 있으니 을미는 어진양이요, 丁未는 예의바른 양이요, 己未는 신용 있는 양이요, 辛未는 의리 있는 양이요, 癸未는 지혜 있는 양이다. 시간으로는 13시 반부터 15시 반(오후3시반)까지의 사이다.

• 申은 원숭이로 상징했다. 신은 가을의 시작이요, 말에서 양으로 양에서 원숭이로 차차 작아지니 곡식은 속이차서 단단해지고 과일을 살이 쪄서 단단해진다. 원숭이는 재주가 많고 영리한 동물이다. 원숭이도 굴을 파고 생활한다. 원숭이에게도 5성이 있으니 甲申은 착한 원숭이, 丙申은 예절바른 원숭이, 戊申은 신용 있는 원숭이, 庚申은 의리 있는 원숭이, 壬申은 영리한 원숭이다. 시간으로는 15시반에서 17시반(오후5시반)사이이다. 속담에 犬猿之間(견원지간)이란 말이 있다. 이는 개와 원숭이가 항상 앙앙불락 서로 못 잡아 먹어 안달이 난다라고 하는데 사실인즉 태양을 비유한 말이다. 하지 태양은 戌方(술방)으로 지고 동지태양은 申方(신방)으로 넘어간다. 용호상쟁과 같은 말이다.

• 酉는 닭이다. 이제 지구의 수축작용이 말에서 양으로 양세서 원숭이로 원숭이에서 닭으로까지 오므라진 것임을 의미한다. 正酉方(정

유방)은 추분절에다 이때가 추석이 된다. 추석이란 연중 달이 가장 밝음을 의미하는데 달이 가장 밝다는 현상은 지구도 지구의 대기도 평균수축을 이루어내면서 대기가 빛을 반사하는 최고점을 형성하는 시점이다. 닭에도 오성이 있으니 乙酉는 착한 닭이요, 丁酉는 예절바른 닭이요, 己酉는 신용 있는 닭이요, 辛酉는 의리 있는 닭이요, 癸酉는 영리한 닭이다. 시간으로는 17시반에서 19시반(오후7시반)사이다.

● 戌(술)은 개로 상징했다. 未申酉는 外氣(외기)수축이요, 戌亥子(술해자)는 內氣(내기)수축이다. 따라서 술은 과일을 상징한다. 즉 과일과 그 속의 씨앗이다. 감이나 사과, 배 같은 것이다. 다시 말하면 가을의 완성이다.

개한테도 5성이 있으니 甲戌은 착한개요, 丙戌은 예절바른개요, 戊戌을 신용있는 개요, 庚戌은 의리있는 개요, 壬戌은 지혜로운 개다. 시간으로는 19시반에서 21시반(오후9시반)사이다.

● 亥는 돼지로 상징했다. 해는 核(핵)이다. 戌이 과일이라면 亥는 과일속의 씨앗이고, 자는 땅속에 감장 수장된 씨앗이다. 亥는 겨울의 시작이요, 힘으로 살아가는 동물이다. 돼지도 5성이 있으니 乙亥는 착한 돼지요, 丁亥는 예절바른 돼지요, 己亥는 신용 있는 돼지요, 辛亥는 의리있는 돼지요, 癸亥는 영리한 돼지다. 시간으로는 21시반에서 23시반(오후11시반)사이다.

◎ 12지신의 종합적 개념

12지신의 위치와 배치는 지구의 자오선, 적도선, 북회귀선, 남회귀선, 북극선, 남극선을 기준으로 배치되고 위치하고 있다. 12지신은 그만큼 자연과학의 기준이 되고 있으므로 六甲(육갑)뿐만 아니라 과학적 상징성 까지를 포함하고 있다.

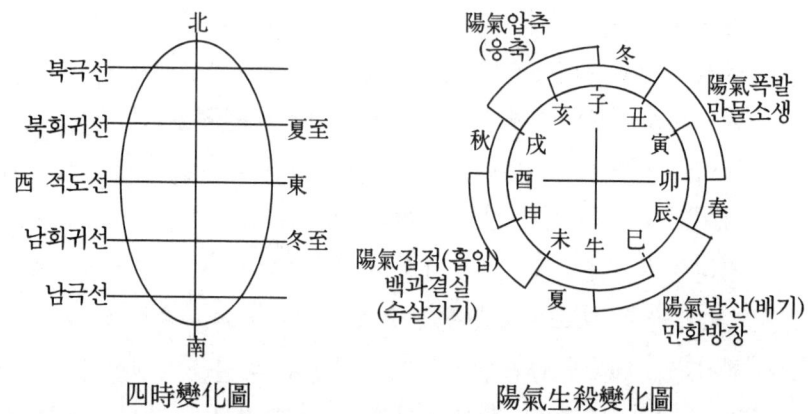

四時變化圖 陽氣生殺變化圖

위의 두 가지 그림을 보면 앞 도표는 현대과학적 지구의 자오선과 위도에 나타난 적도를 비롯 남회귀선, 북회귀선, 북극선과 남극선을 나타내고 있다. 우측의 도표를 보면 한국철학의 주요개념인 12지신과 양기의 변화를 나타내고 있다.

여기서 지구의 적도는 卯酉로 연결되고 북극선은 丑亥, 북회귀선은 寅戌, 남회귀선은 辰申, 남극선은 巳와 未로 연결된다. 그리고 남과 북은 子午로 연결 짓는다.

◎ 天干看明法(천간간명법)

天干은 무엇인가? 十天干(10천간)은 天運(천운)이라 한다. 인체를 心身(심신)으로 나누어 보면 천간은 마음이요, 地支(지지)는 몸이다. 천간을 머리통으로 보면 지지는 몸통으로 본다. 천간을 운전수라고 하면 지지는 자동차가 된다. 天運地氣(천운지기)라고 하는 개념이다. 이를 바꾸어 말하면 五運六氣(오운육기)라고도 한다. 십천간은 甲乙丙丁戊己庚辛壬癸(갑을경정무기경신임계)라 한다. 이를 음양과 5행

그리고 5운으로 나눈다.

陰은 乙丁己辛癸이고 陽은 甲丙戊庚壬이다.

五運은 甲己合土運(갑기합토운), 乙庚合金運, 丙辛合水運, 丁壬合木運, 戊癸合火運이 그것이다. 5운은 다시 太過(태과)와 不及(불급)으로 나눈다. 먼저 運(운)이란 개념부터 살펴보자, 運字(운자)의 뜻을 살펴보면 운전할 운, 움직일 운, 옮길 운, 운수운(曆數運祚 역수운조)이라 한다. 운자를 파자(파자)해보면 辶(쉬엄쉬엄갈착, 띌착)과 ㄇ(덮을 멱)과 車(수레거, 바퀴거, 그물거, 잇몸거, 수레차)로 되어 있다. 이를 의역하면 수레를 덮어 이동한다. 또는 덮인 수레를 굴린다라고 볼 수 있다. 다시 말하면 무엇인가 다양한 내용물이 덮인 수레를 굴린다라고 볼 수 있다. 따라서 5운이란 하늘의 다섯 가지 기운이 움직인다라는 뜻이 된다.

예를 들면 甲己合土運(갑기합토운)인데 甲년에는 土運太過(토운태과)의 작용이 일어난다는 뜻이요, 기년에는 토운불급(土運不及)작용이 일어난다는 뜻이다. 10천간 자체에도 운기(雲氣)가 있으니 운은 합운(合運)이요, 기(氣)는 갑을목기(甲乙木氣)요 병정화기요, 무기토기요, 경신금기요, 임계수기가 그것이다. 이에 인간은 살아 움직이는 동물이니 일천세계(一天世界)의 일간(日干)을 한인간의 본인으로 삼는다. 이로 인하여 일간은 한 개인의 본성 또는 심성이라고도 하는 성격을 나타내고 있다.

· 甲木의 本性(본성)

甲木의 원형은 교목이다. 木性(목성)은 어질고 착하고 순하다. 그러나 木長之敗(목장지패)요 竝立不可(병립불가)다 강에는 약하고 약에는 강하다.

기토를 만나면 變土(변토)가 된다.

· 乙木의 본성
乙木의 원형은 관목이요, 등라다. 착하고 순하지만 의지형이다. 木性은 유지하지만 庚金을 만나면 乙庚合金으로 변금된다.

· 丙火의 본성
丙火의 원형은 태양火다. 예절이 바르고 도리에 밝다. 그야말로 불꽃같은 불이다. 약하면 입만 살고 강하면 안하무인이 된다. 辛金을 만나면 水로 변한다.

· 丁火의 본성
丁火의 원형은 숯불이다. 예절바르고 능히 철을 녹인다. 丙火가 태양화라면 丁火는 地中火(지중화)로 實火(실화)다. 壬水를 만나면 木變(목변) 한다.
일설에는 丁火를 등촉화라 하여 등불이나 촛불로 비유하는데 이는 잘못 이해한 까닭이다.

· 戊土의 본성
戊土의 원형은 둔덕으로 산에서 초목을 기르는 흙이요, 언덕길의 흙이다. 土城(토성)이다. 언제나 눈이오나 비가오나 제자리를 지키니 믿음이 있어 신용이라 한다. 무토가 계수를 만나면 火變(화변)한다.

· 己土의 본성
己土의 원형은 田園(전원)의 흙이요, 田畓(전답)의 흙이다. 약하면 환경에 이끌리고 강하면 본성을 지킨다. 甲木을 만나면 旺土(왕토)가 된다.

· 庚金의 본성
庚金의 원형은 철강이다. 金性(금성)은 의리에 강하고 의리를 좋아하고 의리를 찾는다. 丁火를 만나면 有用(유용)하고 정화를 만나지 못하면 무용하다. 乙木을 만나면 旺金(왕금)이 된다.

· 辛金의 본성
辛金의 원형은 금은동이다. 金性은 잃지 않으나 丙火를 만난다면 水變(수변)하고 丁火를 만나면 分散(분산)하니 火鄕之向(화향지향)이라야 보석으로써 빛을 얻을 수 있다.

· 壬水의 본성
壬水의 원형은 바다다. 百江(백강)의 물을 모두 받아들이니 그 도량이 한없이 넓고 한없이 크며 한없이 지혜로우며 그 욕심 또한 끝이 없다. 水性의 본성은 지혜다. 丁火를 만나면 木變(목변)한다. 약하면 거짓말하고 강하면 현자가 된다.

· 癸水의 본성
癸水의 원형은 강물이다. 水性의 본성을 잃지는 않지만 약하면 고이고 강하면 흐른다. 만물을 생함에는 강보다 약이 오히려 윗길이다. 戊土를 만나면 火變(화변)한다.

◎ 六親(육친)의 작용

 앞(제3부 6친법)에서 六親에 대하여 잠시 밝혔으나 팔자를 논함에 있어서 그 무게가 지대하므로 좀 더 밝히고자 한다.

 6친의 배경은 나와 아버지 어머니와 형제자매와 배우자와 자식의 범위를 말한다. 또 다른 6친의 배경이 있으나 부모와 형제와 자식과 가정(부부)과 직업과 경제가 그것이다. 현대사회에서의 팔자감정은 오히려 후자의 간명이 더욱 중요하다고 보겠다.

五行과 六親作用表(육친작용표)

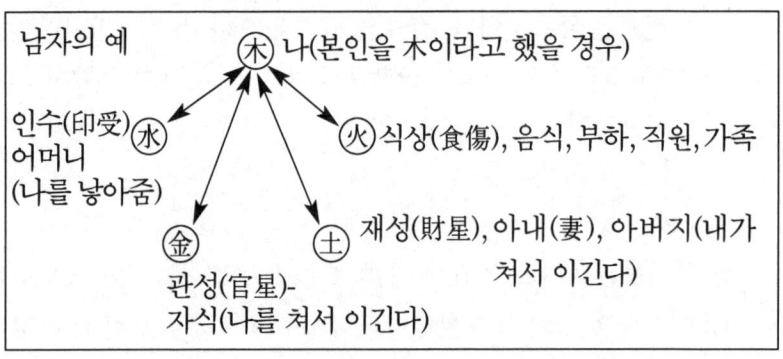

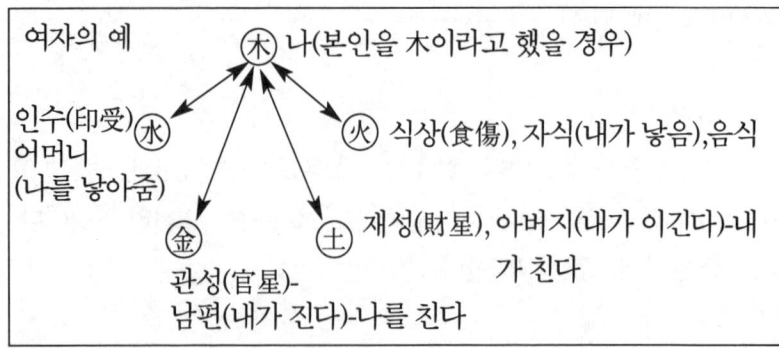

이것이 일반화 된 6친 관계다. 남자와 여자의 예를 따로 든 이유는 관성과 식상 때문이다. 남자는 관성이 자식이고, 여자는 식상이 자식이 되는 이치 때문이다.

여기서 팔자를 자세히 살펴보면 내 팔자 속에 나와 관계되는 부모 형제의 팔자는 물론 사돈의 8촌의 8자까지도 유추할 수 있으니 어찌 심오하다 하지 않을 수 있겠는가? 그럼 어떻게 하여 아버지의 팔자가 내 팔자 속에 있게 되는가? 내 팔자를 감정할때는 日干(일간)을 나로 하여 기준을 삼는다. 즉 일간을 기준하여 7자와의 관계를 살피고 그 작용을 추리하는 행위가 팔자감정법이다. 이때 아버지에 해당하는 財星(재성)이 있을 것이다. 이 재성을 기준으로 팔자를 감정하면 아버지 팔자요, 인수를 기준하여 풀면 어머니 팔자가 된다. 물론 어머니, 아버지 팔자가 따로 있을 것이다. 하지만 나와의 관계에서 어머니 아버지는 분명 다른 형제와 같지 않다. 이 비밀이 여기에서 풀린다. 이 관계를 도표로 다시 작성해보자

내안의 아버지 팔자

    내팔자 ──────▶   내안의 아버지 팔자

    甲 丁 ㊉ 癸   戊 丁 ㊊ 癸
    子 丑 申 巳   申 丑 寅 巳
    年 月 日 時   年 月 日 時

※ 갑자와 무신의 자리를 바꾸면서 무토의 아버지는 자수에 해당하나 천간이 아니므로 갑자를 임인으로 바꾸었다. 이를 다시 5행으로 표현한다.

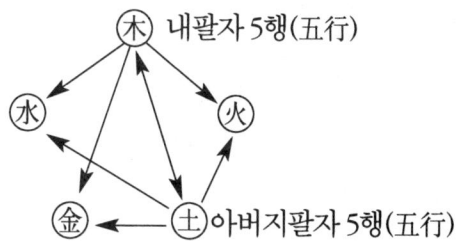

보기와 같이 내팔자와 내안의 아버지 팔자를 풀어보면 아마도 놀랄 것이다. 이것이 宇宙理致(우주이치)라는 것이다. 이처럼 어머니 팔자, 형제자매 팔자 심지어는 사돈네 팔자까지 모두를 풀 수 있는 것이 우주이치요 육갑의 무서운 비밀이다. 이를 두고 일반적으로 천기누설이라 한다. 다음은 현대적 六親觀(6친관)이다. 현대적 6친관은 부모, 형제, 자녀, 부부, 직업, 경제를 일컫는다. 현대적 6친관이라 해서 8자를 바꾸거나 8자의 자리를 바꾸지 않는다. 그럼 한 예를 들어보자.

연 월 일 시	
甲 乙 ㉠ 丁	
子 丑 寅 卯	

1. 부부(애정)운~甲子
2. 부모운(정서)~ 乙丑, 甲, 乙, 寅, 卯, 丑(암장辛金)
3. 형제운(환경)~ 丙丁
4. 자녀운(미래)~ 子丑丁卯
5. 직업운(적성)~인수다봉격
6. 경제운(생활력)~ 金, 丑(암장 辛金)

이 6친은 현대사회에서 필수불가결한 내용이다. 얼마전까지만 해도 선진국이라는 잣대는 GNP가 얼마나 되는가? 하는 것이었다. 그러나 이제는 행복지수를 더해야 된다. 행복지수는 가정환경, 생활환경, 직업적성 등의 만족도를 나타내는 지표다.

◎ 吉神(길신)과 길신의 作用(작용)

길신이란 무엇인가? 팔자에 길신이 있으면 轉禍爲福(전화위복)하고 위기때마다 귀인의 손길이 미치며 단점이 장점으로 작용하는 행운이 있게 됨을 의미한다.

그러나 길신은 형충파해를 싫어하니 팔자나 운에서 형충파해를 만나면 그 작용이 일어나지 않는다. 길신에 슴이 따르면 더욱 크게 작용한다.

吉神表(길신표)

길성＼일간	甲	乙	丙	丁	戊	己	庚	辛	壬	癸
천을 귀인	丑未	子申	亥酉	亥酉	丑未	子申	丑未	寅午	巳卯	巳卯
태극 귀인	子午	子午	卯酉	卯酉	四庫	四庫	寅亥	寅亥	巳申	巳申
복성 귀인	庚	丑亥	子戌	酉	申	未	午	巳	辰	卯
문창 귀인	巳	午	申	酉	申	酉	亥	子	寅	卯
천관 귀인	未	辰	巳	寅酉	卯戌	戌卯	亥	申	寅	午
천주 귀인	巳	午	巳子	午巳	申午	酉申	亥寅	子午	寅酉	卯亥
문곡 귀인	亥	子	寅	卯	寅	卯	巳	午	申	酉
관귀 귀인	巳	巳	申	申	亥	亥	寅	寅	申	申
학당 귀인	亥	午	寅	酉	寅	酉	巳	子	申	卯
금여 귀인	辰	巳	未	申	未	申	戌	亥	丑	寅
재고 귀인	辰	辰	丑	丑	丑	丑	未	未	戌	戌

三奇(3기)	天上三奇(천상3기)	地中三奇(지중3기)	人中三奇(인중삼기)
3기 귀인	甲戊庚	乙丙丁	壬癸辛

길성＼월생	천덕귀인	월덕귀인	천의성	천희신	황은대사	천사	진신	홍란성	장수살
子	巳	壬	亥	酉	申	甲子日	己酉日	卯	丑
丑	庚	庚	子	申	未	甲子日	己酉日	寅	子
寅	丁	丙	丑	未	戌	戊寅日	甲寅日	丑	亥
卯	申	甲	寅	午	丑	戊寅日	甲寅日	子	戌
辰	壬	壬	卯	巳	寅	戊寅日	甲寅日	亥	酉
巳	辛	庚	辰	辰	巳	甲午日	甲午日	戌	申
午	亥	丙	巳	卯	酉	甲午日	甲午日	酉	未
未	甲	甲	午	寅	卯	甲午日	甲午日	申	午
申	癸	壬	未	丑	子	戊申日	己卯日	未	巳
酉	寅	庚	申	子	午	戊申日	己卯日	午	辰
戌	丙	丙	酉	亥	亥	戊申日	己卯日	巳	卯
亥	乙	甲	戌	戌	辰	甲子日	己酉日	辰	寅
비고			日,時	日,時					

1. 天乙貴人 (천을귀인)

천을 귀인이란 스스로 인격이 뛰어나고 총명하고 지혜롭고 공명현달하며 만인의 추앙을 받게 된다는 길성이다. 8자에 천을 귀인이 있고 합이 되어 있으면 출세의 가도를 달리게 된다. 그러나 형충파해 공망이 되면 畵中之餠(화중지병)이 된다.

2. 太極貴人(태극귀인)

8자에 태극귀인이 있게 되면 입신양명하게 되는데 후봉만호나 고위직에 오르는 행운이 있게 된다. 년지태극을 제일로 꼽는다. 격을 갖추면 더욱 좋다.

3. 福星貴人(복성귀인)

복성귀인은 한평생 스스로 번창하는 길성이다. 시, 일에 있으면 진복성이고 년월에 있으면 가복성이니 길작용이 경미하다. 신왕양격이면 壽(수)를 더하고 명리사해하며 격이 떨어져도 일생이 안락할 것이다.

4. 文昌貴人(문창귀인)

문창성은 일지에 있는 것이 가장 좋다. 문창성은 흉을 길로 바꾸며 재능이 비상하고 총명하여 출세가 빠르다. 학문과 예술의 어느 한 분야에서 탁월한 기지를 발휘한다. 신왕한 운명이면 더욱 좋고 신약하면 뇌성마비나 저능아 될 확률이 높다. 형충파해공망이 되면 길작용은 기대하기 어렵고 볼품없는 선비꼴이 된다.

5. 天官貴人(천관귀인)

천관귀인은 정관이 있는 지지나 시지를 위주하고 타고난 복이 후하고 매사 순탄하며 관직으로 입신양명하게 된다.

6. 天廚貴人(천주귀인)

천주귀인은 식록을 의미한다. 8자에 천주귀인이 있고 방해를 받지 않으면 의식주가 풍부하고 귀성이 부조하면 금상첨화가 된다. 정관이 나 인수가 동주하면 관직으로 나아가 명리를 얻게 되며 요리사가 되 거나 식당을 운영한다면 날로 번창할 것이다.

7. 文曲貴人(문곡귀인)

8자에 문곡귀인이 있으면 살아서의 업적이 저평가 되었다가도 사후에 고평가되고 명성이 높아지고 자손에게 명리를 안겨준다는 길성이다.

8. 學堂貴人(학당귀인)

학당귀인은 월지나 시지에 있는 것을 진격으로 삼는다. 지혜가 많고 총명하며 학자, 교사, 연구가 등의 적성이며 신왕하거나 격이 양호하면 부귀의 명이 된다.

9. 金輿祿(금여록)

8자에 금여록이 있다면 왕족귀족의 후예라 할 수 있다. 온후유순하고 용모가 뛰어나며 남녀를 불문하고 배우자의 덕이 많고 인덕이 좋으며 양연이 많고 부귀를 함께 누리는 운명이 된다. 특히 발명의 재간이 뛰어나고 일시지에 있으면 평생 안락하고 식신과 함께 있으면 만인의 추앙을 받으며 월지와 합하면 최고의 행운을 얻게 된다.

10. 재고貴人(재고귀인)

재고는 四庫(4고)를 말함이니 창고나 금고를 뜻한다. 재고가 있으면 당연히 의식이 풍족할 것이다. 재고가 충(충)되면 금고가 열림이니 돈은 떨어질 일이 없으나 또한 쌓을일도 없게 된다. 재고가 격을 이루면 부자가 될 수 있다.

11. 三奇貴人(3기귀인)

3기귀인은 연월일시의 어디든 연순으로 있어야 하며 술해의 천문이 있어야 진격이다. 3기귀인에 삼합(3합)이 있으면 동량주석으로 한

나라를 짊어지게 되고 공망되면 고결한 선비로써 백의정승이 된다.

12. 天德貴人(천덕귀인)

천덕귀인이 있으면 조상의 유덕과 천우신조를 받아 일체의 재앙이 소멸된다는 길성이다. 또한 항상 덕이 넘치게 되므로 죽을고비에 놓이게 되어도 항상 귀인의 도움을 받아 구출되는 운명이다. 일주에 있는 것이 가장 좋은편이지만 두 개가 있거나 천월덕이 함께 있으면 더욱 좋다.

일주에 있으면 천우신조하고 시주에 있으면 귀자를 얻게 되고 식신과 함께하면 의식이 족하고 관성과 동주하면 관운이 좋고 인성과 함께 있으면 심성이 어질고 부모덕이 많다.

13. 月德貴人(월덕귀인)

천덕귀인과 그 작용이 같다. 천월이덕이 있으면 일생 안태하고 관제가 없으며 도난을 당하지 않고 흉화가 자연 소멸되며 女命(여명)의 일시에 월덕귀인이 있으면 산액이 없다.

14. 天醫星(천의성)

천의성은 활인성이라고도 하는데 사람의 생명을 구하고 상담하는 의사, 약사, 간호사, 종교인. 심리학, 철학 등에 관심이 많거나 종사하게 된다.

15. 天喜神(천희신)

천희신이 8자에 있으면 목전흉사나 재앙이 변하여 기쁨으로 넘치는 전화위복의 길신이다.

16. 皇恩大赦(황은대사)

황은대사가 8자에 있으면 중죄로 중벌을 받다가도 곧 특사를 받아 무죄방면 된다는 길성이다.

17. 天赦(천사)

천사도 황은대사와 유사하다. 8자에 천사가 있으면 무슨 일을 하던 하늘의 도움을 받아 성사가 되고 큰 병에 걸려도 생명을 잃는 일이 없고 큰 재난을 만나도 면하게 되며 천수를 다할때까지 부귀를 누린다는 길성이다. 男命(남명)기준이다.

18. 進神(진신)

8자에 진신이 있으면 어떤 일을 한다 해도 주위의 방해를 받지 않고 순성 발달한다는 길성으로서 여명 기준이다.

19. 紅鸞星(홍란성)

홍란이란 봉황이요 임금의 짝이란 뜻이다. 8자에 홍란성이 있으면 혈광지액을 면하게 되고 평생 부귀공명을 누리게 된다는 길성이다.

20. 長壽殺(장수살)

장수살이란 수명이 길고 건강하다는 5복 1위의 길성이다. 8자에 장수살이 있게 되면 남녀 공히 장수를 누리면서 건강하다고 한다.

◎ 凶神(흉신)과 흉신의 작용

흉신이란 무엇인가? 이치로 본다면 길신과 정반대의 성향이 있다. 흉신은 흉신이 팔자에 있다면 주체를 시시때때로 재앙이 있는 곳으로 유도하고 안내하는 역할을 담당하게 된다. 예를 들면 한 인간에게 100가지 마음이 있는데 이중에서 50가지는 좋은 일을 하고자 하는 마음이고 50가지는 나쁜 일을 하라고 부추긴다. 따라서 흉신이 강하면 자꾸 나쁜 일을 반복하여 악당이란 낙인이 찍히게 되고 길신이 강하면 자꾸 좋은 일을 반복하여 명리를 얻게 되는 것이다.

1. 白虎大殺(백호대살)

甲辰, 乙未, 丙戌, 丁丑, 戊辰, 壬戌, 癸丑

백호대살이란 옛날 호랑이에게 물려 뜯기거나 상처를 입어 팔다리가 절단되거나 죽는 일로 피를 본다는 혈광액이라 하여 흉살로 여겼다. 그러나 요즈음은 호랑이에게 물릴 일은 없으나 그 대신 결핵(피를 토함)이나 수술, 교통사고 등으로 인하여 피를 보는 일이 오히려 많아졌다. 백살의 위치(6친관계)에 따라서 일어난다고 한다. 단 이러한 흉신도 길신처럼 형충파해나 공망이 되면 작용이 멈춘다고 보는 것이 이치상 옳은 것이다. 백호대살은 7개의 간지가 있다고 하여 백호칠살이라고도 한다.

2. 陰錯陽差殺(음착양차살)
丙子, 丙午, 戊寅, 戊申, 壬辰, 壬戌은 양차살이고
丁丑, 丁未, 辛卯, 辛酉, 癸巳, 癸亥는 음착살이다.
음착양차살은 부부간에 상처하거나 상부하고 의견이 엇갈려 불화가 끊이지 않고 상중 결혼하게 된다는 살이다. 여명에 이 살이 있으면 남편이 바람을 피우게 되고 남녀 막론하고 생일에 이 살이 있으면 외삼촌이 없거나 고독하다. 생시에 놓이면 처남이 없거나 고독하다.

3. 魁罡殺(괴강살)
庚辰, 庚戌, 壬辰, 壬戌, 戊戌
여명에 괴강살이 있으면 흉성이다. 즉 남편의 횡사, 납치 혹은 생사이별을 하거나 병으로 신음하거나 남편의 무책임(작첩, 가출)으로 불화, 고독하고 가정경제를 떠맡게 된다. 단 관성이 귀명인 여명은 면할 수 있다. 하지만 년주나 일주여명은 십중팔구 이 운명을 벗어나기 힘들다. 또한 부가의 명운과 재운이 사라지는 흉살이기도 하다. 괴강은 모든 사람을 제압하는 강렬한 살로 대부, 대귀, 엄격, 총명, 살생, 극빈,

괴벽, 결벽증이 특징이며 통솔력이 뛰어나고 일주괴강에 격이 잘 갖추어지면 대권을 잡는다. 하지만 길흉의 극과 극을 달리는 운명이다. 신왕하면 길하고 신약하면 흉하다.

4. 孤鸞殺(고란살)

甲寅日, 乙巳日, 丁巳日, 戊申日, 辛亥日

고란살은 짝을 잃고 외로워하는 봉황새이다. 여명은 남편이 첩을 얻거나 이별하여 항상 독수공방으로 살게 되고 남명은 홀아비가 되는 흉살이다.

이 살은 남편으로 인하여 항상 신음함이 있다하여 일명 신음살이라고도 한다. 하지만 8자에 재관이 잘 규명되어 있으면 비켜갈 수도 있다.

5. 疑妻殺(의처살-의처증)

丁亥日, 己亥日, 乙巳日, 辛巳日, 癸巳日에 태어나고 사주중에 관성이 투관되고 암장관이 되어 있으면 의처살이다. 의처살이란 아내의 일거수 일투족을 모두 감시하면서 가족과 타인을 가리지 않고 남자와 웃는 모습만 보아도 정조를 의심하는 흉살이다.

6. 小室殺(소실살)

甲申日, 乙巳日, 乙亥日, 丙子日, 丁巳日, 丁亥日, 戊申日, 己卯日, 己巳日, 己亥日, 庚午日, 庚戌日, 辛巳日, 辛亥日, 壬午日, 壬戌日, 癸巳日, 癸亥日柱가 소실살인데 소실살이란 남의 그늘 밑에서 삶을 살아가는 운명을 말한다.

소실살이 있는 명운은 소실이나 첩, 숨겨진 애인으로 살아가야 하는데 일간이 음양으로 만나거나 나이차이가 많으면 무방하다.

옛날부터 이러한 여명을 보면 "늦게 시집가라" 하는 말들을 많이 했는데 이는 결국 늦도록 장가를 못간 사람이나 아니면 상처한 사람을 만나야 한다는 뜻이 숨겨져 있다.

7. 生死離別殺(생사이별살)

甲寅日, 乙卯日, 丙午日, 丁巳日, 戊辰日, 戊戌日, 乙丑日, 乙未日, 庚申日, 辛酉日, 壬子日, 癸亥日柱 등은 干如之同(간여지동)이라 하여 생사이별살이라고 한다. 일주간여지 동의 명운은 남녀불문하고 가정사에는 관심이 없고 세상사에 관심이 많다. 이러한 명운이 失令(실령)하면 오히려 길운이 되나 신왕하다면 살아서 헤어지지 않으면 죽어서라도 헤어지려고 애를 쓰니 생사이별살이라고 한다.

8. 梟神殺(효신살)

甲子日, 乙亥日, 丙寅日, 丁卯日, 戊午日, 己巳日, 庚辰日, 辛未日, 辛丑日, 壬申日, 癸酉日柱는 日支(일지)가 偏印(편인)이다. 이를 효신살이라고 한다. 효신살에 태어나면 조실모하거나 아니면 전모, 서모가 있게 된다거나 아니면 반대로 조실부 하거나 하는 등의 흉사가 가까이에 있게 된다. 또 일과 시에 효신이 있는 여명은 자식을 얻지 못할 확률이 높다. 이러한 운명은 또 신경쇠약중으로 고생하는 경우가 많다.

9. 天羅地網殺(천라지망살)

火日柱(화일주)가 술이나 해를 보면 천라이고 水日柱(수일주)가 辰이나 巳를 보면 지망이라고 한다. 즉 12운성에서 묘와 절이 되는 것을 말한다.

남명은 천라를 꺼리고 여명을 지망을 꺼린다. 관재 구설, 납치, 시비, 송사, 특히 여명은 이혼, 파혼을 당하거나 자식을 극하게 되고 악살이 더해지면 當主必死(당주필사)라 했다. 천라지망살의 운명은 의약업, 종교인, 역술인, 경찰, 법관 등으로 活人相生(활인상생)하는 직업인이 많다. 단 여기서 주의할 점은 활인업 종사자가 필요이상의 부를 쌓거나 권세를 남용할 경우 불구가족을 두거나 자손의 흉사가 많다.

10. 滾浪桃花殺(곤랑도화살)

곤랑도화살은 日天干(일천간)은 합이 되고 日支(일지)가 형살이 됨을 말한다. 예를 들면 甲子일생이 시주나 월주에 己卯가 되면 곤랑도화살이다. 곤랑도화살의 명운은 황음, 음탕주색으로 패가망신하는 흉살이다.

11. 鬼門關殺(귀문관살)

8자 상에서 寅이 未를 보거나 卯가 申을 보거나 辰이 亥를 보거나 巳가 戌을 보거나 丑이 午를 보거나 子가 酉를 보게 되면 귀문관살이 된다. 또 寅亥, 卯亥, 午亥, 亥申을 추가하는 경우도 있다. 또 년지와 일지의 관계만을 보는 경우도 있다.

귀문관살은 귀신과 관계있다는 말로써 바꾸어 말하면 귀신과 내통하고 있다는 의미다. 따라서 귀문관살이 있고 천문(일시지에 술이나 해가 있는 명운)이 있으면 점을 치거나 무속인, 역술인 등으로 많이 활동하게 된다. 또 귀문관살이 있는 명운은 정신이상이나 신경쇠약증, 의처증, 의부증, 근친상간, 배우자의 불감증 등을 유발하는 가능성이 매우 높다고 볼 수 있다.

12. 懸針殺(현침살)

甲 辛 午 卯 申 또는 甲午 甲申 辛未를 현침살이라 한다. 8자에 현침살이 많으면 바늘하나로도 병을 고칠 수 있다. 현침살이 있게 되면 포수(사격, 궁술), 의약업, 침술, 역술, 세공기술 등의 업에 좋아하거나 종사하게 된다. 양인과 동주하면 도살업이나 정육점을 하게 된다.

13. 流霞殺(유하살)

유하살이란 중풍이다. 암, 정신질환, 불구 나병 등의 질환이 유전 된다는 흉살이며 이 살이 있을 경우 타향에서 외롭게 죽을 수 있고 여명에 유하살이 있으면 산고에 의한 사망사고가 일어날 확률이 높다.

흉살 \ 일간	甲	乙	丙	丁	戊	己	庚	辛	壬	癸
유하살	酉	戌	未	申	巳	午	辰	卯	亥	寅
홍염살	午	午	寅	未	辰	辰	戌	酉	子申	申
양인살	卯	辰	午	未	午	未	酉	戌	子	丑
비인살	酉	戌	子	丑	子	丑	卯	辰	午	未
자암살	卯	辰	午	未	午	未	酉	戌	子	丑
급각살	卯酉時	〃	亥子日時	〃	寅卯時	〃	巳午時	〃	辰戌丑時	丑未時
낙정관살	巳日時	子日時	申日時	戌日時	卯日時	巳日時	子日時	申日時	戌日時	卯日時
단장관살	午未	〃	辰巳	〃	〃	寅	寅	丑	丑	丑
백호관살	酉	子	午	卯	午	酉	子	午	卯	午

14. 紅艶殺(홍염살)

홍염살은 남녀간 허황된 꿈을 좋아하고 사치를 좋아하니 남명은 첩을 거느리고 여명은 웃음을 팔아야 한다. 남녀간에 外情(외정)을 좋아하니 가정을 지키기가 어렵다.

15. 洋刃殺(양인살)

양인은 祿前一位(록전일위)이고 장성살이며 제왕이다. 양인은 인수나 비겁에 해당하니 신왕한 명운은 양인을 싫어하고 신약한 명운은 양인을 좋아한다. 양인살이 있는 명운은 군인, 경찰, 기관원, 권세가, 혁명가 등 위세를 떨치는 직업인에 많다.

양인은 칠살은 좋아하나 살이 없으면 권위가 없고 양인이 없으면 명을 얻지 못한다. 양인과 칠살이 함께 있어야 명리를 얻고 부귀하게 된다. 양인이 겁재와 함께라면 고향을 떠나 타향살이하게 되고 성질이 황폭하다. 8자에 양인이 셋 이상이면 귀머거리나 장님이다. 양인이 삼합되면 이민가서 살게 되고 여명에 양인이 셋이면 수치를 모르고 황음하게 된다.

양인은 편관과 인수가 함께 있는 것을 좋아한다. 그래서 편관, 인수, 양인이 함께 있으면 생사여탈의 대권을 잡고 위용을 떨치게 된다. 양인이 셋 이상이면 높은 곳에서 추락사하거나 전사하거나 액사를 면하기 어렵다. 양인이 공망 되면 거짓말을 잘하고 양인이 겁재와 겹쳐 있고 관살이 없으면 양상군자다. 양인이 년에 있으면 조업을 파하고, 은혜를 원수로 갚으며 양인이 월지에 있으면 편굴성이 있고 시지에 있으면 처자를 극하게 된다.

16. 飛刃殺(비인살)

비인살은 양인살을 충하는 지지를 말한다. 그 작용은 양인살과 비슷하지만 약하다. 또 비인살의 특징은 매사에 집착하는가 하면 곧 싫중을 내므로 하여 용두사미 격이다.

　모험심이 강하여 요행을 구하나 이 또한 오래가지 않는다. 비인은 양인을 충하니 호록지신이라 한다.

　17. 紫暗殺(자암살)

　자암살은 곧 양인살이다. 이것이 하늘에서는 자암성이 된다. 인명을 주륙하는 흉살이다. 자암살이 8자에 있고 형충파해를 만나면 군인들이 사용하는 무기에 의하여 악사한다는 흉살이다.

　18. 急脚殺(급각살)

　급각살이란 사고나 추락 등으로 인하여 팔다리가 부러지거나 이빨이 부러지거나 소아마비, 신경통 등이 있게 되고 편관이 중첩하면 수족을 절단한다는 흉살이다.

　19. 落井關殺(낙정관살)

　낙정관살이란 옛날 우물이나 똥통(화장실 인분통) 또는 강물에 빠져 죽을 수 있다는 흉살이다. 또 8자에 살이 왕성하거나 水多木浮(수다목부) 水多金沈(수다금침)등도 익사할 수 있다. 이러한 운이 강하게 작용하면 접시 물에도 빠져 죽는다.

　20. 斷腸關殺(단장관살)

　단장관살이란 어릴 적에 사고나 잘못 또는 운명적으로 장이 꼬이거나 창자가 끊어진다는 흉살이다. 이로 인하여 개복할 수도 있고 성인이 되어서도 가능성은 높다.

　21. 白虎關殺(백호관살)

8자에 백호관살이 있게 되면 집안에 해로운 일이 많이 일어나고 가족이 상할 수도 있으며 피를 흘리고 토하는 등 생각밖의 흉사가 일어나며 관재나 손재가 일어난다는 흉살이다.

22. 湯火殺(탕화살)

탕화살이란 불이나 끓는 물, 뜨거운 음식 등에 데여서 상처를 입고 흉터를 남기거나 화재로 인한 부상, 총이나 폭탄에 의한 부상, 음독, 압사, 연탄까스 중독, 가스폭발 등에 의한 사고 사망 등을 당한다는 흉살이다. 午日生(오일생)이 丑辰午자를 보거나 丑日生이 午未戌자를 보거나 寅日生이 巳申자를 보고 있는 8자의 명식을 탕화살이라고 한다.

신살 \ 월생	寅卯辰	巳午未	申酉戌	亥子丑
장군살	辰戌酉	子卯未	寅午丑	巳申亥
수화관살	未戌	丑辰	丑戌	未辰
욕분관살	辰	未	戌	丑
하정살	子丑寅酉	巳戌亥	丑申	子午
폭패살	亥未戌	子辰巳	申酉丑	寅午卯
사패살	庚申日	壬子日	甲寅日	丙午日
좌패살	甲申,乙卯日	乙酉 辛酉日	丁丑日	戊寅日
맹인살	酉, 日時	辰 日時	未 日時	戌 日時
수액살	寅時	辰時	酉時	丑時
신살 \ 생년	寅卯辰	巳午未	申酉戌	亥子日
고진살	巳	申	亥	寅
과숙살	丑	辰	未	戌

23. 將軍殺(장군살)

8자에 장군살이 있으면 직업군인이 되거나 또는 군에 가서 질병이 걸리거나 사망할 수도 있으며 전시에는 전사할 확률이 높다는 흉살이다.

24. 水火關殺(수화관살)

8자에 수화관살이 있게 되면 물과 불에 대한 악연이 있게 된다. 장마나 홍수 물놀이, 쥐불놀이, 화재, 산불, 기름(석유난로)등에 의한 재앙을 당할 수 있다.

25. 浴盆關殺(욕분관살)

8자에 욕분관살이 있게 되면 신을 지나치게 믿거나 무슨 일에든 앞장서기를 좋아하고 내가 아니면 또는 내가 해야 할 일이라면서 나서기를 좋아하고 손해를 감수하면서도 끝내는 욕을 먹고 원한을 사는 운명이다. 내것 주고 뺨맞는 8자다.

26. 下情殺(하정살)

하정살이란 동정심이 많고 감정에 약한 운명이다. 8자에 하정살이 있게 되면 내 코가 석자라도 다른 사람의 부탁을 받게 되면 물불가리지 않고 그 부탁을 들어준다. 또한 직접적인 이해관계가 없는 사람의 부탁도 들어주고 곤욕을 치르는 명운이니 이런일을 두고 8자는 못말린다고 하는 것이다.

27. 暴敗殺(폭패살)

8자에 폭패살이 있게 되면 자신을 과신하여 억지를 쓰거나 무리를 해서라도 한사코 일을 크게 벌려 실패를 부르는 운명이 된다. 폭패살이 있는 사람은 대개 주색과 투기에 능하여 성격적 결함을 갖게 된다. 폭패살이 생일에 있으면 초년에 생월에 있으면 중년에 생년에 있으면 말년에 크게 실패하여 평생을 옹색하게 지낸다.

28. 四廢殺(4폐살)
사폐살이 8자에 있게 되면 매사 시작은 있으나 끝이 없는 용두사미 격이 되기 쉽다는 흉살이다. 時令(시령)을 거스르는 운명이기 때문이다.

29. 座敗殺(좌패살)
좌폐살이 8자에 있게 되면 자의반 타의반으로 학업이나 사업등에서 한우물을 파지 못하고 전후좌후로 전전하는 그야말로 물결따라 바람따라 흘러 다니는 나그네 운명이요 인생이 된다는 흉살이다.

30. 盲人殺(맹인살)
맹인살이 8자에 있게 되면 맹인이 되기 쉽고 아니면 눈에 이상이 발생하거나 문제가 생겨 맹인과 유사한 삶을 살게 되는 흉살이다.

31. 水厄殺(수액살)
수액살이 8자에 있게 되면 수액을 면하기 어렵다. 물에 빠져 죽거나 죽을 고비를 넘기거나 급류에 휩쓸리거나 물공포증이 있거나 물마시다가 물사래가 들리거나 하는 등의 곤란을 겪게 된다는 흉살이다.

신살 \ 연일지	申子辰	亥卯未	寅午戌	巳酉丑
겁살	巳	申	亥	寅
재살	午	酉	子	卯
천살	未	戌	丑	辰
지살	申	亥	寅	巳
년살(도화살)	酉	子	卯	午
월살	戌	丑	辰	未
망신살	亥	寅	巳	申
장성살	子	卯	午	酉
반안살	丑	辰	未	戌
역마살	寅	巳	申	亥
6해살	卯	午	酉	子
화개살	辰	未	戌	丑
3재	寅卯辰年	巳午未年	申酉戌年	亥子丑年

32. 却殺(겁살)

8자에 겁살이 들게 되면 정신적 물질적 손재가 발생하고 몸은 겁탈 당한다는 흉살이다. 그러나 인생사 새옹지마라고 악몽대길이요 호사다마라고 했다. 겁살이 귀성과 함께라면 선비로서 명예가 높아지고 재성과 함께 하면 대부호가 되며 관성과 함께하면 병권을 잡게 되고 일과시에 겁살이 있으면 무관으로 명성을 얻는다.

33. 災殺(재살)

재살은 일명 백호살, 또는 수옥살(囚獄殺)이라고도 한다. 8자에 재살이 있게 되면 납치, 감금, 구금, 송사, 교통사고, 수술, 신체절단 등의 재앙이 따른다. 재살이 관성과 동주하고 길신이 함께하면 경찰, 검사, 판사 등의 권력을 얻게 되고 흉신과 함께하면 반대로 권력기관의 희생물이 된다. 즉 전과자와 간수관계가 된다.

34. 天殺(천살)

천살은 하늘이 내리는 재앙이다. 즉 천재지변으로 장마, 홍수, 태풍, 가뭄, 벼락, 우박 등의 피해를 본다는 것이다. 따라서 8자에 천살이 있다면 농사짓는 직업은 피해야 할 것이다.

35. 地殺(지살)

8자에 지살이 있게 되면 땅을 밟고 다녀야 하니 옛날에는 거지 아니면 방물장수나 봇짐장사였다. 그러나 지금은 우유배달, 녹즙배달, 신문배달 등이 여기에 속한다고 보겠다. 실속은 별로 없으면서 분주다사한 운명이 된다.

36. 年殺(연살)

연살은 일명 도화살이다. 또는 함지살, 자패살이라고도 한다. 이살이 8자에 있게되면 좋게는 인기가 많고 나쁘게는 바람둥이다. 격이 갖추어지고 도화가 생왕하면 용모가 수려하고 일주도화에 재관이 왕하면 처덕이나 처가덕으로 부귀하게 되고 일시에 도화가 겹치면 주색으로 패가망신하고 도화가 합되면 풍류도화요, 도화가 3위 이상이면 편야도화요, 도화가 3합하면 근친상간을 하고도 수치를 모르게 된다. 도화가 12운성의 사절등과 함께하면 교활하고 유탕하고 배은망덕하니 멀리 피하는 것이 상책이다.

37. 月殺(월살)

월살은 일명 枯焦殺(고초살)이다. 말리고 태우는 기운이 작용해서 살이 마르고 돈이 마르고 소아마비나 각종 기능마비가 일어나고 조상의 묘를 자주 이장하게 되고 종교 또한 자주 이동하거나 개종하게 되는 흉살이다.

38. 亡身殺(망신살)

망신살은 亡神殺(망신살) 또는 破軍殺(파군살)이라고도 한다. 인생살이 중에는 망신당할 일들이 널려 있다. 사업실패나 이혼, 사별, 가난도 망신이다. 사기를 당해도 망신, 소송을 당해도 망신, 철없는 인생도 망신이다. 하지만 만약에 망신이 장생과 함께하면 장년에 발전 비약하게 되고, 망신이 있고 지지 귀성이 있고 신왕하면 명리 통달하게 되고 용모가 준수하고 장년에 개운발전하며 문장으로 양명하게 된다.

39. 將星殺(장성살)

장성살이 8자에 있게 되면 안하무인이요 지고는 못사는 고약한 성격의 소유자가 될 수 있다. 용맹스럽고 주관이 뚜렷하고 담이 커서 세상에 두려운 것이라곤 없다.

군이나 관에 진출하면 크게 성공할 수 있다. 관성과 함께하면 관계로 재성과 함께 하면 재계로 나가 성공한다. 양인과 함께 하면 대권을 잡게 되고 망신과 함께 하면 동량지재로 국운을 짊어지게 된다.

40. 攀鞍殺(반안살)

반안이란 말안장을 휘어잡았다는 뜻이다. 8자에 반안살이 있고 장성이 함께하면 무인으로 크게 출세할 것이다. 역마나 지살이 함께 한다면 무역으로 크게 성공할 것이며 도화와 함께 한다면 포주가 될 것이다.

41. 六害殺(6해살)
6해살은 몸에 질병이 한번 들게 되면 쉽게 낫지 않고 고질병이 된다는 살이다. 또 잔병이 많고 끊이지 않고 잔병이 발생하는 골골하는 명운이다.

42. 華蓋殺(화개살)
8자에 화개살을 두게 되면 신앙심이 유달리 강하고 깊다. 학문과 기술, 예술 방면에 뛰어난 소질을 갖게 되며 두뇌가 비상하다. 스님이나 목사로 종교인이라면 호명이 된다. 남자는 종교인 여자는 화류계로 진출하거나 첩의 명운이 될 수도 있다.
대개 화개살을 갖게 되면 재물은 따르지 않고 학문에 관심이 많다. 庚辰日時生(경진일시생)은 重金重蓋格(중금중개격)으로 늙어서도 눈과 귀가 밝고 총명하여 기억력이 좋다.

43. 三災(3재)
삼재는 누구나 12년마다 3년씩 찾아오는 흉살이다. 3재는 천재, 지재, 인재를 합하여 3재라 하고 삼재가 시작되는 첫해를 入三災(입삼재), 쉬는해를 留三災(유삼재), 나가는 해를 出三災(출삼재)라 한다. 3재는 명운에 따라서 복이 되기도 하고 화가 되기도 한다. 예를 들면 寅午戌生(인호술생)이 申酉戌年에 3재인데 금이 용신이고 土가 희신이라면 3재시에 대발복하게 된다. 이를 복삼재라 한다. 禍(화) 삼재가 될 경우 사업부도, 파산, 관재구설, 실직, 부부생사이별, 교통사고, 악질병, 수술 등 재앙이 잇따르게 된다.

신살 년일지	寅	卯	辰	巳	午	未	申	酉	戌	亥	子	丑
천모와 지모	子酉	寅亥	辰丑	午卯	申巳	戌未	子酉	寅亥	辰丑	午卯	申巳	戌未
대모와 소모	申未	酉申	戌酉	亥戌	子亥	丑子	寅丑	卯寅	辰卯	巳辰	午巳	未午
격각과 파군	辰寅	巳亥	午申	未巳	申寅	酉亥	戌申	亥巳	子寅	丑亥	寅申	卯巳
구신과 교신	巳亥	午子	未丑	申寅	酉卯	戌辰	亥巳	子午	丑未	寅申	卯酉	辰戌
반음과 복음	寅申	酉卯	辰戌	巳亥	午子	未丑	申寅	卯酉	戌辰	亥巳	子午	丑未
상문과 조객	辰子	巳丑	午寅	未卯	申辰	酉巳	戌午	亥未	子申	丑酉	寅戌	卯亥
관부살	午	未	申	酉	戌	亥	子	丑	寅	卯	辰	巳
태음살	丑	寅	卯	辰	巳	午	未	申	酉	戌	亥	子
세파살	亥	午	丑	申	卯	戌	巳	子	未	寅	酉	辰
천구살	子	丑	寅	卯	辰	巳	午	未	申	酉	戌	亥
비염살	戌	亥	子	丑	寅	卯	辰	巳	午	未	申	酉
매아살	申	丑	卯	申	丑	卯	申	丑	卯	申	丑	卯
탕화살	寅	午	未	寅	午	未	寅	午	未	寅	午	未

44. 天耗(천모)와 地耗(지모)

8자에 천모가 있게 되면 윗사람에게 속아서 재물을 잃게 되고 지모가 있는 사람은 아랫사람에게 속아서 재물을 잃게 된다는 흉살이다. 이러한 관계로 꼭 재물이 아니더라도 손해보는 일이 많이 발생한다.

45. 大耗(대모)와 小耗(소모)

일면 耗財殺(모재살)이라고도 하는데 8자에 모재살이 있게 되면 손재가 많이 발생하므로 아무리 많이 벌어도 항상 쓸 곳이 기다리고 있어 재물이 모아지지 않고 흩어지며 사업의 실패가 잦아 삶이 피곤한 운명이다.

46. 隔角(격각)과 破軍(파군)

8자에 격각이 있게 되면 소송, 형벌, 관재가 잦다는 흉살이다. 파군이 있게 되면 관재구설이 많고 재주와 지혜가 넘쳐도 도둑 당함이 많고, 부모의 유산을 산처럼 물려받아도 바람에 먼지가 흩날리듯 흩어진다는 흉살이다. 파군이 1위가 있으면 구설손재요, 2위면 徒刑(도형)이나 유배형을 받게 되고 3위면 교수형이요, 4위면 사형을 당할 운명이라 한다.

47. 勾神(구신)과 絞神(교신)

구신이 2위 이상이고 삼형살이 있게 되면 형액수가 자주 발생한다는 흉살이며 교신이 세운에서 만나게 되면 가장에게 재액이 많고 몸을 상할 것이며 손궤한다.

48. 返吟(반음)과 伏吟(복음)

반음이란 태어난 햇머리와 같은 띠를 대운이나 세운에서 만나는 것을 말한다. 복음은 그 띠와 상충하는 운이다. 반음이란 처자식을 해롭게 하고 가정을 이루기 어려우며 복음은 파산이나 생사이별 등으로 눈물흘릴 일이 많은 흉살이다.

49. 官符殺(관부살)

8자에 관부살이 있게 되면 항상 관재구설이 따라다닌다는 흉살이다. 관직에 진출하게 되면 전화위복으로 오히려 호명이 된다.

50. 太陰殺(태음살)

8자에 태음살이 있게 되면 내성적으로 용기가 없고 의기소침하여 술기운을 빌지 않으면 생각을 표현하기 힘든 인생이다. 주색에 빠져 패가망신할 수 있고 손재가 많다. 주벽 있는 경우가 여기에 속한다 하겠다. 평소에는 새색시처럼 온순하다가도 술기운만 있으면 가족을 구타하고 기물을 파괴하는 흉살이다.

51. 歲破殺(세파살)

8자에 세파살이 있게 되면 매사가 시작만 있고 끝이 없으며 관직이나 직장운도 없고 부모형제 일가친척의 덕도 없다는 소위 인덕이 없는 고독한 운명이다.

52. 天狗殺(천구살)

천구살이 8자에 있게 되면 항상 손재수가 따라다니고 질병과 身厄(신액)이 붙어 다닌다는 흉살 명운이다.

53. 飛廉殺(비염살)

8자에 비염살이 있게 되면 칠득이나 8득이 처럼 정신이 온전치 못하고 저능아이며 간질 등의 악질에 고생한다는 흉살명운이다. 본인은 황제처럼 편하고 행복할지 모르지만 가족이나 주위에 있는 사람들이 고생한다.

54. 埋兒殺(매아살)

매아살이 8자에 있게 되면 자식을 두지 못하거나 유산을 하거나 낳는다 해도 기르기가 어려워 잃게 된다는 흉살로 자손두기가 매우 힘든 명운이다.

55. 湯火殺(탕화살)

탕화살이 8자에 있게 되면 아무리 작고 사소한 탕화상 일지라도 중화상을 입은 것처럼 상처가 악화되고 흉터가 커지는 흉살이다. 또 음독이나 가스중독 등으로 자살을 시도할 수 있는 명운이므로 놀래는 일이 없도록 하고 심장건강에 주의를 해야 한다.

56. 기타 흉성(凶星)

연월일시 천간이 갑을병정으로 나란히 있으면 처자식을 극하고 여명은 남편을 극하게 되는데 이는 제왕팔자다. 왕이 아니면 왕대접을 받아야 하는 명운으로 책임이 없고 할 일도 없다. 따라서 식물인간이거나 대소변을 받아내야 하는 불구일 것이다.

57. 甲辛午卯申이 3위 이상 있으면 현침살이라 하여 의사, 한의사, 재봉사 등 침이나 주사 바늘 등을 사용하는 직업을 갖는 것이 좋다. 아니면 눈병이나 간담질환으로 고생할 수가 있고, 군인이나 경찰이 되면 자상을 입을 우려가 있다.

58. 乙己癸 3위가 모두 있으면 팔다리가 온전치 못하거나 눈을 상하며 말년에 형을 당할 수 있다.

59. 乙辛未 3위가 있거나 庚壬戌 3위가 있으면 단명하고 관형을 당하기 쉽다.

60. 8자에 午卯丑辰 4위나 子酉未戌 4위가 있게 되면 손재가 잇따라 재물이 모이지 않고 흩어지며 수족불구가 될 수 있다.

이외에도 흉살도 길신도 많다. 또한 사람의 8자에서 길신 없는 자도 흉신이 없는 자도 없다. 따라서 인간의 삶이란 운명 50%에 노력 50%로 보아야 할 것이다. 사람에 따라서는 운명의 100%인 사람도 있을 것이고, 노력이 100%라고 생각하는 사람도 있을 것이다. 그러나 삶의 중심축은 운명을 벗어날 길이 없고 노력은 어디까지나 주변의 변화를 일으킴으로써 손실을 최소화하고 이익을 극대화하는 원리로 이해함이 옳을 것이다.

옛날 숙종 임금께서 하루는 신하들에게 하문을 하였다. 조선 천지에 나와 한날한시에 태어난 사람이 있을 것인즉 그 사람이 혹 있는지 있다면 어디에 있는지 무슨 일을 하고 사는지 알고 싶다고 하였다. 신하들이 노력하여 같은 팔자를 찾아서 대령하였다. 공은 어디서 왔는가? 강원도 두메산골이옵니다. 공은 무슨 일을 하고 사는가? 양봉을 하옵니다. 양봉을 한다! 그럼 벌은 몇 마리나 되는고? 수 천 수만 마리로 헤아리기가 힘듭니다. 하였더니 껄껄 웃으시며 하는 말씀, 나는 人中王(인중왕)이요 공은 蜂中王(봉중왕)이로세… 라고 했다는 고사가 있다.

필자가 30여 년 동안 8자를 연구한 결과는 사람의 8자는 손해를 줄이고 이익을 더하는 노력은 가능하지만 8자를 벗어날 수는 없다는 것이다. 이러한 현상은 일반적으로 흔히들 볼 수 있는 현상이다. 어떤 사람은 노력해도 안되는 사람이 있는가 하면 어떤 사람은 노력하지 않고도 잘사는 사람이 있는가 하면 어떤 사람은 악행만 저지르고도 잘먹고 잘사는 사람, 착하게만 살아도 굶주리는 사람이 분명 존재한다.

이것이 팔자라는 것이다. 그럼 왜 이러한 불합리한 세상이 존재한단 말인가? 유전 때문이다. 앞에서 분명 8자도 유전한다고 언급하였을 것이다. 공덕을 많이 쌓고 3대 이상의 연공이 있을때는 놀고도 잘살고 악행을 저질러도 잘사는 8자가 태어나게 되어있다. 이를 억울해 해서도 안되고 고소해 해서도 안된다. 타고난 명운이기 때문이다.

또한 대나무는 대나무밭에서 자리기 때문이요, 소나무는 소나무 밭에서 자리기 때문에 소나무인데 대나무와 소나무가 한날 한시에 태어났다고 하여 같은 나무가 되지 않고 왜 소나무 대나무 따로인가? 하고 묻는다면 할 말이 없다. 사람은 환경의 지배를 벗어날 수 없으므로 환경에 물들지만 그 환경에 소질이 없고 적성이 아니라면 불행하고 탈출한다.

또한 사람은 태어나는 순간 生殺方(생살방)이 정해진다.그래서 陰陽宅(음양택)의 선정은 매우 중요하다. 그러나 생살방을 아는 사람이 없으니 결국은 복불복(福不福)일 수 밖에 없다.(생살방은 별도로 논할 것이다.)

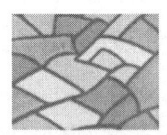

제 7부
格局과 用神

격국과 용신은 무엇인가?
쉽게 설명하면 격은 일간이고 국은 월지다 바꾸어 말하면 격이 기둥이라면 국은 주춧돌인 셈이다. 따라서 격국은 인간이요, 생명이요, 나 자신이다.

그럼 용신은 무엇인가? 용신은 적성이요 소질이요 직업이다. 4주를 들판에 비유하면 격국은 내 논밭이요 용신은 작물이다. 논밭은 좋은데 작물이 안될 수도 있고 논밭은 별로인데 작물은 잘 될 수도 있다. 농사짓는 기술과 종자선택 그리고 정성이 합일된다면 알찬수확이 있을 것이고 합일되지 못하면 기대수확에 미치지 못할 것이다.

◎ **格의 區分(구분)**

격은 크게 보아 內格과 外格으로 구분하고 內格은 또다시 六格으로 구분한다.

1. 正官格
2. 七殺格(扁官格)

3. 財格
4. 印綬格 인수격
5. 食神格
6. 傷官格 등인데 학자에 따라서 財格은 正, 偏으로 印綬格을 正偏으로 분리하여 總 8격으로 보는 경우도 있다. 연해자평에서는 인수격을 그대로 쓰고 財格만 正, 偏으로 분리하여 7격으로 적용시키고 있다.

또한 外格은 內格外에 외부적 요인에 의하여 이루어진 격으로 대략 64격이 있는데 이외에도 더 많은 격을 추론할 수 있다. 이 外格도 크게 분류하여 보면 九格으로 볼 수 있다.

1. 暗合하여 이루어진 子遙巳, 丑遙巳格
2. 暗沖하여 이루어진 飛天祿馬, 雜氣財官格
3. 從하여 이루어진 從殺, 從災, 從兒格
4. 變化하여 이루어진 化氣格
5. 天干一氣 또는 地支一氣로 이루어지는 一行得氣格
6. 五行中 二神으로만 구성되어 양자가 상생하거나 상극하여 이루어지는 兩神成象格
7. 變格
8. 建祿格
9. 羊刃格(月刃格)의 類로써 수많은 격을 대표 대변하고 있다.

이하 격국 조견표를 참고하면 格국에 대한 이해가 쉽고 빠를 것이다.

◎ 내격선정의 4원칙

格을 선정함에 있어서는 일간의 기준을 세워두고 월지의 暗藏干(암장간)으로 定하는데 다음과 같은 네 가지의 원칙이 있다

第一表 生日對 生月 速見表

生月\生日	甲	乙	丙	丁	戊	己	庚	辛	壬	癸
寅	建祿		偏印	正印	偏官	正官	偏財	正財	食神	傷官
卯	羊刃	建祿	正印	偏印	正官	偏官	正財	偏財	傷官	食神
辰	雜氣財官	新氣財官印綬	食神	傷官	雜氣財官	雜氣財官	雜氣財印	雜氣財印	雜氣財官	雜氣財官
巳	食神	傷官	建祿		偏印	正印	偏官	正官	偏財	正財
午	傷官	食神	羊刃	建祿	正印	偏印	正官	偏官	正財	偏財
未	雜氣財官	雜氣財官	傷官	食神	雜氣印	雜氣官印	雜氣財印	雜氣財印	雜氣財官	雜氣財官
申	偏官	正官	偏財	正財	食神	傷官	建祿		偏印	正印
酉	正官	偏官	正財	偏財	傷官	食神	羊刃	建祿	正印	偏印
戌	雜氣財官	雜氣財官	食神	傷官	雜氣印綬	雜氣印綬	雜氣官印	雜氣官印	雜氣財官印	雜氣財官印
亥	偏印	正印	偏官	正官	偏財	正財	食神	傷官	建祿	
子	正印	偏印	正官	偏官	正財	偏財	傷官	食神	羊刃	建祿
丑	雜氣財官印綬	雜氣財官印綬	傷官	食神	雜氣財	雜氣財	雜氣印綬	雜氣印綬	雜氣官印	雜氣官印

第二表 生日對 時天干成格表

格名＼生時生日	甲	乙	丙	丁	戊	己	庚	辛	壬	癸
時上一位貴	庚	辛	壬	癸	甲	乙	丙	丁	戊	己
時上偏財	戊	己	庚	辛	壬	癸	甲	乙	丙	丁
時上官星	辛	庚	癸	壬	乙	甲	丁	丙	己	戊

第三表 生日對 時支成格表

生日＼生時	甲	乙	丙	丁	戊	己	庚	辛	壬	癸
子		六乙鼠貴			專財	專財		六陰朝陽		故祿
丑	金神專財	專財				金神	時墓	時墓		
寅	故祿						專財	專財	壬趨艮	刑合
卯		故祿					專財	專財		
辰	專財	專財			時墓	時墓			時墓	時墓
巳	金神專財	專財	故祿		故祿	金神			專財	專財
午				故祿		故祿			專財	專財
未	時墓專財	時墓專財								
申			專財	專財	合祿		故祿			合祿
酉		金神		專財	專財		金神	故祿		
戌		專財	專財	時墓	時墓	時墓				
亥	六甲趨乾				專財	專財			故祿	

第四表 特殊日辰對 生時成格表

子遙巳格	甲子日 甲子時
丑遙巳格	辛丑日 己丑時 癸丑日 癸丑時
拱貴格	甲申日 甲戌時, 乙未日 乙酉時, 甲寅日 甲子時 戊申日 戊午時, 辛丑日 辛卯時,
拱財格	癸酉日 癸亥時, 甲寅日 甲子時, 己卯日 己巳時, 庚午日 甲申時
拱祿格	癸丑日 癸亥時, 癸亥日 癸丑時, 丁巳日 丁未時 己未日 己巳時, 戊辰日 戊午時
飛天祿馬格 (倒冲祿馬格)	壬子日 多逢子, 丙午日 多逢午(倒) 癸亥日 多逢亥 庚子日 多逢子, 丁巳日 多逢巳(倒) 辛亥日 多逢亥

第五表 特殊日辰 自体成格表

專祿格	甲寅 乙卯 庚申 辛酉日生
日刃格	丙午 戊午 壬子日
日貴格	晝貴-癸卯 癸巳日, 夜貴-丁酉 丁亥日
日德格	甲寅日 丙辰日 戊辰日 庚辰日 壬戌日生
魁罡格	庚辰日 庚戌日 壬辰日 壬戌日生
壬騎龍背格	壬辰日生이 柱中에서 多逢辰 或 寅한 者
財官雙美格	壬午日生 癸巳日生

第六表 日辰 對 四柱全体 成格表

曲直格	甲乙生이 柱中에 亥卯未全 又는 寅卯辰全
炎上格	丙丁生이 柱中에 寅午戌全 又는 巳午未全
稼穡格	戊己日生이 柱中에 辰戌丑未全
從革格	庚辛日生이 柱中에 巳酉丑全 又는 申酉戌全
潤下格	壬癸日生이 柱中에 申子辰全 又는 亥子丑全

井欄叉格	庚申日 庚辰日 庚子日生이 柱中에 申子辰全 (申子辰日이 아니고도 庚日 申子辰 全이면 이 格이 構成됨)
玄武當權格	壬午 壬寅 壬戌癸巳 癸未日生이 柱中에 寅午戌 巳午未 全 壬辰 壬戌 癸丑 癸未日生이 柱中에 辰戌丑未 全
福德格	辛巳日 辛酉日 辛丑日生이 柱中에 巳酉丑 全 癸巳日 癸酉日 癸丑日生이 柱中에 巳酉丑 全 乙巳日 乙酉日 乙丑日生이 柱中에 巳酉丑 全 丁巳日 丁酉日 丁丑日生이 柱中에 巳酉丑 全 己巳日 己酉日 己丑日生이 柱中에 巳酉丑 全
棄命從財格	甲乙生 最弱四柱에 辰戌丑未全 丙丁日生 最弱四柱에 巳酉丑 或 申酉戌 全 戊己日生 最弱四柱에 申子辰 或 亥子丑 全 庚辛日生 最弱四柱에 亥卯未 或 寅卯辰 全 壬癸日生 最弱四柱에 寅午戌 或 巳午未 全
棄命從殺格	甲乙日生 最弱四柱에 巳酉丑 全 或은 申酉戌 全 丙丁日生 最弱四柱에 申子辰 全 或은 亥子丑 全 戊己日生 最弱四柱에 亥卯未 全 或은 寅卯辰 全 庚辛日生 最弱四柱에 寅午戌 全 或은 巳午未 全 壬癸日生 最弱四柱에 辰戌丑未 全
化氣格	甲日生이 四柱天干에서 單하나의 己字를 만나고 地支土局 全한 者 乙日生이 四柱天干에서 單하나의 庚字를 만나고 地支金局 全한 者 丙日生이 四柱天干에서 單하나의 辛字를 만나고 地支水局 全한 者 丁日生이 四柱天干에서 單하나의 壬字를 만나고 地支木局 全한 者 戊日生이 四柱天干에서 單하나의 癸字를 만나고 地支火局 全한 者 己日生이 四柱天干에서 單하나의 甲字를 만나고 地支土局 全한 者 庚日生이 四柱天干에서 單하나의 乙字를 만나고 地支金局 全한 者 辛日生이 四柱天干에서 單하나의 丙字를 만나고 地支水局 全한 者 壬日生이 四柱天干에서 單하나의 丁字를 만나고 地支木局 全한 者 癸日生이 四柱天干에서 單하나의 戊字를 만나고 地支火局 全한 者

第七表 日主不基準 四柱 全體 對 成格表

天元一氣格	甲年 乙年 丙年 丁年 戊年 己年 庚年 辛年 壬年 癸年 甲月 乙月 丙月 丁月 戊月 己月 庚月 辛月 壬月 癸月 甲日 乙日 丙日 丁日 戊日 己日 庚日 辛日 壬日 癸日 甲時 乙時 丙時 丁時 戊時 己時 庚時 辛時 壬時 癸時
地辰一氣格	子年 丑年 寅年 卯年 辰年 巳年 午年 未年 申年 酉年 戌年 亥年 子月 丑月 寅月 卯月 辰月 巳月 午月 未月 申月 酉月 戌月 亥月 子日 丑日 寅日 卯日 辰日 巳日 午日 未日 申日 酉日 戌日 亥日 子時 丑時 寅時 卯時 辰時 巳時 午時 未時 申時 酉時 戌時 亥時
干支同体格	甲戌 乙酉 丙申 丁未 戊午 己巳 庚辰 辛卯 壬寅 癸亥(年) 甲戌 乙酉 丙申 丁未 戊午 己巳 庚辰 辛卯 壬寅 癸亥(月) 甲戌 乙酉 丙申 丁未 戊午 己巳 庚辰 辛卯 壬寅 癸亥(日) 甲戌 乙酉 丙申 丁未 戊午 己巳 庚辰 辛卯 壬寅 癸亥(時)
五行俱足格	年月日時와 胎月까지 합쳐 納音五行으로 俱全한 것, 아래와 같은 例다.　　가령　胎月 己未 火 / 生年 甲子 金 / 生月 戊辰 木 / 生日 丁巳 土 / 生時 丁未 水　　또는　癸酉 金 / 乙酉 水 / 壬午 木 / 辛未 土 / 丙申 火
八字連珠格	예를 들어 癸丑年 丁巳月 癸丑日 丁巳時 또는 壬申年 丁未月 壬申日 丁未時 식으로 他星介入 없이 구슬 꿰듯 한 格
兩間不雜格	① 天元不雜 = 甲子 乙亥 甲戌 乙亥, 丙寅 丁酉 丙辰 丁酉 - 이는 地雜이나 天無雜임 ② 地辰不雜 = 甲子 丙寅 壬子 壬寅, 癸亥 乙卯 丁亥 癸卯 - 이는 天雜이나 地無雜
旬中不雜格	癸亥 / 壬戌 / 戊午 / 丙辰　甲寅旬中　　乙亥 / 戊寅 / 庚辰 / 壬午　甲戌旬中內　　이상과 같이 四柱 全体가 純全히 旬中에서 뽑혀 이루어진 것.
五合聚集格	① 天干聚集 = 癸亥 癸亥 癸亥 戊午의 例로 氣가 天干 三癸字로 聚集 ② 地支聚集 = 甲子 丙子 丙子 庚寅의 例로 氣가 地支의 三子字로 聚集 ③ 納音聚集 = 甲子(金) 癸酉(金) 丁卯(火) 壬寅(金)의 例로 四柱가 納音 三金으로 聚集
地支拱夾格	甲寅 戊辰 丙午 丙申 - 寅辰이 卯, 辰午가 巳, 午申이 未를 각각 拱하고 있는 例 癸亥 乙丑 丁卯 乙巳 - 亥丑이 子, 丑卯가 寅, 卯巳가 辰을 각각 拱하고 있는 例

天干順食格	壬辰 甲辰 丙戌 戊戌	壬水는 生 月干 甲木하고, 甲木은 生 日干 丙火하고 丙火는 生 時干 戊土하여 天干이 順行 食神한 例의 四柱다.	乙卯 丁亥 己酉 辛未	年干 乙木이 生 月干 丁火하고 丁火는 生 日干 己土하고, 己土는 生 時干 辛金하므로써 天干이 順行 食神하고 있다.
四位純全格		① 四生局 - 四柱 地支에 寅申巳亥 全 (無順이라도 可) ② 四敗局 - 四柱 地支에 子午卯酉 全 (無順이라도 可) ③ 四墓局 - 四柱 地支에 辰戌丑未 全 (無順이라도 可)		
天地德合格		① 乙酉 庚辰 癸未 戊午 - 乙庚 戊癸 辰酉 午未合(干支皆爲全合) ② 乙卯 丁亥 戊寅 癸亥 - 戊癸 寅亥로 日時干 支 皆爲上合		
一氣爲根格		① 乙未(金) 庚辰(金) 壬寅(金) 辛亥(金) - 納音으로 四柱 全金 ② 戊午(火) 己未(火) 戊子(火) 戊午(火) - 納音으로 四柱 全火		
地支連茹格		① 丁巳 丙午 丁未 戊申 - 地支가 巳午未申 順으로 構成 ② 庚子 丙寅 庚辰 壬午 - 地支 子寅辰午로 사이를 하나씩 띄어 구성 ③ 子年 卯月 午日 酉時 - 地支 子午卯酉로 사이를 둘씩 띄어서 구성		

正官格의 構成表

〈其一〉

生月	寅	卯	辰	巳	午	未	申	酉	戌	亥	子	丑
日干	己	戊	癸	辛	庚	壬	乙	甲	癸	丁	丙	壬
透干	甲	乙	戊	丙	丁	己	庚	辛	戊	壬	癸	己

〈其二〉

生月	寅	辰	巳	午	未	申	戌	亥	丑
日干	辛	戊	癸	壬	庚	丁	庚	己	丙
透干	丙	乙	戊	己	丁	壬	丁	甲	癸

〈其三〉

生月	寅	辰	巳	未	申	戌	亥	丑
日干	癸	丙	乙	戊	癸	甲	癸	甲
透干	戊	癸	庚	乙	戊	辛	戊	辛

以上의 表에서 보는바와 같이 子卯酉는 暗藏干이 一位밖에 없으므로 二表에서는 子卯酉가 없고 午는 暗藏干이 二位밖에 없으므로 三表에서 보는바와 같이 午가 없으며 寅申巳亥 辰戌丑未는 各各 藏干이 셋씩 있으므로 表三과 같이 構成된다. 그런데 三表에서 보는바와 같이 寅申巳亥에는 暗藏에 없는 戊土가 있어 이상하게 생각할 것이나 寅은 丑土 다음으로 土氣가 있고 巳는 辰土 다음으로 土氣가 있고 申은 未土 다음으로 土氣가 있고 亥는 戌土 다음으로 土氣가 있어 各各 陰陽月差가 없이 戊土가 暗藏되어 있는 것으로 하고 있다.

偏官格의 構成表

其一	生月	寅	卯	辰	巳	午	未	申	酉	戌	亥	子	丑
	生日	戊	己	壬	庚	辛	癸	甲	乙	壬	丙	丁	癸
	透出	甲	乙	戊	丙	丁	己	庚	辛	戊	壬	癸	己

其二	生月	寅	辰	巳	午	未	申	戌	亥	丑
	生日	庚	己	甲	癸	己	丙	辛	戊	乙
	透出	丙	乙	庚	己	乙	壬	丁	甲	辛

其三	生月	寅	辰	巳	未	申	戌	亥	丑
	生日	壬	丁	壬	辛	壬	乙	壬	丁
	透出	戊	癸	戊	丁	戊	辛	戊	癸

偏官格의 詩訣本文
● 偏官은 如虎怕沖多인데 運旺身强豈奈何오.

印綬格의 構成表

生月	寅	卯	辰	巳	午	未	申	酉	戌	亥	子	丑
其一 生日	丙丁	丙丁	庚辛	戊己	戊己	庚辛	壬癸	壬癸	庚辛	甲乙	甲乙	庚辛
透干	甲	乙	戊	丙	丁	己	庚	辛	戊	壬	癸	己

生月	寅	辰	巳	午	未	申	戌	亥
其二 生日	戊己	庚辛	壬癸	庚	戊己	甲乙	庚辛	丙丁
透干	丙	戊	庚	己	丁	壬	戊	甲

生月	寅	辰	巳	未	申	戌	亥
其三 生日	庚辛	丙丁	庚辛	庚辛	庚辛	戊己	庚辛
透干	戊	乙	戊	己	戊	丁	戊

이곳에서도 辰戌丑未를 印綬格에 包含시켰는데 엄격히 말하면 辰戌丑未는 不正之位로써 正印은 臨하지 않고 雜氣財官印綬格으로 別途로 다루고 있지만 여기에서는 모두 印綬格으로써 總体的으로 記述하기로 한다.

(다음 雜氣財官印綬格에서도 記載한다.)

正財格의 構成表

生月	寅	卯	辰	巳	午	未	申	酉	戌	亥	子	丑
其一 生日	辛	庚	乙	癸	壬	甲	丁	丙	乙	己	戊	甲
透干	甲	乙	戊	丙	丁	己	庚	辛	戊	壬	癸	己

生月	寅	辰	巳	午	未	申	戌	亥	丑
其二 生日	癸	庚	丁	甲	庚	己	壬	辛	丙
透干	丙	乙	庚	己	乙	壬	丁	甲	辛

生月	寅	辰	巳	未	申	戌	亥	丑
其三 生日	乙	戊	乙	壬	乙	丙	乙	戊
透干	戊	癸	戊	丁	戊	辛	戊	癸

이곳에서도 역시 辰戌丑未는 雜氣로써 正은 臨하지 않으나 보편적으로 使用하고 있기 때문에 記載하였다.(다음 雜氣財官印綬格에서도 再記한다.)

偏財格의 構成表

	生月	寅	卯	辰	巳	午	未	申	酉	戌	亥	子	丑
其一	生日	庚	辛	甲	壬	癸	乙	丙	丁	甲	戊	己	乙
	透出	甲	乙	戊	丙	丁	己	庚	辛	戊	壬	癸	己
	生月	寅	辰	巳	午	未	申	戌	亥	丑			
其二	生日	壬	辛	丙	乙	辛	戊	癸	丙	丁			
	透出	丙	乙	庚	己	乙	壬	丁	甲	辛			
	生月	寅	辰	巳	未	申	戌	亥	丑				

食神格의 構成表

	生月	寅	卯	辰	巳	午	未	申	酉	戌	亥	子	丑
其一	生日	壬	癸	丙	甲	乙	丁	戊	己	丙	庚	辛	丁
	透出	甲	乙	戊	丙	丁	己	庚	辛	戊	壬	癸	己
	生月	寅	辰	巳	午	未	申	戌	亥	丑			
其二	生日	甲	癸	丙	丁	乙	庚	乙	壬	己			
	透出	丙	乙	戊	己	丁	壬	丁	甲	辛			
	生月	寅	辰	巳	未	申	戌	亥	丑				
其三	生日	丙	辛	戊	癸	丙	己	丙	辛				
	透出	戊	癸	庚	乙	戊	辛	戊	癸				

傷官格의 構成表

	生月	寅	卯	辰	巳	午	未	申	酉	戌	亥	子	丑
其一	生日	癸	壬	丁	乙	甲	丙	己	戊	丁	辛	庚	丙
	透干	甲	乙	戊	丙	丁	己	庚	辛	戊	壬	癸	己

	生月	寅	辰	巳	午	未	申	戌	亥	丑
其二	生日	乙	壬	丁	丙	甲	辛	甲	癸	戊
	透干	丙	乙	戊	己	丁	壬	丁	甲	辛

	生月	寅	辰	巳	未	申	戌	亥	丑
其三	生日	丁	庚	己	壬	丁	戊	丁	庚
	透干	戊	癸	庚	乙	戊	辛	戊	癸

	生日	甲	乙	丙	丁	戊	己	庚	辛	壬	癸
其四	地支中	午	巳	丑未	辰戌	酉	申	子	亥	卯	寅

◎ 眞傷官 構成表

	生月	巳午未	辰戌丑未	申酉戌	亥子丑	寅卯辰
其五	生日	甲乙	丙丁	戊己	庚辛	壬癸
	透干	丙丁	戊己	庚辛	壬癸	甲乙

◎ 假傷官 構成表

	生月	亥子丑 寅卯辰	寅卯辰 巳午未	巳午未 辰戌丑	辰丑未 申酉戌	申酉戌 亥子丑
其六	生日	甲乙	丙丁	戊己	庚辛	壬癸
	透干	丙丁	戊己	庚辛	壬癸	甲乙

襍氣財官格의 構成表

其一(雜氣財 構成表)

生月	辰	戌	丑	未	辰	戌	丑	未	辰	戌	丑	未
生日	甲乙	甲乙	甲乙	甲乙	戊己	壬癸	丙丁	壬癸	庚辛	丙丁	戊己	庚辛
透干	戊	戊	己	己	癸	丁	辛	丁	乙	辛	癸	乙

其二(雜氣官 構成表)

生月	辰	戌	丑	未	辰	戌	丑	未	辰	戌	丑	未
生日	壬癸	壬癸	壬癸	壬癸	丙丁	庚辛	甲乙	庚辛	戊己	甲乙	丙丁	戊己
透干	戊	戊	己	己	癸	丁	辛	丁	乙	辛	癸	乙

其三(雜氣印綬 構成表)

生月	辰	戌	丑	未	辰	戌	丑	未	辰	戌	丑	未
生日	庚辛	庚辛	庚辛	庚辛	甲乙	戊己	壬癸	戊己	丙丁	壬癸	甲乙	丙丁
透干	戊	戊	己	己	癸	丁	辛	丁	乙	辛	癸	乙

其四(雜氣傷官 構成表)

生月	辰	戌	丑	未	辰	戌	丑	未	辰	戌	丑	未
生日	丙丁	丙丁	丙丁	丙丁	庚辛	甲乙	戊己	甲乙	壬癸	戊己	庚辛	壬癸
透干	戊	戊	己	己	癸	丁	辛	丁	乙	辛	癸	乙

格局에 있어서는 雜氣財官格이라 하고 構成表에서는 襍氣印綬·襍氣傷官格까지 圖示해논 이유는, 實은 이 格에서 다루는 것은 財官만 다루고 있는 것이지만 그 財官外에 襍氣印襍氣傷官도 구성표와 같이 구성되어 있다는 것을 알리기 위하여 이곳에 뒤이어 제시하여 놓은 것이니 잘 참고해두기 바랍니다.

羊刃格의 構成表

其一

生日	甲	丙	戊	庚	壬
生月支	卯	午	午	酉	子
또는生月干	乙	丁	己	辛	癸

其二

| 生日羊刃 | 丙午戊午壬子 |

時上一位貴格의 構成表

其一	生日	甲	乙	丙	丁	戊	己	庚	辛	壬	癸
	生時	庚午	辛巳	壬辰	癸卯	甲寅	乙丑乙亥	丙子丙戌	丁酉	戊申	己未

其二	生時	寅	卯	辰	巳	午	未	申	酉	戌	亥	子	丑
	生日	戊	己	壬	庚	辛	癸	甲	乙	壬	丙	丁	癸

其三	生時	寅	辰	巳	午	未	申	戌	亥	丑
	生日	庚	己	壬	癸	辛	丙	辛	戊	丁

이곳에서 卯·酉·子가 빠진 것은 各各 그 暗藏이 一位밖에 없기 때문이다.

其四	生時	辰	巳	未	戌	丑
	生日	丁	甲	己	乙	乙

이곳에서는 寅에 戊는 作用力이 없고 卯는 暗藏이 一位밖에 없고, 午는 暗藏이 二位밖에 없으므로 三表에서 다 끝났으며 申에 戊는 作用力이 없고 酉는 暗藏一位밖에 없고 亥에 戊土는 作用力이 없고 子는 暗藏이 一位밖에 없으므로 이곳에서는 寅卯午申酉子亥가 記載되지 않은 것이다

年時上官星格의 構成表

其一	生日	甲	乙	丙	丁	戊	己	庚	辛	壬	癸
	生年或生時干	辛	庚	癸	壬	乙	甲	丁	丙	己	戊
其二	生日	甲	乙	丙	丁	戊	己	庚	辛	壬	癸
	生年或生時支	酉丑	申	子丑	申亥	卯	寅亥	午未	寅巳	午未丑	辰戌巳

時上偏財格의 構成表

其一	生日	甲	乙	丙	丁	戊	己	庚	辛	壬	癸
	生時	戊辰	己卯	庚寅	辛丑辛亥	壬子壬戌	癸酉	甲申	乙未	丙午	丁巳
其二	生日	甲	乙	丙	丁	戊	己	庚	辛	壬	癸
	生時	辰巳戌	丑未午	巳申	丑酉戌	亥申	子丑辰	寅亥	卯未辰	寅巳	午未戌

1. 本氣透干者選定

寅月透甲(戊丙甲)

卯月透乙(甲乙)

辰月透戊(乙癸戊)

巳月透丙(戊庚丙)

午月透丁(丙己丁)

未月透己(丁乙己)

申月透庚(戊壬庚)

酉月透辛(庚辛)

戌月透戊(辛丁戊)

亥月透壬(戊甲壬)

子月透癸(壬癸)

丑月透己(癸辛己)로 이와 같이 월지의 본질을 따라 정하는 것을 제일원칙으로 한다. 예하면 인은 본질이 목이므로 갑목을, 신은 본질이 금이므로 경금을 선택하는 것과 같은 방법이다.

2. 소장중 투간자 선정

만약 月支의 本氣가 투간되어 있지 않으면 암장중 어느 것이든 투간되어 있는 것을 선정한다. 예를 들어 寅月일 경우 암장 戊丙甲이 있는데 甲木本氣가 투간되어 있지 않을 경우 丙火나 戊土中 선택하게 되는데 丙戊가 모두 투출되어 있을 경우 지지국을 살펴야 한다. 즉 局의 세력을 보아 火局이면 丙火를, 土局이며 戊土를 선정하는 것이다.

예시 ① 년월일시
　　　丙乙丙壬
　　　寅未午辰
월지미중에는 정을기가 있고 본기는 기토인데 기토가 투간되어 있지 않음으로 정을기삼간중 을목이 투간되어 을목으로 선정하여 병일 정인격이 된다.

　　② 연월일시
　　　癸丁庚戊
　　　亥巳辰寅
月支巳中에는 戊庚丙이 있는데 戊土가 시간에 투출하여 戊土를 선정 偏印格으로 정한다.

　　③ 연월일시
　　　己丙癸戊
　　　巳寅亥午
月支 寅中에는 戊丙甲이 있는데 丙戊가 투출이다. 이럴 때 强者 優

先原則에 依하여 寅午, 巳午 火局을 得하고 있으므로 丙火를 선정 正財格으로 정한다.

3. 제일 有力者 選定

月支 암장간이 天干에 하나도 투출되어 있지 않을 경우에는 그 암장천간과 4주에 비교하여 強弱을 구분 제일 強者를 선택한다. 가령 寅月이라면 암장 戊丙甲인데 천간에 아무도 없을 경우 사주를 살려 多木이면 甲을, 多火면 丙을, 多土면 戊를 선정하는 것이다.

例示 ① 연월일시

　　　丙己甲己
　　　寅亥子酉

亥中 암장간 戊甲壬인데 천간 無透出이므로 四柱 전체를 살펴보면 亥子水가 제일 강하므로 壬水를 선정 印綬格으로 정한다.

　　② 연월일시

　　　辛庚丙己
　　　卯寅戌亥

인중 무병갑이 암장인데 천간무투출이다. 지지인묘 해묘목국이 왕하여 갑목을 선정 인수격으로 선정한다.

4. 比肩劫財를 避한다.

예를 들어 甲日 寅月이라면 암장이 戊丙甲인데 여기서 비겁인 甲은 제외하고 戊나 丙을 사용하는 것이고 丁日 午月이라면 암장이 丁乙己인데 여기도 역시 비겁인 丁은 제외하고 乙이나 己를 사용하고 戊日 申月이라면 암장이 戊壬庚인데 戊는 제외하고 壬이나 庚을 사용하며 辛日 申月이라면 申中 암장이 戊壬庚인데 비겁인 庚은 제외하고 戊나

壬을 사용하며 癸日 亥月이라면 亥中 戊甲壬이 암장인데 비겁인 壬을 제외하고 戊나 甲을 사용하는 즉 비견겁재는 피하는 것이다.

例示 ① 연월일시
　　甲壬壬辛
　　子申申亥

申月中 암장이 戊壬庚인데 壬水는 투간되어 있어도 비겁이므로 제외하고 戊庚의 투출이 없으므로 强神 선택원칙에 의하여 申申金局이므로 庚金을 사용 편인격으로 定한다.

② 연월일시
　　壬乙戊戊
　　申巳辰午

巳月中 암장이 戊庚丙인데 투간이 戊土뿐으로 비겁이니 선택할 수 없고 庚金보다 丙火가 巳午하여 강자이므로 丙火를 선택 편인격으로 定한다.

◎ **用神의 定法 및 類型**

용신이란 앞에서도 밝혔듯이 적성이다. 내팔자에 무엇이 필요한가? 내 논밭에 어떤 작물을 심어야 더 잘되고 경제적으로 풍요로울 수 있는가? 그 適神(적신)을 찾는 일이 용신정법이다. 命理約言(陳素庵 著)에 이르기를 용신간법이 대단히 어렵고 복잡하게 생각하지만 실제에 있어서는 어려운 문제가 아니고 용신간법을 요약하면 단 두 글자인 抑扶(억부)뿐이라고 하였다고 한다. 맞는 말이다. 다시 말하면 인생팔자가 잘 굴러 가기 위해서는 8자의 균형을 잡아주는 일일 것이다. 상하전후좌우의 균형이 알맞다면 저절로 잘 굴러 갈 것이다. 그럼 용신정법이 왜 필요한가? 이다. 용신을 정한다라기보다는 용신을 찾는다가 정답일 것이다. 그럼 왜 용신을 찾아야 하는가?이다.

먼저 용신을 찾는 일은 인생의 미래를 예측하기 위한 방편이다. 사람은 남녀노소 누구를 막론하고 앞날을 궁금해 한다. 잘사는 사람들은 잘사는 대로 못사는 사람들은 못사는 대로, 청년은 청년대로, 노인들은 노인대로 미래가 궁금하다. 어떻게 하면 좀 더 안전하고 좀 더 발전적인 삶을 살 것인가에 대하여 알고 싶은 욕망은 인지상정인 것 같다.

다음으로는 적성은 찾는 일일 것이다. 물론 운세가 8자의 균형을 자연스레 맞추어 준다면 금상첨화겠으나 오히려 운세가 균형을 무너뜨리고 있다면 어떻게 해야 하는가?

여기에 대하여 인간이 할 수 있는 일은 무엇인가? 이다. 우주만물 가운데 오직 인간만이 인간의 미래를 위하여 무엇인가 노력할 수 있는 동물이므로 그것이 곧 용신을 찾는 일이 될 것이다.

예를 든다면 물이 부족한 사람은 수산업을 한다든가 금이 부족한 사람은 광산업을 한다든가 목이 부족한 사람은 목재소를 경영하는 것 등이다.

이러한 행위가 내 운명의 균형을 이루게 한다면 삶이 안전하고 좀 더 행복할 수 있을 것이다. 단 욕심이나 허욕은 금물이다. 상식적으로 잘사는 사람과 못사는 사람 성공하는 사람과 실패하는 사람들을 살펴보면 그럴 수 밖에 없다는 결론은 얻게 될 것이다. 하지만 내인생은 상식적으로나 객관적으로 볼 수 없음이 안타깝다.

1) 身弱者 用神 定法
柱身(日干)이 약하면 도와주어야 마땅한 법이니 도와주는 자가 용신이다.

가령 木日干이 약하다면 목을 돕는 水가 용신이다. 그런데 水가 너무 왕하면 목을 돕는 것이 아니고 도리어 浮木(부목-나무가 뿌리채 물에 뜨는 것)할 수 있으니 이때는 水를 눌러 水氣를 약화시켜야 하니 土를 용신 삼아야 하고, 반대로 水가 미약할때는 水를 돕는 金을 용신 삼아야 한다. 또 한가지 약자를 돕는 방법으로 형제가 있으니 비견겁재를 용신하는 일이다. 또 하나는 태약이다. 예를 들면 木日干에 金이 너무 많든가, 土가 너무 많든가, 水가 너무 많아서 태약이 되었다면 아예 나를 버리고 강한 것을 따라 가는 것 이것을 從이라 한다.

身弱用神公式表(신약용신공식표)
木日干―弱 水生木(인수용신) 水多-用土克水(財星用神)
　　　　　　　　　　水弱―用金生水(官殺用神)
　　　　　　　　　　木孤(비겁용신)
　　　　　　　　　　太弱 金多(금종)
　　　　　　　　　　土多(토종)
　　　　　　　　　　火多(화종)
　　　　　　　　　　水多(수종)

2) 身强者 用神定法
主身(日干)이 강하면 의당 억제함이 8자 조화를 이룰 것이니 그 억제자를 용신함이 마땅하다. 가령 木日干이 강하다면 목을 억제하는 금이 용신이 되고 금이 너무 강하면 화가 용신이고 금이 너무 약하면 토가 용신이다.

또 한 가지 木이 너무 太旺하면 억제는 반발을 낳아 또 다른 부작용을 일으키므로 泄氣(설기) 시키는 것이 더 좋은 효과를 발휘한다. 따라서 火를 용신하는데 만약 火가 너무 강하면 水를 용신해야 하고 火가 너무 약하면 土를 용신하며 균형을 이루게 한다.

身旺用神公式表(신왕용신공식표)

木日干 强 金克木(官殺用神) 克之太過(火克金―食傷用神)
　　　　　　　　　　　　　克之不及(土生金―財星用神)
　　　 太旺―木生火泄(食傷用神)　泄之太過(用水之止―印綬用神)
　　　　　　　　　　　　　　　　 泄之不及(用土之成―財星用神)

이와 같이 용신을 찾는 법에는 4주8자를 살려서 균형 조화를 이룰 수 있는 적임자를 찾는 일인데 적임자는 扶助泄傷(부조설상)으로 명칭 한다. 扶는 비견겁재요, 助는 인수요, 泄은 식상이요, 傷은 관살이다.

3) 用神의 유형

용신의 유형은 크게 나누어 5종으로 분류한다.

用神　格局用神(격국용신)
　　　抑扶用神(억부용신)
　　　病藥用神(병약용신)
　　　調候用神(조후용신)
　　　通關用神(통관용신)

격국용신이란 四柱의 격국을 定하여 작용하는 용신을 말하고, 억부용신은 强者를 抑制하고 弱者를 扶助하여 작용하는 용신을 말함이요, 병약용신이란 4주에 病이 있는데 그 병을 제거하는 자를 약이라고 말한다. 4주의 병이란 격국에 따라 도움을 주어야 할 때 그 돕는자를 극제하거나 방해하는 자가 병이요 그 방해하는 자를 克制(극제)하는 자가 약이다. 가령 병과약을 일주기준으로 분별해 본다면 水日干에 土가 旺한즉 身弱官旺(신약관왕)으로 土가 병이요, 金日干에 土旺 즉 土多金埋(토다금매)로 그 土가 병이요, 火日干에 土旺 즉 夜火無光(야화무광)으로 土가 병이요, 木日干에 土旺 즉 財多身弱(재다신약) 또는 土多木切(토다목절)로 土가 병이요, 土日干에 土旺 즉 비겁태중으로

土가 병이 되는 것이다.

六神之病이나 幸運之病도 같은 작용이다. 이러한 경우 木星은 그 모두에게 약이 되어 병을 제거하게 된다.

五言獨步(5언독보)에 이르기를 "四柱에 有病이라야 方爲貴요 無病이면 不是奇라, 格中에 如去病이면 財祿이 喜相隨"라고 하였는데 바로 이를 두고 한 말이다. 네 번째는 조후용신이다. 조후용신이란 時候를 살려서 조절함을 말한다. 가령 冬月 庚辛日生이라면 金水로써 寒冷한 상황이므로 溫暖(온난)을 필요로 하게 되고, 또 夏月 炎天之節에 甲乙日生이라면 木이 枯燥하여 木焚之象으로 물을 필요로 하게 된다. 즉 겨울생은 火, 여름생은 水가 용신이 된다. 다시 말하면 寒暖燥濕(한난조습), 過猶不及(과유불급)과 皆屬偏枯(개속편고)를 절후조화에 참작하여 용신을 가린다는 것이다.

前者를 金水傷官에 要見官(화관살)이라하여 他傷官은 모두 官을 크게 꺼리는데 반하여 이 格은 火를 大吉로 반기는 것이고 夏月 甲乙日生의 경우는 眞傷官(진상관)으로써 원유수성이면 傷官用印(水星)을 작용하는 것 등이다.

다음은 通關用神이다. 통관용신이란 兩神이 對峙하여 강약없이 팽팽히 맞서는 상황으로 양신을 화해시킬(막힘을 뚫어주는)중재자가 필요하다.

가령 土旺에 木官殺이 旺하여 있는데 그 中間에 火가 개입하여 木克土를 하지 않고 木生火하여 火生土하므로 土日干을 돕는다면 火가 通關用神이 되는 것이다. 여기에 비하여 天干順食格이라는 것도 있다. 즉 5행이 고루 있어 막힘없이 生生不息한다는 것인데 이런 경우는 태생적으로 통관이 잘되는 예이다.

가. 格局用神 例示(격국용신 예시)

격국용신에도 日柱用神, 六神用神, 幸運用神의 3종이 있다.

일주용신예 연월일시

　　　丁丙壬己
　　　亥午寅酉

이 4주는 오월 壬日生으로 오중 암장 丙己丁이 있는데 丁火本氣 투출로 정재격이 되는데 官星도 투출하여 財官 兩星(양성)이 旺하여 身弱하고 있다. 따라서 身의 扶助를 필요로 하는데 時支 酉金에 암장 庚辛金中 用金을 用神으로 결정 正財用印格이 된다.

육신용신예 연월일시

　　　戊甲丁戊
　　　辰寅卯申

이 사주는 寅月 丁日生으로 寅中 암장 戊丙甲이 있는데 本氣는 甲木이 투출하여 正印格이요, 局中에 印綬多逢으로 8자의 조화를 위하여 마땅히 인수를 억제해야 하는데 다행히 時支 申金이 있어 申中庚金으로 용신하니 印綬用財格이 된다.

행운용신(坤命) 예 연월일시

　　　乙己乙乙
　　　未卯亥酉

이 사주는 卯月乙日生으로 卯中 암장 甲乙인데 乙木이 투간되었다 해도 비견으로는 不用이요, 己土는 多逢官克으로 不用이요, 時支 酉金七殺로 용신을 삼게 되는데 乙木日干이 得令(卯月) 得歲(亥卯未木局, 年干, 時干乙木)하여 木王局을 이루고 있으므로 용신이 無氣力(무기력)하다.

나. 抑扶用神 例示(억부용신예시)

抑强(坤命) 예 연월일시

　　　　辛辛乙丙
　　　　丑丑亥戌

이 사주는 丑月乙日生으로 丑中 암장 癸辛己가 있는데 辛金 투간으로 七殺格이요, 時上病火가 時支丁火에 着根(착근)하여 식상용신이 된다.

扶弱예 연월일시

　　　　乙丁丙庚
　　　　酉亥午寅

이 사주는 亥月丙日生으로 亥中 암장 戊壬甲인데 天干투출이 없이 왕성자를 찾으니 일간 丙火가 午中丁火에 착근하고 寅午火局으로 火旺이다. 旺에는 克制를 필요로 하므로 亥中壬水로 용신을 삼게 된다.

다. 病藥用神例示(병약용신예시)

연월일시

壬己丁甲
戌酉丑辰

이 사주는 酉月丁日生으로 失時節하고 金生得土로 財旺하고 식상 丑中己土가 투간되어 日干丁火泄氣가 심하다. 그러나 丁火가 죽지 않는 것은 戌中丁火에 뿌리를 두고 時干甲木이 時支辰中乙木에 착근하여 生火하는 공덕이 있다. 이 같은 상황을 관찰할 때 土金이 旺하고 木火가 약하다. 弱者를 扶助해야 하는 法이니 년상 壬水가 甲木을 生하여 官印相生으로 아름다운데 중간에 己土가 克壬水하여 가로막고 있다.

제 7부 格局과 用神　　141

이때 필요한 壬水貴星을 작용시키려 하는데 이를 막고 있는 己土를
病이라 한다. 이 病己土를 제거하는 자가 약이다. 여기서 己土를 제거
할 수 있는 吉星이 甲乙木이니 時上甲木을 用神하게 된다.

라. 調喉用神例示(조후용신예시)
연월일시
壬癸辛甲
辰丑丑午
이 사주는 丑月 辛日生으로 丑中 암장 癸辛己가 있는데 癸水가 투
출되어 식신격이다. 丑月은 겨울절기로 金寒水冷되어 土는 얼어있는
상태다. 고로 火가 필요한 상황이다. 다행히 時支 午火가 조후가 되니
午中丁火를 用神하게 된다. 만약 身弱이라면 火를 용신할 수 없다.

마. 通關用神例示(통관용신예시)
연월일시
丁丙丁己
酉午酉酉
이 사주는 午月 丁日生으로 得令하였고, 地支三酉金으로 火金相戰
전투不絕이다. 이처럼 火金兩神이 對峙 상태인데 時干己土가 火生土
土生金으로 훌륭한 중개역할을 하고 있으니 용신으로 삼는다. 이를
통관용신이라 하는데 통관용신중 식신생재격이다.

이상 5종의 용신예를 기초적으로 살펴 보았다. 용신을 쉽고 빠르게
판단하는 방법으로는 상생법과 상극법이 있다.

상생법은 인수는 나를 생하고 나는 식상을 생하며, 식상을 재를 생
하고 재는 관살을 생하고 관살은 인수를 생한다와 상극법은 관살은

나를 극하고, 나는 재를 극하고, 재는 인수를 극하고, 인수는 식상을 극하고, 식상은 관살을 극한다라는 공식을 반드시 암기해 둘 필요가 있다.

'이타주의 유전자' 따로 있다

2010.11.16. Am 7.

獨대학생 100명 DNA 분석

기부를 잘 하는 등 남에게 이로움을 주는 이타주의 성격이 유전자와 연관이 있다는 연구결과가 나왔다.
독일 본 대학의 마르틴 로이터 박사는 COMT 유전자의 특정 변이형

비슷하다.
다만 COMT-Val은 COMT-Met에 비해 이 효소를 활성화시키는 능력이 4배나 강하다.
로이터 박사는 대학생 100명으로부터 구강점막으로 구강점막세포를 채취, DNA를 분석해 COMT 유전

Focus 2010년 2월 9일 화요일 world A13

빨리 늙는 것도 조상탓?

영국 레스터대학 의과대학 심장전문의 닐레시 사마니 박사가 3000명의 유전자를 분석한 결과, 제3번 염색체에서 "TERC"라고 불리는 유전자 바로 옆에 있는 DNA의 염기서열이 변이된 사람

英서 노화 속도차 원인 규명
변이유전자 물려받았기 때문
성인병 위험 조기 대응 필요

이 변이유전자를 가진 사람은 나이에 비해 염색체의 텔로미어

추정하면서, 짧은 텔로미어를 가지고 태어나면 빨리 늙을 수밖에 없을 것이라는 견해를 나타냈다.
텔로머라제는 출생 후에는 완전히 비활성화된다. 그러나 암세포에서는 텔로머라제가 다시 활

1996년 7월 18일 목요일 9

"인간의 幸福感도 타고 난다"

뉴욕타임스, 美심리학자 연구결과 소개

김광기 기자

「인간의 행복은 과연 어디서 오는가.」
흔히 돈과 명예, 좋은 인간관계등을 꼽는다. 이는 사람이 세상에 태어나 노력하면서 얻어나가는 것들이다.
하지만 미 뉴욕 타임스는 인간의 행복도 다른 신체적 요인들과 마찬가지로 상당부분 유전자를

통해 운명적으로 결정된다는 다분히 충격적(?)연구결과를 소개해 관심을 끌고 있다.
이른바 「행복결정론」이 그것이

**신체적 요인처럼 遺傳子가 결정
腦앞부분 활동따라 느낌 달라져**

다.
뉴욕 타임스에 따르면 위스콘신대 심리학자 리처드 데이비슨은 지난 10년간의 연구결과 인

간의 「행복감(感)」은 뇌의 앞부분인 전두엽(前頭葉)의 활동에 상당부분 좌우된다는 사실을 발견했다.
전두엽 좌측부분의 활동이 상대적으로 활발한 사람은 매사에 보다 적극적이고 정열적인 감성을 보이는 반면 우측부분의 활동이 활발한 사람은 같은 일을 놓고도 소극적이며 긴장된 반응을 보인다는 것이다.
그런데 이 전두엽의 활동은 유전자를 통해 타고난다는 것이 이 분야 학자들의 공통된 주장이다.
물론 사람들은 돈벌이나 결혼생활등에 따라 행복한 감성에 빠지기도 하지만 이는 어디까지나

제 7부 格局과 用神

제 8부
8자로 보는 성격 그리고 직업적성

    세상 사람들이 살아가면서 흔히들 하는 말로 누구는 성격이 좋다. 성품이 좋다. 천성이다. 타고났다. 억지로는 안 된다. 품성이 좋아야 한다. 품행이 단정하다. 하는 등의 말들이 있다. 필자가 30 여 년간 틈틈이 팔자공부를 하면서 문득 깨달은 바가 있는데 그것은 이 세상 모든 만물 중에 생명체라고 이름 붙여진 식물 동물은 물론 눈에 보이지 않는 세균이나 곰팡이, 바이러스까지도 몽땅 유전이라는 것이다. 앞에서 4주8자도 유전이라고 했는데 빈말이 아니다. 성격이나 소질도 조금씩 차이는 있지만 눈 흘기고 코 훌적이고 입맛 다시는 양태까지 몽땅 유전이다. 지금까지는 "4주8자"라는 말만 나오면 미신 운운하는데 안타까움을 금할 수가 없다. 최근 유럽 선진국이나 미국등의 유명학자들의 말을 빌리면 이타주의자(기부를 많이 하고 남을 위하여 수고하고 봉사하는)들과 행복해하는 사람들(같은 조건이라도 긍정적

낙천적인)과 빨리 늙고 또는 빨리 늙지 않는 것 까지도 조상 탓 또는 유전(DNA분석결과)이라는 사실을 밝혀냈다. 또는 발견했다고들 말하고 있다.

 필자가 25년전 새로운 "인체 메카니즘"을 발견하고 의학의 기초가 비로소 확립되었다. 이는 의학발전 50년에서 100년을 앞당겼다라고 했다. 이와 더불어 음양5행과 60甲子로 이루어진 한국철학(한국인의 사상)은 미래 인류의 등불이 되리라고 확신한다. 이 역시 50년에서 100년이 흐르면 과학적으로 한국철학은 초 과학이었다는 사실이 밝혀질 것이기 때문이다. 물론 현재로서도 한국철학은 자연과학이라는 사실에는 변함이 없다.

◎ 天稟(천품)과 性格(성격)

 원래 天氣之稟(천기지품)이다. 즉 하늘에서 기를 발산하니 땅이 이를 받아 품어 생명을 낳으니 곧 우주만물이라 따라서 日月星辰(일월성신)은 四象이요 五行은 만물의 祖宗이다. 하늘은 가볍고 맑으며 땅은 무겁고 탁하니 陽의 精은 日(태양)이 되고 陰의 精은 月(달, 태음)이 되고 그 玄玄(현현)한 기운은 응결하여 水를 生하고 赤赤한 기운은 空에 炫(밝을현)하여 火를 生하고, 蒼蒼한 기운은 空에 浮하여 木을 生하고, 白白한 기운은 空에 橫하여 金을 生하고 黃黃한 기운은 空에 際하여 土를 生한다.

 天一生水하는 단계를 太易(眞空浮闊에서 起發하는 未有氣)이라하고 子寒坎이라고 표현하며 地二生火하는 단계를 太始(時形起發하는 未有質)라하고 午熱离라고 표현하며 天三生木하는 단계를 태극(間象起發하는 未有體)이라하고 卯溫震이라 표현하며 地四生金하는 단계를 太素(萬種起發하는 未有種)이라 酉凉兌라고 표현하며 天五生土하는 단계를 太初(萬物起發하는 未有物)라 하고 中和艮이라 표현한다. 여기까지가 生數 1, 2, 3, 4, 5의 출현과정이며 이제부터 成數五의 출현과정이 시작된다. 즉 宇宙가 整然하고 安定되어 만물의 出現이 시작되려는 것이다. 天父地母의 두 精이 작용하여 雷風雲雨의 조화가 일어나 제일먼저 水가 發하니 하늘의 精氣요, 父의 精子요, 땅의 정기요, 母의 卵子가 되니 이를 六水(五十一)라 하고 成數의 시작이 되는 것이다. 이 兩水의 합이 壬子水 胎子가 된다. 여기에 成火(五十二)가 더하니 팽창이요 成木(五十三)이 더하니 장성이요, 여기게 成金(五十四)을 더하니 열매요, 여기에 成土를(五十五)더하니 땅속에 묻음이라.

이를 天地總數(本數)는 一에서 시작하여 十에서 완성되는데 1~5까지는 生數(생수)라 하고 6~10까지를 成數라 하는 것이다. 천지만물은 十數로써 하늘은 發施하고 땅은 受施하므로써 삼라만상을 生育하는 天地人眞理의 根元이요 始源이 된다. 이를 다시 五行으로 분류하니 一水는 鱗蟲(린충)이요, 二火는 羽蟲(우충)이요 三木은 毛蟲(모충)이요 草木(초목)이요, 四金은 甲蟲昆蟲(갑충곤충)이요 五土는 裸蟲(라충)이요, 이같이 천지만물만상이 모두 천지조화와 음양오행의 變化法則에 기인하는 것이다.

고로 우주삼라만상이 천지조화를 벗어날 수 없고 천지여부모로 천지를 닮지 않는 만물이 있을 수 없고, 부모를 닮지 않는 자식은 세상에 없다.

1. 오행으로 보는 성격(성질)~日干기준
木性: 목성은 仁을 대표한다. 측은지심이다. 태과하면 거꾸로 어질지 못하고 질투심이 강하며 변덕이 심하고 마음씀씀이가 좁쌀 같다. 불급이면 품은 마음이 부정하고 일에 절도가 없고 인색하다. 식상(火氣)이 태과한데 금수나 습토가 있어 화기를 수습하면 겸손하고 예의가 바르지만 식상을 억제하지 못하면 자신이 제일인척 자만하고 변덕이 많고 행실이 좁고 잘다. 사람을 사귈 때 착한 것을 으뜸으로 삼는다. 즉 착한 사람을 보면 사귀고 싶어 하고 다른 점(그 사람의 단점 등)은 중요시 하지 않는다.

火性: 화성은 禮를 대표한다. 태과하면 성질이 조급하고 혹독하며 울고 웃기를 잘한다. 불급하면 잔재주에 능하고 예의 바르고 언변이 좋으나 결단력이 부족하다. 신왕하면 예의가 바르고 민첩, 언변이 좋고, 명랑하며 꾸미기를 좋아한다. 화기 태왕하고 일점 금이나 수가 있으면 왕신을 충격하여 성질이 횡폭 조급하며 무례하다. 반대로 습토가 있어 이를 수습하면 겸손하고 예의가 바르다. 사람을 사귈 때는 예절을 제일 중시한다.

土性: 토성은 信이다. 신왕하면 신의가 있고 충효심이 강하고 중후하고 고요함을 좋아한다. 태과하면 고집불통이요, 사리판단이 현명치 못하고 고지식하면서도 손해를 많이 본다. 불급이면 처신이 온당치 못하고 타인과 다투기를 좋아하고 시비를 잘하며 인색하고 괴벽스럽다. 사람을 사귈 때는 신용의 유무를 제일 중요시 한다.

金性: 금성은 義理다. 신왕이면 명예를 중히 여기고 의로운 일에 용감하고 위엄 있고 결단성이 있다. 태과하면 욕심이 많고 잔인하며 용감하나 무모함이 많다. 불급이면 생각은 많으나 결단력이 부족하고 시비를 좋아한다. 금수가 왕성하면 지용을 겸비하고 능소능대하지만 금은 약하고 수기만 왕성하면 아이디어는 기발하지만 협잡심이 많다. 사람을 사귐에 있어서는 의리의 유무를 제일 중요시 한다.

水性: 수성은 智慧다. 신왕이면 총명하고 계책이 깊다. 태왕이면 의지가 박약하고 활동을 좋아하고 다능하고 호색이다. 불급이면 변화무쌍하고 용기가 적고 총명치도 못하다. 신왕하면서 목기로 泄氣(설기)하면 지덕을 겸비한 인격자요, 일점 토기나 화기가 있어 왕신을 충극한다면 仁禮(인예)의 마음은 없고 고집이 세고 사리에 맞이 않는 행동을 하게 된다. 사람을 사귈때는 영리한가 멍청한가를 중시한다.

2. 日干 日柱로 보는 女子의 성격

甲乙日: 갑을일에 출생한 여자는 무뚝뚝하고 인자하고 시종불변하고 의지가 굳고 생활력이 강하다.

丙丁日: 병정일에 출생한 여자는 밝고 맑으며 낙천적이고 예의가 바르며 열도 빨리 받지만 냉정도 빨리 찾는다. 구변지객이라하여 언어구사 능력이 뛰어난다.

戊己日: 무기일에 출생한 여자는 신용이 있고 순진순박한데 중심을 잃으면 종교에 몰입하거나 미신숭상을 많이 하게 된다.

庚辛日: 경신일에 출생한 여자는 의리가 있으나 냉정한 성격으로 한번 틀리면 다시 상대하는 것을 수치로 생각하니 다시 회복하기 힘들다.

壬癸日: 임계일에 출행한 여자는 영리하고 마음에 생기가 넘치니 남자와 같은 성격으로 매사에 끊고 맺음이 시원시원하다.

참고: 일간이 신왕하고 견제가 없으면 남녀노소를 불문하고 안하무인이며 적당한 견제가 있으면 5행 순격이고 신약하면 비굴해지고 언행이 불일치하며 변덕이 심하고 신약한데도 견제가 있으면 매사 불평

불만이 많고 신경질적인 성격이 된다. 이는 남녀노소 불문, 부자권세 불문, 인격지식 불문, 체면장소 불문이다. 즉 과잉방어의 성격본능이라고 말할 수 있다.

3. 六神에 의한 성격

비견 비견이 용신이면서 용신이 지켜지면 온전화평한 성격이 되고, 비견이 많으면 자존심이 강하고 비사교적 성격이 된다. 간여지동은 남녀을 불문하고 무책임하고 난폭한 면이 있다. 비견을 충하면 대인관계가 원만하지 못하고 시비가 많다.

겁재 겁재가 용신이면서 용신이 지켜지면 솔직담백하고 가식이 없다. 겁재가 많으면 인격이 졸렬옹졸하고 웃고 있지만 내심은 사악하다. 여기에 양인이 있으면 더욱 사악하다. 또 겁재와 양인이 여러 개 있으면 성격이 고강하고 겁재와 상관이 있으면 성격이 흉악하다.

식신 식신이 용신이고 용신이 지켜지면 온후명랑한 성격이다. 식신이 많으면 분별심이 없고 의욕이 약하고 발전성이 약하다. 식신이 조화를 이루면 너그럽고 풍류를 좋아하고 식신재살격은 평생 걱정 근심없이 희희낙락하는 낙천가다.

상관 상관이 용신이고 용신이 지켜지면 다재다능하고 행동이 민첩하고 자존심이 강하다. 상관이 많으면 교만하나 숨김이 없고 말이 많다. 무관이면 사술에 능하고 거만하다. 재성이 없으면 잔재주가 많고, 양인이 있으면 간사하고 기고만장하고 자만한다.

편재 편재가 용신이고 용신이 지켜지면 매사 민첩하고 기교가 넘치면서도 빈틈이 없다. 편재가 많으면 게으르고 안일하며 욕심이 많으면서도 쓸때는 쓴다. 편재가 천간에 투출하면 돈보다 의리가 중하고 참견하기 좋아하고 말이 많다. 또 주색을 좋아한다. 신왕편재격은 재물로 시비가 많고 신약편재격은 돈이나 여자로 재해가 많다.

정재 정재가 용신이면서 용신이 지켜지면 정직, 성실, 세밀, 조심성이 있고 부지런하다. 정재가 많으면 게으르고 결단력이 없고 수전노가 되기 쉽다. 재성의 간합이 있고 신약하면 외관은 춘풍이요, 내심은 간사하다. 신왕재왕하면 인내심이 강하고 가정적이다. 정재와 편관이 많으면 경솔하고 재다신약이면 처에 의지하고 재성이 약하고 겁재가 많으면 유랑을 좋아하고 정재와 묘(墓)가 동주하면 검소하다.

편관 편관이 용신이고 용신이 지켜지면 총명과단한데 권세를 믿고 타인을 능멸하게 된다. 의협심이 있으나 편파적이고 모험을 좋아하며 또한 사람사귀기를 좋아하고 목적을 위해 이용도 잘하는 편이다. 신약하고 편관이 강하면 의지형이요, 신왕관왕하고 식상이 없으면 성격이 바람같이 급하고 식상이 있어 편관이 잘 억제되면 인격과 위엄을 겸비한다. 신왕관약이면 매사 불성실하고 게으르며 자부심만 강하다. 신왕관왕하면 총명 활발하고 지기를 싫어하고 살인상생하면 이지와 재간을 겸비하고 정직하다. 편관보다 인수가 강하면 실행력은 있으나 사려가 부족하고 인수보다 편관이 강하면 말이 앞서고 계산이 많다.

정관 정관이 용신이고 용신이 지켜지면 온후독실하고 정직한 성격이다. 정관이 많으면 의지가 박약하다. 정관격은 인자관대하여 화평함을 좋아하는 인격자요 풍모도 미려하다. 정관이 형충하면 표류지명이며 관록이 있어도 오래가지 않는다. 정관 하나에 형충이 없으면 군자요, 강직, 청렴, 고명, 순수하고 인수가 있으면 더욱 기묘하다. 정편관혼잡이면 호색하고 잔꾀에 능하다. 정관과 재성이 있으면 총명하고 지혜롭고 기교가 있다.

편인　편인이 용신이고 용신이 지켜지면 성격쾌활하고 매우 종횡무진 재능을 발휘한다. 편인이 많으면 처음은 근면하나 나중은 게으르고 성격도 욕심만 부리고 어지럽다. 편인격은 재능이 있고 민첩하나 매사 용두사미 격이다. 학문과 예술을 즐기나 성과가 없다. 정인과 같이 있으면 한가지 일에 집중하지 못하고 변덕을 부린다. 편인, 겁재, 양인이 있으면 외형은 겸손하고 인정이 있는 듯 보이나 내심은 잔인하고 혹독하다.

정인　정인이 용신이고 용신이 지켜지면 총명 단정하고 인자하다. 인수가 많으면 게으르고 자기도취에 빠지기 쉬우며 인색하다. 인수격은 지혜롭고 너그럽다. 정인과 양인이 있으면 백계의 재능이 있으며 정인이 충하면 성격이 고정되지 않고 분망하다. 정인과 겁재가 있으면 인격자이고 상관과 함께 있으면 허영에 빠지기 쉽다.

참고 六神의 의한 성격 관찰은 먼저 四柱格局의 5행상 청탁, 순잡, 편정을 살핀다. 5행이 청순하고 기세가 정대하면 현인이고 편경혼탁이면 흉험하다.

化格이나 從格은 지혜롭고 정직하며 선량하다. 또한 일반적으로 의지가 강건하며 木은 인후하고 土는 자비롭고 金은 예리하고, 水는 원활하고 火는 호방한 성격을 겸비한다.

일간이 신왕하고 잘 억제되어 중화된 자는 천성이 명백하고 지덕을 겸비 매사 원만하다. 또한 명랑쾌활하고 다정다감하며 의심이 적다. 그러나 신왕하고 억제되지 않으면 난폭하고 싸움을 좋아하고 성격이 무상하므로 변죽이 심하다. 사리에 어두우니 위험을 고려하지 않고 선악도 고려하지 않고 세력만 믿고 안하무인하기 쉽다.

일간이 신약하나 인수가 있는자는 천성이 검소하고 인격을 존중하고 예절이 밝다. 신세나 은혜를 잊지 않고 매사를 심사숙고하며 경솔하지도 않으며 사람을 사귐에 있어서도 함부로 사귀지 않는다.

그러나 신약하고 인수가 없는 자는 허언식언이 많고 내심 음흉하고 정도를 무시하고 기이함을 좋아한다. 천성이 게으르고 아첨 아부로 생의 수단을 삼고 필요 없는 고집을 부리고 우유부단하여 결론이 없다. 신왕하고 양인이 있으면 다소 교만한 편이며 신약한데 양인이 있으면 대개가 의심이 많다.

◎ 직업과 적성 그리고 소질

직업은 무엇인가? 의식주를 해결하는 수단이다. 적성은 무엇인가? 자신과의 알맞음 또는 딱 맞음이다. 소질은 무엇인가? 재능이다.

사람으로 세상에 태어나면 일반적으로 20세까지는 부모님의 슬하에서 보호받고 양육되지만 20세가 넘으면 스스로 의식주를 해결해야 한다. 사람들은 누구나가 6~7세가 되면 교육을 받기 시작한다. 그 교육의 목적은 장차 독립을 위해서다.

20세가 넘어서 독립을 못하면 사람노릇까지 어려워진다.

학생들은 어느 나라 어느 민족 불문하고 어른 흉내 내기에 열을 올린다. 차 마시고 술 마시고 담배 피우고 화투치고, 싸움질하고, 연애하고… 이러한 일련의 짓들은 성인들이 보는 관점에서도 썩 좋은 일들은 아니다. 그러나 필요에 따라서 해야 할 때가 있다. 문제는 어른들에게는 허용되고 아이들에게는 허용되지 않는다는 점이다.

예로부터 하지말라는 짓은 더 하고 싶다. 여기서 허용과 불허의 기준은 무엇인가? 허용은 짓의 책임 소재다. 성인은 책임의 소재가 자신에게 있고 학생은 책임의 소재가 부모에게 있다. 즉 짓의 책임 때문에 허용과 불허가 존재한다.

따라서 불허를 허용으로 바꾸기 위해서는 자신의 노릇을 해야 한다. 학생은 학생노릇, 어른은 어른노릇을 했을 때 비로소 어떤 짓을 사회가 허용하는 것이다.

성인들도 사람노릇 못하는 경우가 많다. 그래서 부모형제 친척, 친구들에게 까지 피해를 입히는 일들이 비일비재하다.

다시 말하면 사람으로 태어나 사람노릇 하면서 세상을 살아간다는 것은 때를 잘 맞추는 일이다. 사람이 때를 맞추는 일은 무엇인가? 사람으로 한 인간으로 책임을 다하는 일이다. 그래서 옛 어른들이 아이들을 보고 언제나 철이 들꼬! 하시는 말씀들이 이 이야기다. 즉 때를 아는 일이 철이 드는 것이요, 철이 드는 일이 독립하는 일이요, 독립하는 일이 스스로 부모의 슬하를 떠나서 자립하는 단계로 의식주를 해결하는 직업이 필요하다. 이 직업을 선택함에 있어서 자신의 적성과 맞느냐 않느냐가 중요하다. 적성이 맞으면 십년이 하루 같고, 적성이 맞지 않으면 하루가 십년같기 때문이다. 이 뿐만 아니라 직업 적성자의 중요성은 사측에서 볼 때 능률과 성과, 능동적 업무수행과 책임감 등에 있어서 관리가 필요 없는 그러면서도 발전 성장하는 회사가 될 수 있다. 하지만 부적성자가 모인 회사라면 능률을 기대하기는 커녕 회사 부도나는 날짜만 기다려야 할 것이다. 그만큼 직업적성이 맞게 되면 창의적이고 능률적이면서도 보수가 적어도 불평불만이 없게 되니 회사는 회사대로 개인은 개인대로 행복할 수 있다. 만약 직업부적성이라면 보수가 제아무리 많아도 회사에 대한 불평불만은 날이 갈수록 더욱 심해재고 개인은 개인대로 스트레스가 쌓이고 노사 간 소통은 안 되고, 하기 싫은 일을 하게 되니 불량품만 생산하게 되어 회사의 운명은 그야말로 바람 앞의 등불이 되고 마는 것이다. 학생도 이와 틀리지 않는다. 공부 공부하지만 스스로 하려하지 않으면 아무것도 이룰 수 없다. 옛말에 "말을 물가로 끌고 갈수는 있지만 억지로 물을 먹게 할 수는 없다"라는 말과 같다. 그래서 옛날에는 회초리가 학생들에게는 약이었다. 그러나 이제는 세상이 변했으니 지금은 회초리도 무용지물이다.

　그럼 어떻게 해야 하는가? 스스로 하고 싶은 것을 하도록 도와주는 일 뿐이다. 그래서 만약 적성에 맞는다면 그 길을 가도록 부모는 후원자가 되어야 한다.

　그 외 부모가 할 수 있는 일 그것은 아이가 태어나면 미리 적성을 알아서 그 아이에게 동기를 유발시켜 주는 일이다.

　요즈음 학생들은 학교, 학원 등지에서 적성검사를 하고 있다. 그러나 그 적성검사는 점수위주로 또는 선생님의 권유로 진로를 결정하므로 하여 타고난 적성과는 거리가 먼 외도가 많다. 적성외도를 하는 사람들은 직업 바꾸기를 하게 되고 직업은 바꿀 때마다 초보자가 되므로 늘 남들보다 뒤쳐진 느낌 뒤쳐진 삶을 살게 된다.

　그리고 행복이나 여유와는 무관한 삶을 살게 된다.

　이처럼 직업적성은 인생의 안정된 삶과 행복 불행을 좌우하는 척도가 되므로 하여 아기가 태어나면 작명과 함께 적성을 찾아주고 그 적성에 맞는 환경을 조성해 줌으로써 보다 밝은 우리들 모두의 미래를 기약할 수 있을 것이다.

　적성을 찾는 방법에는 日干을 기준으로 하는 5행적성, 六親으로 보는 직업적성, 用神으로 보는 직업적성, 八字로 보는 직업적성 등이 있다. 이를 종합적으로 분석하여 적성을 찾게 되는데 제1적성, 제2적성, 제3적성 등이 나올 수 있다.

1. 五行으로 찾는 적성
가. 甲乙木日柱인 경우

목재업, 건축업, 농업, 임업 또는 목재를 원료로 사용하는 제조, 판매, 사회사업, 교육사업, 원예, 화원, 과수원, 청과물시장 등에 적성이 있다. 또 의류업, 펄프업, 도배, 도서출판 판매도 여기에 속한다.

나. 丙丁火日柱인 경우

불과 관련 있는 직업 즉 주유소, 가스판매, 주물공장, 전기관리, 수리 및 판매, 제철공장, 말을 많이 해야 되는 직업 즉 외판원, 대민봉사 업무, 변호사, 선생님, 교수, 외교관, 중개업, 소개업, 사교계, 로비스트 등에 적성이 많다, 아나운서, 가수, MC, 방송국, 신문 등 언론계도 이에 속한다.

다 戊己土日柱인 경우

흙과 관련 있는 직업을 적성으로 한다. 토건업, 농업, 원예, 종묘, 과수, 농기계업, 식생활제품의 생산과 판매, 종교분야의 종교인, 장묘관계의 업무로 지관, 묘지관리, 화장, 납골당 등의 업, 굴착기나 포크레인 등의 중장비 운전, 도자기, 청자, 기와 옹기 등의 도요업무에 적성이 있다.

라. 庚辛金日柱의 경우

쇠와 관계되는 직업으로 광산제철, 금은가공, 기계생산, 조립, 판매, 차량운전정비, 비행기 관련업, 기차 관련업, 총검을 다루는 군인, 무술인, 침술, 철가공업, 무기생산판매업 등에 적성이 있다.

마. 壬癸水日柱의 경우

물과 관계되는 직업으로 어업, 수리관계 시설업, 물류유통업, 물장사, 양식업, 외교관, 외교업무, 여행업, 선박업계, 학문탐구, 수학자, 발명가, 지략전략가, 세탁업, 요리사, 요리업, 호텔숙박업, 관광업 등에 적성이 있다.

參考, 일주가 심히 약하거나 강하면 사원에서 참모까지 고용되는 것이 원칙이며 바람직하다. 만약 이들이 사업을 벌인다면 실패하기 십상이고 인생자체까지 비참해질 수 있다. 필자와 상담자중 이러한 분들이 많다. 절대불가라고 극구 말렸음에도 불구하고 사업을 시작했다가 꿈을 꾼 듯 빈손으로 찾아와서 하시는 말씀, 그때 좀 강력하게 말려주시지 않으셨어요? 하고 오히려 반문한다. 그럴 때 필자는 그릇론을 들려준다. 내 그릇이 한 되짜리 인데 한말의 물건을 담으려하면 그릇이 엎어진다. 두되만 담으려 해도 넘쳐서 주위가 혼란스러워 진다. 적당하게 7~80%를 채워야 가장 안전하다라고 위로해 준다. 그럼 또 내가 한 되짜리 밖에 안 되느냐고 반문하다.

카운슬링이 그만큼 힘들다. 이치를 설명하는데 곡해를 하여 기분을 상하는 결과가 되는 것이다. 사실 분수를 알고 사람이 살아간다는 그 자체가 어렵다. 이를 두고 옛말에 "철들자 망령난다"라고 했다.

세상물정을 조금 알았다 싶으면 황혼이 코앞이다.

2. 六親으로 보는 직업적성

가. 비겁이 많으면 독립사업, 자유업, 특수기술 등을 연마하여 홀로 사업을 개척해 나가야 한다. 비겁이 많으면 자존심이 강하여 타인의 명령을 받아도 무시하거나 받지 않으려 하므로 여러사람과 조화할 수

없어 불화를 유발하기 때문이다. 비겁이 많은 사람은 타인의 명령을 듣지 않고 자신의 명령만 타인이 들어주기를 원하므로 세상에 나오는 순간 재벌급이 아니라면 인생살이 자체가 고달프다.

　나. 식상이 많으면 교육계, 학계, 군장교, 회사팀장 등 부하직원이 많은 업무에 종사해야 한다. 즉 거느리는 식솔이 많은 운명이다. 예를 들면 양계장이나 양봉업 또는 양식업도 여기에 속한다. 식상이란 내가 누구에게 무엇을 주는 팔자이므로 사회사업도 적성이다. 식신생재격은 사업자가 많다.

　다. 편재가 많으면 상업, 청부업, 중개업, 금융업, 무역업 등에 적성이 있다. 편재란 작은 이익이란 뜻이다. 그러므로 편재가 많다는 것은 작은 이익이 많다는 결론이 나오므로 은행원등의 적성이 있는 것이다. 예를 든다면 학교 앞 문구점이나 골목길의 담배 가게 등이 여기에 속할 것이다.

　라. 정재가 많으면 상업이나 공업계통의 사업을 벌이게 되는데 신약하면 소규모가 되고 신왕하면 대규모가 된다. 만약 재가 극히 약하다면 외판원이나 행상 즉 보따리장사에 적성이 있게 된다. 실제로 재가 많고 신약한 사람들은 은행이나 조합 등 금융권 종사자들이 많고, 회사를 다녀도 경리부서에 근무하게 되거나 세무서나 세무회계 사무실에 많이 근무하고 있음을 보게 된다. 이러한 점에서 볼 때 타고난 적성을 피하기가 힘들다는 점을 알게 된다.

　마. 편관이 많으면 조선업, 건축업, 하청업 등 복잡한 대인관계업무에 능하다. 해결사, 술상무, 로비스트 등도 여기에 속한다. 만약 법조인이라면 검사에 속하고 변호사 사무실에 사무장직이다. 또한 중개업에 능할 수 있다. 半官半民(반관반민)으로 관도 아니고 민도 아닌 지위 즉 기업종사자라고 한다면 사기업도 아니고 국영기업도 아닌 공기

업에 근무할 확률이 매우 높다.

　바. 정관이 많으면 성실, 근면, 정직을 필요로 하는 직업적성이다. 기술직이나 학계, 선생, 공무원 등이다. 만약 법조인이라면 판사에 속한다. 거짓이 없고 꾸밈이 없고 있는 그대로 고지식하므로 상업이나 사업에는 부적성이다. 지능이 없는 기계에 비유할 수 있다.

　사. 편인이 많으면 의료업이나 기술계, 역학계, 언론계 등에 적성이 있다. 비생산적 직업이 적성이므로 교육계나 학계의 학문연구자들도 여기에 속한다. 또한 비생산성 기질이므로 비평이나 평론에 탁월한 재능을 보인다.

　아. 정인이 많으면 지식업, 생산업, 교육계열 적성이다. 특히 정인이란 어머니를 뜻하므로 세상의 어머니역에 해당하는 직업적성이다. 예를 들면 반찬가게, 식료품, 유치원, 식당, 선생님, 어린이 분유생산, 게임개발, 놀이기구 개발생산, 음료나 우유생산 가공, 보육원, 양노원 등의 진출이 많다. 정인 많은 사람은 공무원이 되더라도 문교부계열에 근무하게 되거나 회사에 다녀도 교육부서에서 근무하게 된다.

3. 格局用神으로 보는 직업 적성

　가. 食神이 用神인 경우나 식신격
　　· 의식주에 관련된 모든 사업~ 의류제조판매, 식료품제조판매(식당, 다방, 여관, 하숙업 등)건물 임대업
　　· 정관과 편관이 함께 있으면 의약업계통, 상담사, 역학, 서비스업계
　　· 정재가 있으면 금융업계, 식품회사 등의 봉급자, 편재가 있으면 기술계통, 편인, 정인, 상관 등이 섞여 있으면 배우, 탈렌트, 가수, 무용가, 청하면 작가, 작곡가 등으로 활약할 가능성이 높다.

나. 상관이 용신인 경우나 상관격

변호사, 종교인, 교육자, 보모, 중개인, 기술자, 기술적생산자, 발명가, 학자 등

- 상관도 강하고 신왕하면 정치가
- 다재다능함을 필요로 하는 직업적성으로 방송연예인, 개그맨 등
- 상관격이 정재나 편재를 보면 기술을 바탕으로 하는 직업, 합이 적당이 있으면 경제 재정분야의 공무원이나 금융기관의 근무에 적성이 있다.

다. 편재용신이나 편재격인 경우

무역업, 외교업무, 통신, 교통등에 관련된 유통판매, 부동산, 증권, 사채 등의 투기성 직업이나 사업에 적성이 맞는데 신왕하고 유운이 뒷받침 된다면 재벌이 되는 경우도 가능하다. 편재용신이나 편재격인 사람은 돌아다니는 업무가 제격이므로 여행, 관광, 운수업, 여객선, 항공업 모두 적성이다.

라. 정재용신이나 정재격인 경우

성실, 정직, 신용을 필수로 하는 직업이나 사업자로 금융기업이나 공무원, 재무계통, 경리, 비서 등의 업무가 적성이다. 또 신왕하면 기업경영이나 적성계열의 수장이 가능하다. 여기에 유운이 도와준다면 금상첨화일 것이다.

마. 편관용신이나 편관격인 경우

군인, 경찰, 검찰 등의 무관계통, 형을 집행하는 집행관, 기술계통, 예술분야, 고위직에 오르는 사람은 반드시 신왕하고 편관이나 정관이 있다.

- 정편관이 혼잡하거나 태과(3위이상)하면 평생 질병에 시달리며 빈천을 면하기 어렵다.

- 여자의 경우 정편관이 혼잡하거나 태과하면 화류계의 업을 갖거나 독신, 평생직장생활을 하거나 가정경제를 짊어져야 한다. 또한 결혼하게 되면 구타나 기타의 스트레스로 편할 날이 없이 고생하는 경우가 많다.

바. 정관이 용신이거나 정관격인 경우
- 말단 공무원에서 총리까지 문관계통에 근무하게 되고 정재와 정관이 균형을 이루면 재무계통의 고위직에 오르게 된다.
- 인수와 정관이 균형을 이루면 정치가나 정치활동을 하게 된다.
- 식신, 인수, 정관 등이 균형을 이루면 학계의 고위직에 오르게 된다.
- 군인이나 경찰계통의 무인직이라 할지라도 기획조정이나 참모 분야 업무를 담당한다.
- 정관격에서의 변화

木정관격은 행정, 사법, 총무, 기획분야의 적성이고
火정관격은 문화, 교육, 예술분야의 적성이며
土정관격은 농업, 임업, 토목, 광산계통의 적성이며
金정관격은 무관, 음악, 도덕, 재정, 경제분야의 적성이며
水정관격은 상업, 공업, 수산업, 지능적업무, 자유업 또는 그 계열의 업무에 적성이 있다.

사. 편인용신이나 편인격인 경우

의사, 약사나 그 계열, 결혼상담, 역술인, 심리상담사, 심리학자 등 각종기술인으로 엔지니어, 체육계로 감독, 코치, 선수, 해설자 등

예술계 전반에 걸쳐 배우, 탤런트, 가수, 무용수, 화가, 서예가, 조각가, 디자이너, 모델, 연주자 등

언론계 전반으로 기자, PD, 아나운서, 작가, 방송인, 신문인 등에 적

성이 있다.

아. 정인용신이나 정인격인 경우

편인과 비슷하지만 좀 더 학문 지향적으로 문화, 학술, 예술적 적성이 있다.

종교인, 무속인, 기타 神奉者, 유치원 교사에서 문교부 장관까지 교육계열자

정인격에 정관의 도움이 있고 체용의 균형이 맞고 청하면 대학자다

정인이 2~3개 있고 청하면 미인이며 예술계통 직업 적성자는 식신, 상관, 편인, 정인이 많다.

참고

戌亥는 天門이요, 卯酉는 日月之門으로 卯酉戌은 鐵鎖開金(철쇄개금)이라 하여 침술이나 의술에 뛰어난 재능이 잠재되어 있어 의약업 적성자다. 자신이 아니면 부모형제나 처자, 남편이라도 그 직업을 갖게 된다.

년주 비천녹마나 생조관계 일때 가정운과 부부운이 좋다.

交祿(교록)이 있는 자는 상술에 뛰어난 소질이 있을 뿐만 아니라 같은 물건을 함께 놓고 옆사람과 경쟁을 함에 있어 비싼 값을 불러도 값과는 관계없이 더 잘 팔린다. 교록은 甲申과 庚寅, 乙酉와 辛卯, 丙子와 癸巳, 丁亥와 戊午, 戊子와 癸巳, 己亥와 壬午인데 日干기준이고 앞뒤가 바뀌어도 같은 교록이다.

· 귀문관살은 흉살로써 정신이상이나 신경쇠약중에 걸려본다고 되어있다. 그러나 귀문관살은 예지력이 뛰어난 장점도 있다. 따라서 고관대작이나 재벌, 기업가들의 8자에는 대부분 귀문관살이 있다. 또한 천문이 함께하면 철학관, 상담사, 점술가, 무당 등의 직업인 진출의 가능성이 매우 높다.

귀문관살은 子酉, 丑午, 寅未, 卯申, 辰亥, 巳戌이 있고 寅亥, 卯亥, 午亥, 申亥의 4가지를 추가해 보는 경우도 있는데 기본은 년지와 일지 관계로 보고 순서는 자유나 유자나 같다.

・魁罡殺(괴강살)의 괴강은 괴수, 수괴, 왕, 대장 등의 최고를 의미하며 天罡(천강)이라하여 북극성 즉 북극성을 기준하여 칠성이 사방으로 움직이는 현상을 추상한 최고권력을 뜻한다. 따라서 괴강은 모든 사람을 제압하고 대부 대귀 엄격, 총명, 횡포, 살생, 극빈, 흉악, 재앙 등의 길흉공히 극단으로 치닫는 작용을 일으킨다. 대중을 제압하고 지휘 통솔하는 힘과 그 성질이 강열하다. 괴강은 일주와 년주작용이 가장 쎈데 괴강이 있고 8자가 조화를 이루면 대부 대귀하고 지혜와 총명, 용기, 결단력이 타의 추종을 불허한다.

　그러나 형충파해가 있고 격국이 하격이나 탁격이라면 도살업, 극빈 또는 질병으로 평생 고생을 면하기 어렵다. 또한 女命에 괴강이 있게 되면 그의 부군의 납치, 횡사, 만사불성 아니면 생사이별 아니면 평생 질병으로 신음하는 흉살로 작용하게 된다. 그렇지 않으면 夫家재산이 탕진되거나 무책임, 작첩, 가출하는 남편을 만나게 된다. 관성이 조화를 이루는 여명은 제외라 하지만 100에 한둘 찾아보기 힘들다.

・羊刃殺(양인살)의 양인은 祿前一位이고 장성살이며 제왕이다. 괴강과 유사점이 많다. 직업은 군인, 경찰, 수사관 등의 권력층 또는 이에 불응하는 운동권자들이 여기에 속한다. 신약은 양인을 좋아하고 신왕은 양인을 싫어한다. 양인은 편관칠살이 좋고 인수와 함께 하면 명리부귀한다. 양인이 셋이상이면 높은곳에서 추락, 전사 등의 악사를 면하기 어렵고, 양인이 공망되면 거짓말을 잘하고 양인이 겁재와 겹쳐 있고 관살이 없으면 직업이 양

상군자다. 男命에 양인이 겹치면 처와 재, 父를 극하고 女命은 남편과 아버지를 극한다. 양인은 甲日卯, 乙日辰, 丙戌日午, 丁己日未, 庚日酉, 辛日戌, 壬日子, 癸日丑이요, 을정기신계일의 진술축미는 음인이라하고 갑일묘, 병무일오, 경일유, 임일자만을 양인이라고도 하는데 특히 병오일, 무오일, 임자일은 일인이라 하여 그 위력이 강력하다.

4. 八字로 보는 직업적성
 가. 금융, 재정, 경리업, 적성자

 4주 日連財旺者(일련재왕자), 官庫身合者(관고신합자), 財官合者(재관합자), 丑月 丁巳日生 금융업지점장에 많고 財旺格, 종재격, 官財同臨身合者(관재동임신합자)는 은행, 재무부, 국세청, 경리직, 회계, 세무직 적성이다. 財多身弱(재다신약)도 금융업 종사를 하게되며 사채업도 적성이다.

 나. 법무, 사법 적성자

 삼형살이 있고 청기가 있는 자, 신왕재왕식상이 왕한 자, 신왕하고 양인이 있는 자, 편관이 재성에 의하여 생조되고 신왕한자, 일주표준 병봉경이나 庚逢丙 또는 비천녹마자, 水木日生 日時에 戌亥를 놓은 자 또는 壬戌 癸亥 甲戌 乙亥日生逢 戌亥者 丁己日生 財官格者

 참고로 丙庚日柱 검사가 많고 水木日柱 판사가 많고 丁己日生은 반반이며 비천녹마자는 청장등 고위직에 많다. 日支 重見者, 壬癸日, 子寅卯 時生 법관에 많고 地支 형충파한자 법조계에 많다.

 다. 공무, 행정업 적성자

 재성이 관성을 생조하고(재생관) 8자가 맑아야 한다.
 왕성한 인수를 재성이 억제하고 상관이 소통시킨다.

인수와 식신으로만 8자가 구성되었다. 역마, 양인, 문창성등의 재살을 참작하되 이러한 4주8자를 가진자는 일반행정외에 외무, 국방, 교통, 문교 등 특수행정 계통에 적성이 있다. 재관미약, 인왕, 식상이 있으면 문무를 겸비한다.

라. 외교무역업 적성자

역마나 지살에 官, 財, 印星이 있는 자 또는 역마나 지살에 인수국, 관국이 日支와 合된자, 역마살이나 지살과 日支 合된자, 또는 인수국이나 관국을 이룬자, 역마나 지살이 있고 인수다봉이면 통역업에 적성이 있다.

마. 경찰직업 적성
- 생일기준 逢刑者 4주중에 囚獄殺(수옥살)을 만난자
- 辰戌巳亥日生人이 柱中更逢 辰戌巳亥一字이상인자
- 寅巳申이나 丑戌未, 子卯刑殺者 등은 경찰직업이 적성이다.

바. 군인, 방산업 직업적성
- 상관이나 편관이 왕성하고 양인이 있거나 인성이 있는 경우
- 신왕관왕(精氣神)하고 청하면 고위직에 오르고
- 형충파해가 많으면 군인이요, 금이나 화가 많아도 군인이다.
- 금과 화가 서로 盛(성)하고 귀격이면 군인으로 대권을 잡을 수 있다.
- 신왕하고 관성이 탁하면 군관련업에 적성이 있다.

사. 교통통신업 직업적성

지살이나 역마살이 인성이나 재성인자 또는 종재격, 寅巳가 역마살에 임한 8자는 교통 통신업 또는 항공업, 무역업, 여행업, 부동산 중개업, 우체국 집배원, 화물운반 택배업 등에 적성이 있다.

아. 의료의약 건강업 직업 적성
· 冬夏月 辛亥 辛卯, 辛未 辛巳, 辛丑日生 更逢 시지 辰戌者
· 五陽 寅申日生 逢刑者, 五陰巳日生逢刑者
· 正, 九, 夏月 庚寅, 庚午, 庚戌日生, 卯月 甲子日生, 冬月壬辰日生
· 丁未日生 逢 庚戌者, 甲戌 戊戌日生, 甲乙戊己日生 逢月時 戌亥者
· 夏月 戌亥月 壬午癸未日生, 甲寅日生으로 逢巳申者
· 寅卯夏月 甲乙丙日逢 戌亥者 丙申丙寅日生逢刑殺者

月時 甲乙丙에 逢 戌亥者
四柱中에 卯酉戌 二字이상의 相逢者, 寅巳申 三刑殺놓은자
丑戌未三刑殺中 丁未日生 庚戌刑多 卯月甲子日生

일주기준 刑殺者의 官은 刑權이요 業은 도살업이다. 이같은 8자들은 의사 간호사 약사, 건강원, 정육점, 식당 즉 칼을 사용하거나 생명의 생살과 관련된 업종에 직업적성이 있다. 예를 들면 수의사도 여기에 속하며 甲辛午卯申字는 현침살이라 하여 침술사, 외과의사의 적성이 강하다.

필자는 운명감정 중에 현침살 五字가 모두 모여 있는 8자를 본 일이 있는데 그분은 다섯 살 때부터 바늘로 의술을 펼쳤다고 한다.

그분은 현재 외국종합병원에서 뇌암전문 침술사로 활약 중이다. 또 현침살이 3개 이상 모여 있는 사람은 바늘을 사용하는 직업적성이 있어서 한복, 양복, 수예(뜨게질, 십자수 등) 옷 수선업 등에도 많다.

자. 예술분야 직업적성
· 화개살이 많거나 화개와 인수 또는 편인과 동주한자
· 관살이 많고 인수가 있거나 식상이 왕성한자 또는 문창성이 있는자

- 夏節甲乙日生, 春節丙丁日生등은 木火통명이라 하여 예술적 재능이 비상하다.
- 庚辛日柱가 겨울에 출생하면 金白水靑이라하여 문학적 소질이 있다
- 天孤星과 天文星이 동주하면 문학에 소질이 많다.
- 음악, 무용, 배우의 소질이 있는자는 식상이 왕성한자 도화살이 있는자, 신약관왕자, 화개살이 많은자, 壬子, 癸亥, 癸丑日生 등이 8자에 水氣가 왕성하면 사물에 대한 기교가 명민하여 예술분야에 적성이 강하게 나타난다.

차. 교육 출판업 직업적성
- 月逢 인수, 춘하월에 甲乙日生, 亥子丑月 金水日生
- 寅卯辰月 丙丁日生, 巳午未月 戊己日生, 申酉戌月, 壬癸日生 亥子丑月 甲乙日生
- 辰戌丑未月 庚辛丙丁日生 申酉月에 戊己日生
- 酉月丁丑日生, 亥月丁亥, 丁卯, 丁未日生, 寅月戊己日生, 戌月壬癸日에 출생하고 천간에 인수투출자, 신월 갑일생과 갑신일생이 인수를 만난자 등은 舌端生金(설단생금), 呼名萬人(호명만인), 人人指曰(인인지왈)이라 하여 선생, 교수, 강사, 학교, 학원, 유치원, 문방구점, 서점, 문교부 장학사업, 신문, 방송, TV,라디오, 문학, 예술, 연예, 가무 등의 직업적성이 있다. 이러한 적성자들이 순조롭지 못할 경우 학원버스기사, 학교식당근무, 학교건물 청소관리, 학교건물 안내, 수위 등에 근무하고 있음을 많이 보게 된다.

카. 연예계 직업적성
- 乙日生 丙子, 丙戌時, 子丑巳午未月生 逢 傷官者
- 亥子丑月 巳午未月生人이 관왕하거나 상관이 왕하여 관을 치거

나 관왕불균형된자
- 壬癸日生인이 水星이 태왕한자, 木火 상관외에 관성이 미약한자
  (丙子日 戊己時 戊己日 庚辛時, 庚辛日, 壬癸時, 壬癸日 甲乙時)
- 관살이 태왕하고 이를 제어하는 식상이 부족한자 관약식상태왕자
- 신왕하고 관성이 미약하고 재성이 없을 때 식상이 중첩하고 재성이 없을 때
- 관살이 약하고 일간이 식상으로 화할 때
- 신왕하고 관살이 약하고 일주와 합이 되어 동기가 된 자
- 신왕하고 관살이 약하고 관성이 합이 되어 타 육신으로 화할 때
- 신왕하고 재성이 없으며 관살이 경미하고 식상이 왕할 때
- 신왕하고 관성이 무근하고 재성이 있으나 관성을 생조하지 않을 때
- 일주가 약하고 식상이 왕성하고 인성이 경미한자
- 일주가 약하고 식상이 중첩되고 재성이 있을 때
- 4주8자 대부분이 식상으로 되고 재성이 없고 외격에 속하지 않은 자
- 4주8자 대부분이 관살로 되고 인성이 없고 외격에 속하지 않은 자
- 4주8자 대부분이 비겁으로 되고 식상이 없을 때
- 4주8자 대부분이 인성으로 되고 재성이 없을 때
- 4주8자 대부분이 관살 또는 식상이거나 수기태왕하거나 일시지에 도화가 있거나 간합, 6합, 3합 등이 많고 4주가 혼탁하면 전형적인 화류계의 직업적성이 있다. 단 상광용재격이나 종아격이나 특별한 격국은 제외된다.

타. 종교신앙인이나 그 업의 직업적성
- 正夏秋月 戊己日生, 冬月庚辛日生, 正, 二夏, 冬月 甲乙日生, 秋月壬癸日生
- 甲寅, 甲午, 甲戌, 戊寅, 戊午, 戊戌日生이 巳午未戌亥者를 만난자
- 乙未, 乙巳, 乙亥, 己未, 己巳, 己亥日生이 巳午未戌亥者를 만난자
- 壬申, 壬子, 壬辰日生 金水多逢者
- 甲丙丁戊日生 逢戌亥에 극 해 공망자 寅卯辰月木日生 水氣多者
- 乙卯日生 辛酉逢者, 辛酉日生 逢 乙卯者(환속, 파계, 변종가)
- 地支 화개살 즌이나 土氣가 완성한자 신앙심이 두터워 신앙인이거나 신앙직업적성이며 종교사업가로도 많은 활약을 한다.

파. 요식업 직업적성
- 壬申, 壬子, 壬辰日生, 庚申, 庚子, 庚辰日生, 申子亥月 출생한자
- 戊申, 戊子日生逢 식상관 생재하거나 地支財局을 이룬 자
- 己丑, 己卯日生이 지지재국이나 관살국 놓은 자
- 丙申, 丙子, 丙辰日生 地支財局이나 관국이룬 자
- 壬癸日生이 지지에 식신상관국이나 재국 놓은자 식상관생재격은 모두 해당된다.
- 庚日 양조업, 壬日 무역, 여관, 식상왕한자, 호텔, 식당, 식신생재나 식신합재 식당, 도화, 다방, 역마요리, 화개호텔 빠등에 적성이 있다.

하. 역술, 상담, 풍수지리, 흥신업, 직업적성
- 의약업, 법무사법, 경찰, 종교, 신앙, 연예계 팔자를 가진자
- 인수신왕 관부족자, 丙子 丙辰日生 신왕, 관왕, 인수왕자

- 丁巳, 丁酉日生 逢 財印한자는 중개업, 대서업, 변호사, 교육가등 에도 많다.
- 戊申, 戊子日生 金水多逢者, 乙酉乙巳日生이 月이나 時에 午未戌亥者는 木火通明이 天門之道라하여 이 직업적성이 강하다.
- 五陰亥丑日과 五陽戌日生이 月이나 時에 戌亥丑寅逢者
- 子酉月에 壬癸日生, 壬子癸酉日生이 月時逢 寅卯와 柱中水木多者
- 丁未日生逢 庚戌, 甲戌, 戊戌, 丙戌 또는 時逢甲辰인자
- 壬寅 癸卯日生 月時 甲乙寅卯多는 舌筆生家(설필생가)요 四柱중에 귀문관살을 놓고 日時戌亥逢者도 舌筆生金한다.

참고
- 木日柱 식상이 재성을 생하면 피목, 곡물, 토지, 농업, 건축, 토석, 지물업이나 그 유통을 할 수 있다.
- 곡직격과 戊日生 인성국을 놓은 자 金多인자, 寅日丑時生은 명화, 명필이다.
- 庚辛日生 木火旺도 그림그려 먹고 산다.
- 상관격이나 인성이 왕하면 연예인 확률이 높다.
- 丁丑, 丁酉, 丙戌, 丙辰日生 재성이나 인성을 만나면 인쇄업, 문방구, 서예가 적성이다.
- 식신상관 태왕하고 격이 없으면 품팔이나 정육점을 하게 되고
- 寅巳 역마 임하면 항공업계, 申亥를 만나거나 재성역마 임하면 수산업에 종사하고
- 金日柱가 木財星을 만나게 되면 임산업을 많이 하고 백호살과 己日柱는 목축업이 불가하고

- 甲乙日生 인성놓고 화식상이 설기하면 전기, 전파 관련 사업하게 되고
- 丙丁日柱 金財星 놓은 자는 철물, 금속, 금은세공, 금은방업하게 되고
- 丙丁日柱 木印星 놓은 자는 목공, 목수, 토목, 건축 적성이다.

◎**命宮小限法**

命宮이란 身命宮을 말하는데 命宮은 卯를 기준 한다. 卯를 기준한 의미는 卯는 東方이 正木이요, 木은 仁이요, 仁은 壽요, 壽는 命인 까닭이다. 또한 身宮은 酉를 기준하는데 酉는 西方正金으로 卯가 生命이라면 酉는 身命인 셈이다. 즉 卯가 生하는 목적이 열매를 맺고자 함인데 그 열매가 酉에 가서 맺히는 것이다. 따라서 酉의 열매에 목적이 있다면 그것은 卯의 생에 있다. 다시 말하면 卯의 목적이 酉에 있다면 酉의 목적은 卯에 있다. 그래서 卯는 酉속에 있고 酉는 卯속에 있다는 말이 그 말이다. 이를 두고 卯는 受胎요 酉는 胎后이니 卯酉는 生成之道라 하는 것이다.

命宮 계산법은 節을 기준하지 않고 中氣를 기준하므로 24절기중 한 절기를 앞당겨 大寒을 正月, 雨水를 二月, 春分을 三月, 穀雨를 四月, 小滿을 五月, 夏至를 六月, 大暑를 七月, 處暑를 八月, 秋分을 九月, 霜降을 十月, 小雪을 十一月, 冬至를 十二月로 계산한다. 또한 命宮計算法은 男女陰陽을 불문하고 正月은 子에서 逆(역)을 세어 生月에서 멈추고 그 위치에서부터 순행하여 生時를 세어 가다가 卯가 닿는 곳이 命宮이 된다. 예를 들어서 5월생인데 夏至가 지났다면 6월생이 된다. 6월은 子에서부터 거꾸로 세어 가면 未宮에서 멈춘 다음, 酉時生이라면 멈춘 未宮에서 이제는 순행으로 酉부터 세어나가다가 卯가 다다른

곳에 丑이 있다. 따라서 5월 유시생의 命宮은 丑이 된다. 丑은 地支로써 天干를 얻어야 비로소 완성되는데 천간을 얻는 방법은 年干(연간)이 필요하다. 甲己之年 丙寅頭 乙庚之年 戊寅頭, 丙辛之年 庚寅頭, 丁壬之年 壬寅頭, 戊癸之年 甲寅頭의 공식을 적용한다. 이로써 甲己年 태생이면 丙寅으로부터 시작하여 丁卯, 戊辰, 己巳, 庚午, 辛未, 壬申, 癸酉, 甲戌, 乙亥, 丙子, 丁丑이 되므로 이 사람의 命宮은 丁丑으로 결정된다.

命宮小限法實例: 1962년 11월 18일 卯時生女(2010년 현재)

	연	월	일	시			
4주8자	辛	庚	壬	癸			
	丑	子	辰	卯			

	4	14	24	34	44	54	64
대운	辛	壬	癸	甲	乙	丙	丁
	丑	寅	卯	辰	巳	午	未

	1	11	21	31	41	51	61	71
小限運	辛	辛	辛	辛	辛	辛	辛	辛
	丑	卯	巳	未	酉	亥	丑	卯

참고

命宮小限運은 보기와 같이 地支는 월과 시로 정하고 天干은 년두법에 의하여 정하며 소한대운은 남녀노소음양을 불문하고 보기와 같이 1대운부터 시작한다. 명궁의 작용은 4주팔자+(플러스)로써 신왕한데 명궁이 관살이라면 대길하고, 신약한데, 명궁이 인수라면 대길하고, 신왕한데 명궁이 비겁이라면 불길하고, 신약한데 명궁이 재관살이라면 불길한 작용을 일으키게 된다.

命宮小限法 (月과 時가 基準이다.)

節氣의 中氣를 기준한다.

1月~大寒부터   2月~雨水부터   3月~春分   4月~穀雨
5月~小滿   6月~夏至   7月~大暑부터   8月~處暑
9月~秋分   10月~霜降   11月~小寒   12月~冬至부터다.

男女陰陽 不可하고
正月生은 子   二月生은 亥   三月生은 戌   四月生은 酉
五月生은 申   六月生은 未   七月生은 午   八月生은 巳
九月生은 辰   十月生은 卯   十一月生은 寅   十一月生은 丑

月의 地支가 해당되는 곳에서 自信(身)의 時(예 寅又午時)를 놓고 순행시켜 卯가 닿는곳이 命宮이다.

子之 戌宮   午之 辰宮   예~5月 午時生이라면
丑之 亥宮   未之 巳宮   5月 申(上)을 (下)申에
寅之 子宮   酉之 午宮   午時를 놓는다. 여기서
卯之 丑宮   戌之 未宮   부터 順行 未申酉戌
辰之 寅宮   寅之 申宮   亥子丑寅卯에서 그치니
巳之 卯宮   亥之 酉宮   卯 가 닿는곳 巳가 命宮이다.

月, 時支固定數(基本數 14와 26에서 月時合數를 뺀다.)
子(11), 丑(12), 寅(1), 卯(2), 辰(3), 巳(4), 午(5), 未(6), 申(7), 酉(8), 戌(9), 亥(10)

命宮이 定해지면 年頭法에 依하여 甲己合土丙寅頭로 順行하니 午宮이라면 庚午가 되고 一大運이 되며 小限은 一로 行하니 11대운은 庚申, 21은 庚戌 31은 庚子가 된다.

十二安命福德宮法

◎ 命宮速見表

生月＼中氣＼命宮	卯宮	寅宮	丑宮	子宮	亥宮	戌宮	酉宮	申宮	未宮	午宮	巳宮	辰宮
正月 自大寒 至雨水	子時	丑時	寅時	卯時	辰時	巳時	午時	未時	申時	酉時	戌時	亥時
二月 自雨水 至春分	亥時	子時	丑時	寅時	卯時	辰時	巳時	午時	未時	申時	酉時	戌時
三月 自春分 至穀雨	戌時	亥時	子時	丑時	寅時	卯時	辰時	巳時	午時	未時	申時	酉時
四月 自穀雨 至小滿	酉時	戌時	亥時	子時	丑時	寅時	卯時	辰時	巳時	午時	未時	申時
五月 自小滿 至夏至	申時	酉時	戌時	亥時	子時	丑時	寅時	卯時	辰時	巳時	午時	未時
六月 自夏至 至大暑	未時	申時	酉時	戌時	亥時	子時	丑時	寅時	卯時	辰時	巳時	午時
七月 自大暑 至處暑	午時	未時	申時	酉時	戌時	亥時	子時	丑時	寅時	卯時	辰時	巳時
八月 自處暑 至秋分	巳時	午時	未時	申時	酉時	戌時	亥時	子時	丑時	寅時	卯時	辰時
九月 自秋分 至霜降	辰時	巳時	午時	未時	申時	酉時	戌時	亥時	子時	丑時	寅時	卯時
十月 自霜降 至小雪	卯時	辰時	巳時	午時	未時	申時	酉時	戌時	亥時	子時	丑時	寅時
十一月 自小雪 至冬至	寅時	卯時	辰時	巳時	午時	未時	申時	酉時	戌時	亥時	子時	丑時
十二月 自冬至 至大寒	丑時	寅時	卯時	辰時	巳時	午時	未時	申時	酉時	戌時	亥時	子時

起法　一命宮　七妻妾(夫主)
　　　　三兄弟　八疾厄
　　　　四田宅　九遷移
　　　　五男女　十官祿
　　　　六奴僕　十一福德
　　　　十二相貌

自身의 命宮이 무엇인가? 命宮이 午라고 하면 午가 一命宮이 되고 逆으로 세어가니

예1　년　월　일　시
　　　辛　辛　丁　庚
　　　未　卯　未　子
　　　奴　宮　奴　命　　乾命, 命宮~庚寅
　　　僕　祿　僕　宮

◎ 旺, 弱, 共亡, 貴人, 正祿 등의 성쇠를 감정하는데 필요한 참고 사항이다.

예2　년　월　일　시
　　　酉　申　未　午
　　　奴　夫　疾　遷　　坤命, 命宮~庚寅
　　　僕　宮　厄　移

예3　년　월　일　시
　　　丙　壬　丁　申
　　　寅　辰　卯　丑
　　　福　遷　官　相　　乾命, 命宮~庚子
　　　德　移　祿　貌

身主强弱測量法

一曰 得令 二曰 得勢 三曰 得地 ~ 强
　　 失令　　 失勢　　 失地 ~ 弱

神趣八法
類象, 居象, 從象, 化象, 返象, 照象, 鬼象, 伏象을 八法이라 말한다.
1. 類象 甲乙日生이 寅卯辰全으로 이루워진 四柱(東方一片秀氣)
   丙丁日生이 巳午未全으로 이루워진 四柱(南方一片秀氣)
   庚辛日生이 申酉戌全으로 이루워진 四柱(西方一片秀氣)
   壬癸日生이 亥子丑全으로 이루워진 四柱(北方一片秀氣)
   戊己日生이 辰戌丑未全으로 이루워진 四柱(中央一片秀氣)
2. 居象 甲乙日生이 寅卯辰全
   丙丁日生이 巳午未全
   庚辛日生이 申酉戌全
   壬癸日生이 亥子丑全
   戊己日生이 辰戌丑未全
3. 從象 旺 無根하여 不得已 地支局에 從하는 象(소수는 다수에 從)을 말한다.
   예로 甲乙日生이 無根하고 純 土金水火木하면 純으로 따라가는 것을 말한다.
4. 化象 旺 合化하고 地支化全을 말한다. 예로 甲己合化土하는데 地支辰戌丑未全한 상황이다. 또 일주乙庚合化金 하였는데 地支 巳酉丑이나 申酉戌 한자 등이다.
5. 照象 天干地支가 一類로 합하고 있는데 그 합을 더욱 빛나도록 시간이나 연간에서 도와주는 (인수) 상황을 相照라 하니 예를 들어 丙丁日生이 巳午未 연월일(無順)에 時間 卯時면 卯木이 生火局하여 木火로 照明(寅午戌)함이다.
6. 返象 胯에 用神이 놓여 있고 時支 用神 絶卿 되는 사황을 말한다. 가령 庚辛金 用神을 놓았을 경우 그 用神의 絶卿이 되는 寅이 時

間에 있을 경우 또는 月植木用神이 되는 巳가 시간에 있을 경우를 返象이라고 하는데 이럴 경우 用而不用(용신이 작용되어도 못쓰는 것)으로 凶인데 다시 返運(金用神에 寅運)하게 되면 그 返象이 太甚하여 大不吉로 나타난다.

7, 鬼象 귀상은 반드시 官殺月令에 出生하고 다시 地支에 官殺을 놓아 四柱純全官殺로 이루워진 象을 말한다. 鬼象은 從象과 비슷하나 귀상은 하나 뿐이고 종상은 5종이 있다는 점이 다르다. 따라서 귀상은 관살의 길흉을 함께 하게 된다.

8. 伏象 복상은 地支三合의 중심 月에 出生하고 月 암장이 日干에 합하고 암장 無天干하면 日干은 자기 애인(그 합은 正財之合)에 탐이나서 떠날줄 모르고 伏(엎드려)하여 있는 四柱를 말한다. 따라서 日干은 근이 없어야 하고 長久히 그 애인에 정신이 빠져서 복하게 되므로 日干無根이라야 吉하고 운에 있어어도 그 財를 보하는 운이라야 쿨하고 日干을 보하는 운은 비견이 되어 奪財할 뿐만 아니라 身이 旺하게 되면 伏하지 않고 起動하게 되므로 不吉하다.

예를 들어 地支 寅午戌 具全한 中 그 貪合하여 伏하게 되는데 天干에 無丁이라야 하고 地支에 壬水無根이라야 成立된다. 따라서 운에 있어서도 木火운은 대길하고 金水운은 大忌한다.

女命貴賤法

女命은 夫宮, 子孫宮으로 吉 不利가 左右된다.

女命八格(八法)

1. 純格: 단 하나이거나 순일하고 有財有印하고 형충을 만나지 않고 혼잡되지 말아야 한다.

　　　　癸戊辛丙　辛日主의　　癸甲丙甲　丙日主의 순일
　　　　巳午酉申　행복한女命　亥亥戌午　부잡으로 귀부인 됨.
2. 和格: 신약한데 夫星一位만 있고 무충파 무공격하며 관살혼잡이면
　　　　合去殺하거나 合去官하여 중화지기를 얻어 和하면 평안하고
　　　　고요하다는 뜻이다.
　　　　壬辛己己　己日主　丁壬丁己　丁日主로 夫榮子貴
　　　　辰亥卯巳　女命之貴한 팔자　　丑亥酉酉(明官跨馬, 日貴丁酉)
3. 청격: 女命一官一殺이 不相混雜하고 夫星得地하고 有財在官하고
　　　　有印生助 할것이며 一占 혼탁도 없음을 淸貴夫人이라 한다.
　　　　己壬之申　乙日主　財官印三般物　甲癸丙戊　癸(夫)는 戊(子, 官)
　　　　未申未申　女命逢之 必旺夫로 국제녹봉귀부인 亥酉亥子 得龍池爲夫子貴
4 貴格: 柱中 有官星 得財氣하여 相資하고 또는 三齋가 得其宗하고 鬼
　　　　病을 만나지 않으면
　　　　殞妻之夫다. 三奇(財官印)
　◎ 無殺女人之命에 一貴면 可作良人 (一貴財官印中一)
　　女命無殺에 逢二德이면 可兩國之封이라 (二德:財官) 여기에 加印
　　受食神이면 더욱 貴하다.
　　甲丙壬 有北운에 夫旺之운 乙丙癸 관성록궁에 癸水지존이
　　午亥未亥 하여 大貴한 四柱다. 亥戌卯巳 같이있어 夫子 국제 貴人
5 濁格: 五行이 矢位하고 水土가 서로 傷其身하고 正夫가 不見하고 偏
　　　　夫가 잡다하게 있거나 又는 무재, 무인, 무관, 무식신이면 下賤
　　　　탁격이다. 창기, 비첩, 음부되기 쉽다.
　　　　己乙己 柱中 無財로 癸甲乙 明暗交集으로 暗中偸夫하고 亥亥丑未
　　　　不有無生官이다. 未亥酉未 不思廉恥로 隨人夫女人되었다.
　◎ 啓璇篇에 女命財多 不富라고 하였다.

◎ 女命財生殺하면 내돈주고 偏夫에 毆打 당하고 이런 경우의 四柱를 我財生夫하여 反成其辱이라고 한다.

6 濫格: 柱中官多 暗中財旺 干支多殺(帶官殺)인 경우 酒色私通으로 因하여 暗得財하게되니 婢妾, 克夫再嫁 등에 이르게 된다.

　　　　庚丙丁 戊甲丁 己丁壬 甲癸辛

　　　　亥戌辛亥 子亥未卯 酉丑丑戌 辰酉子卯

7. 娼格: 身旺官絶, 官弱에 食傷旺 柱中不見官殺 혹은 官殺 혹은 官殺 混雜에 食傷 왕성한 女命은 娼妓의 命되기 쉬운데 아니면 비구니, 비첩, 극부 淫奔한 한 女命이 된다.

　　　　壬庚戊庚 乙丙甲丙 癸庚戊庚

　　　　戌戌辰申 亥戌子亥 丑申辰申

◎ 娼은 賣淫을 爲主하고 妓는 노래, 놀이를 爲主로 한다.
◎ 陽旺女命 食神多는 娼이 많고 陰旺女命食神多는 妓가 많다.

8. 淫格: 음격은 本身得地하고 明暗交集(官天干殺暗藏)을 일컫는다. 계선편에 이르기를 丁遇壬而太過면 必犯淫訛之亂이라 삼명통회에서는 交集於寅人이 無所不納이라고 하였다.

　　　　辛戊丙 庚戊甲 癸甲壬 丁壬壬 癸甲乙

　　　　未戌亥辰 戊子酉申 亥子丑亥 卯子亥亥 亥子卯亥

◎ 空亡

뒤의 표 旬中空亡에서 보듯이 空亡은 日主 對 生時 生月 生年을 보고 日主空亡은 生年을 기준으로 본다. 時間空亡은 害自身이요 月主空亡은 父母兄弟가 해롭고 年主空亡은 害 先祖라고 본다. 空亡은 天干一旬中에서 짝이 없는 者가 空亡이니 예를 들면 甲子旬中에 戌亥가 짝이 없음으로 空亡이 된다. 바꾸어 말하면 六甲地支의 前二位가 空亡

인데 예를 들면 甲子는 地支子의 前二位가 空亡이요 甲寅旬中에는 地支寅의 前二位 子丑이 空亡이요 甲辰旬中에는 申酉가 空亡이다.

또 旬中空亡을 쉽게 찾는 방법은 日柱 기준이므로 日柱에서부터 六甲 順으로 進行하다가 甲乙을 만나면 其 地支가 곧 空亡이다. 예를 들면 庚辛日柱의 空亡을 찾는다면 庚申 辛酉 癸亥 甲子 乙丑이므로 子丑이 空亡이 된다.

旬中空亡

旬中	甲子旬中	甲戌旬中	甲申旬中	甲午旬中	甲辰旬中	甲寅旬中
旬內日柱	甲子	甲戌	甲申	甲午	甲辰	甲寅
	乙丑	乙亥	乙酉	乙未	乙巳	乙卯
	丙寅	丙子	丙戌	丙申	丙午	丙辰
	丁卯	丁丑	丁亥	丁酉	丁未	丁巳
	戊辰	戊寅	戊子	戊戌	戊申	戊午
	己巳	己卯	己丑	己亥	己酉	己未
	庚午	庚辰	庚寅	庚子	庚戌	庚申
	辛未	辛巳	辛卯	辛丑	辛亥	辛酉
	壬申	壬午	壬辰	壬寅	壬子	壬戌
	癸酉	癸未	癸巳	癸卯	癸丑	癸亥
	戌亥	申酉	午未	辰巳	寅卯	子丑

◎ 載路空亡(절로공망)
甲己日生 壬申이나 癸酉時면 切路空亡이요
乙庚日生 壬午癸未時면 切路空亡이요
丙辛日生 壬辰癸巳時면 切路空亡이요
丁壬日生 壬寅癸卯時면 切路空亡이요
戊癸日生 壬子癸丑時면 切路空亡이 된다. 다시 말하면 六甲의모든 日柱에 壬癸時면 切路空亡이 되는데 절로공망인 者는 매사 難關逢着하여 中斷하게 된다는 凶殺이다.

◎ 天轉(천전)
寅卯辰 春月生 乙卯日 巳午未 夏月生 丙午日柱는 東轉 西轉 逆變業하고 申酉戌 秋月生 申酉日 亥子丑冬月生 壬子日柱는 朝成暮破 徒費력力이라.
天轉殺이 있는 者는 一定한 業從事하기 어렵고 직업을 전전하게 되고 아침에 쌓았다가 저녁에 허무는 헛수고가 많은 운명인데 이는 인간의 방해보다 자연의 방해를 당하는 흉살이다.

◎ 地轉(지전)
春生辛卯 夏戊午 世人號曰 地轉殺 秋生癸酉 冬丙子 盲從就新多蒙昧라 寅卯辰月 辛卯日生 巳午未月 戊午日生 申酉戌月 癸酉日生 亥子丑月 丙子日生은 事事多迷하고 朝成暮破로 虛費徒力하여 發達에 缺陷이 있고 또한 不意 地變 等으로 因하여 失敗 轉變되는 일 많다는 凶殺이다

◎ 三角鼎足立式

 인생사용설명서에는 8자가 있다. 이 8자가 五行으로 이루어져 있는데 일반 보편적인 보통사람의 기준으로 최소한 삼각형을 성립해야 한다. 그 이상 四角이나 五角이라면 더욱 좋겠지만 예를 들면 삼각정립은 六式 이 있다.

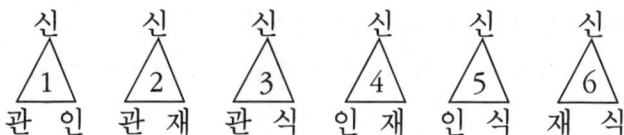

 外格을 재외하고 일반 四柱八字에서 이식을 벗어나면 위험하다. 자살, 횡사, 요절 등의 위험이 뒤따르며 빈천을 면하기 어렵다.
 제1식은 신왕관왕인왕이요 2식은 신왕관왕재왕이요, 3식은 신왕관왕식상왕이요, 4식은 신왕인왕재왕이요, 5식은 신왕인왕식상왕이요, 제6식은 신왕재왕식상왕이다. 다시 말하면 一足 二字이상이라야 제대로 발의 역할을 할 수 있다는 의미다. 운명이란 조화에 있기 때문이다. 인생만사 또한 조화에 있음과 같은 이치다. 獨不將軍이란 의미다.
 끝으로 격국 용신에 대한 부분은 전적으로 명리학계의 巨星인 李錫暎 선생님의 四柱捷徑의 내용을 배경으로 하고 필자의 註를 붙임으로써 불민하고 미천한 필자가 선생님의 명예에 먹칠이나 하지 않을까 두렵기도 하지만 나름대로 그간의 깨우친바가 있어 동양철학이 자연과학이란 점에 대하여 강조하고 또한 후학들에게 참고가 되지 않을까 하는 마음으로 이 장을 꾸미려고 한다. 혹 선배제현들의 혜안에 못마땅한점이 비칠지라도 너그러운 양해와 선처를 부탁올리면서 이 장을 마무리짓고자 한다.

◎ 秘監十二式

비감 12식은 그동안 필자가 인생사용설명서(四柱八字)를 읽으면서 아차하는 순간 놓치기 쉬운 내용과 전체를 순간에 파악하는데 12가지를 공식으로 만들어 보았다. 물론 일반적인 감정원칙은 지켜져야 하지만 참고가 되리라고 생각한다. 또한 인생사용설명서를 읽을 때는 가능하다면 말을 아끼는 것도 미덕이라는 점을 명심해야 할 것이다. 특히 청소년이나 어린이들의 미래를 위한 성격이나 직업적성을 상담할 때는 시간을 두고 세밀하게 제3확인한 연후 전달하는 것이 바람직하다.

1. 大小와 上下格

4주8자와 대운 그리고 命宮을 뽑아놓고 그릇의 크기로는 대중소요, 運命으로는 상중하격을 먼저 본다. 사람의 그릇에 따라서 말을 가려야 하기 때문이다. 세상 누구를 막론하고 상담을 하고자 할 때는 위로 받고자 할 때 희망의 불씨를 살리기 위하여, 길흉이 궁금해서 어떤 선택을 위해서 등 대개 다섯 가지 내외다.

2. 日干四有

일간4유란 네 기둥의 유무를 말한다. 즉 甲日干의 8자를 뽑아놓고 암장까지 甲子가 몇 개 있는가? 이다. 4개이면 사업가요 관직에 있어서도 장의 위치이다. 3개 이하면 사원이요 5개 이상이면 참모다.

3. 三奇有無

삼기귀인은 대개 두 종류인데 眞三奇貴人과 準三奇貴人이 있다. 三奇가 있는 운명은 대개 그릇이 크고 아량이 넓으며 원대한 뜻을 품고 있다. 옛 시대로 비유하면 정승이상의 운명이다.

4. 用神運
비유하면 8자는 자동차요 대운은 도로다. 즉 자동차가 비록 연식이 높다하더라도 도로 사정이 좋다면 주행함에 있어서 장애 없이 무난할 것이다. 사람들의 제아무리 좋은 8자라도 용신운과 역행하면 하팔자요, 별 볼일 없는 8자라도 용신운과 순행하면 상8자다.

5. 三刑殺
삼형살이란 흉사를 부르는 악살이다. 하지만 반대로 大吉星이 되기도 한다. 거지팔자와 정승팔자가 같듯이 삼형살이 전과자들에게 많다면 법조인이나 권력층인사에 게도 많은 것이 삼형살이다. 그래서 삼형살이 三成吉星이 되기도 한다.

6. 日干合과 運干合
日干合이 되면 化格이라 한다. 문제는 화격이 되어 좋을 수도 있지만 화격이 되므로 하여 대흉(大凶)할 수도 있다. 또 상팔자가 대운에서 화격이 되어 대패하는 경우도 있고 대길한 경우도 있다. 이때는 용신과는 아무런 관계없이 날벼락이다.

7. 鬼門關殺
귀문관살이란 귀신과 내통하고 있다는 흉성인데 역시 길성작용도 많다. 4주8자에 귀문관살이 있게 되면 꿈이 잘 맞고 예감이나 예측이 적중한다라고 하는데 이를 다른 말로 바꾸면 원모지려가 있는 8자라고 말할 수 있다. 따라서 대정치가나 백만장자, 대기업을 창업하는 8자에는 귀문관살이 대부분 들어 있음을 볼 수 있다.

8. 官星有無
4주8자에 관성의 유무는 상당히 중요한 문제다. 男命無官이면 자식복이 없고 女命無官이면 남편 복이 없다. 또 무관인 사람들은 대개가 고집불통이며 무법자로서 법을 우습게 생각하는 그러면서도 자신의 말과 행동은 곧 법이 되는 황당함이 있다.

9. 交祿
4주8자에 교록이 있게 되면 돌맹이도 팔아먹는 운명이다. 예를 들면 대동강물을 팔아 먹었다는 봉이 김선달쯤으로 생각하면 될 것이다. 다시말하면 세일즈의 귀재라고 말할 수 있다. 같은 물건을 같은 위치에서도 높은 값으로 판매가 가능하고 더 잘 팔 수 있다.

10. 截路空亡
남녀노소 누구나 절로공망이 8자에 있게 되면 백사무성 또는 백사불성이라는 흉살로써 세상살기가 험난한 운명이다. 운명적으로 철학, 종교에 심취하게 된다.

11. 天沖地沖
대운의 흐름에 있어서 천충지충이 되면 생명이 위험하다. 특히 용신, 건록, 월령, 재 관을 충하면 사업실패, 부도, 패가망신 등의 흉사가 목전에 있음을 의미한다.

12. 王運龍死

惡夢大吉(악몽대길)이란 말이 있다. 대개 사람들이 악몽이나 흉몽을 꾸게 되면 매사에 근신하고 조심하게 된다. 하지만 오히려 왕운을 맞게 되면 십중팔구 유명을 달리하게 된다. 실제로 왕위에 오르게 되면 좋겠지만 왕위가 항상 비어있는 자리가 아니므로 또 아무나 오르는 자리도 아니다. 그러나 세상사람들 누구도 한번쯤 왕운이 오기 마련이다. 이때 운땜이 하루 연을 타는 죽음이다. 옛법에 결혼식의 주인공은 당상관과 정부인이요, 장례식의 주인공은 만인지왕이다 하고 했던 것이 이것이다.

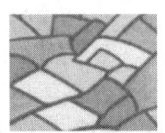

제 9부
격국용신 분류간법에 대한 훈련공부

　지금까지 사주팔자에 대한 탄생배경과 원리 그리고 그 환경들을 두루 살펴보았다. 이제 그 터전을 바탕으로 옛 사람들의 족적을 되짚어 보면서 격국용신분류법에 대한 공부를 독자 제현들과 함께 공부하고 훈련하는 공간으로 설정했다.

　최근 100여년 서양문물의 홍수 속에서 사대주의가 골수에 박혀버린 우리의 자화상을 뒤돌아보면서 미래 인류의 문명을 창달할 수 있는 세계유사유물 중 최고의 가치를 지닌 한국철학의 사상과 배경을 되짚어 보면서 민족적 회환의 눈물을 감출 수 없음은 무슨 연유인지 스스로 자문해 본다.

　어느 시대, 어느 나라, 어느 누가 人乃天이나 天地人合一이나 天人無間을 논한 적이 있었던가? 나무 한 그루, 풀 한포기, 벌레 한 마리까지도 또 돌멩이나 물 한 방울 까지도 공존의 의미를 부여했던 조상님들의 위대한 사상을 우리 자손들은 외면하고 무시했던 100여 년의 역사가 한없이 부끄러울 따름이다.

한치 앞도 못내다본 무속인들

전문사기단 '고액 굿' 미끼 무속인에 접근
서울 인천 강원 등 돌며 11차례 사기 행각

■ 무속인들을 찾아가 고액의 굿을 하겠다고 환심을 산 뒤 오히려 돈을 가로챘는 등의 사기행각을 벌인 무속인 상대 전문사기단이 경찰에 덜미가 잡혔다.

강원 춘천경찰서는 2일 무속인에게 굿 명목으로 돈을 빌려주게나 훔쳐 달아난 혐의(상습사기 등)로 최모(51·여·경기 안양시) 씨와 박모(56·서울 양천구) 씨 등 2명을 구속하고 달아난 이모(56·여·서울 마포구) 씨를 같은 혐의로 수배 중이다.

경찰에 따르면 평소 알고 지내던 최씨 등은 지난해 12월23일 오전 9시쯤 춘천시 소양로 무속인 A(59·여)씨가 운영하는 점집에 찾아가 500만원 상당의 굿을 할 것처럼 속인 뒤 은행사정으로 계좌입금이 지연된다는 통계를 대며 A 씨가 가지고 있던 현금 280만원을 빌려 달아난 혐의를 받고 있다.

이들은 이같은 수법으로 2008년 4월부터 지난 2월까지 서울, 인천, 강원 등지를 돌며 모두 11차례에 걸쳐 1530만원 상당을 가로챘거나 훔쳐 달아난 것으로 드러났다.

조사결과 이들은 주로 고령의 무속인이거나 영세한 점집을 찾아가 "행복도 모든 제 몸이 아픈 시어머니의 진혼제를 지내겠다"고 환심을 산 뒤 '교화에 다니는 시어머니 실끝레 굿을 하려면 (시어머니를) 로 보내야 하니 돈을 빌려주면 은행계좌를 통해 굿 비용과 함께 갚겠다" 속여 이같은 사기행각을 집행되고 경찰은 밝혔다.

동시간적으로 역할을 분담한 최씨와 아씨는 수년 전 최씨의 남편이 교통사고로 사망하는 등 집안에 액운이 이겨 것처럼 연기를 보여 아씨의 남편 역할을 한 박 씨가 굿 비용을 입금할 것처럼 믿게 한 것으로 드러났다. 특히 경기 불황으로 점집을 찾는 사람들이 적어 생계에 어려움을 겪던 무속인들은 잠시 후면 고액의 굿 비용이 입금된다는 생각에 의혹을 분담한 박 씨 등의 사기행각에 넘어간 것으로 밝혀졌다.

또 일부 무속인들은 수개월째 월세를 내지 못한 곤궁한 처지에 있으면서도 신용카드까지 건네주며 돈을 인출하도록 한 것으로 알려졌다.

장석범기자 bum@munhwa.com

또 하나 사대도 사대지만 더 못난 짓은 우리가 우리들 자신을 성찰하는 노력이 전무 했다는 점이다. 어차피 모르는 사람들이야 몰라서 그렇다 해도 조금 안다는 사람들은 함께 산다는 생각을 못하고 오직 군림하려는 생각뿐 이었으니 더욱 한스럽다. 하지만 천만다행으로 소수이긴 하지만 역학계의 맥은 면면히 이어온 선배제현들의 공이 지대함을 오늘에 살려보려 함이다. 이 불씨가 앞으로 인류의 등불이 될 때까지 갈고 닦고 스스로를 채찍질하면서 노력할 것을 다짐하고 또 다짐해 본다.

◎ 正官格

정관격이라 함은 월지 암장에 정관이 있어야 하고 또 천간에 표출됨을 원칙으로 한다. 여기에 月支 충파가 없으면 귀인이다. 正氣官星이 印綬上에 놓이면 관인상생하여 더욱 귀기하게 되는데 身旺官弱일 경우 재관운이라면 왕후장상이다.

정기관성이란 八月 官星을 말하는데 丁과 卯를 가장 싫어한다. 만약 8자에 丁과 卯가 있다 해도 제거神이 있거나 운중 제거神하게 되면 역시 貴命이 된다.

정관격에는 4종이 있으니 정관용재격, 정관용인격, 정관용관격, 정관용겁격이다.

정관용재격은 일간이 강한데 식상이나 인수가 많으면 財를 용신하

니 정관용재격이요 정관용인격은 일간이 약하고 관성이나 식상이 많으면 인수를 용신하니 정관용인격이요

정관용겁격은 일간이 약하고 재성이 많으면 비겁용신하되 비겁이 없으면 인수를 용신한다.

例示 乾命　　年 月 日 時
1913. 1. 2.　　癸 甲 己 戊
正官格　　　 丑 寅 未 辰

　　　　1 11 21 31 41 51
　　　　癸 壬 辛 庚 己 戊
　　　　丑 子 亥 戌 酉 申

이 4주는 寅中甲木이 天干에 표출되어 있고 未中乙木과 辰中乙木으로 착근하여 관왕하고 己土日干도 丑未辰戊 비겁으로 신왕하다. 故로 月干甲木관성을 용신으로 정하는데 년간 癸水 역시 丑中癸水, 辰中癸水 통원하여 용신을 돕고 있으니 喜神이다.

초중년 서북운에 대귀하였다가 土金운에 퇴직하게 된 理事官의 운명이다.

註~ 用神 선택에 잘못이 있다. 물론 寅中甲木이 표출되어 정관격으로 착각할 수 있다. 하지만 甲木은 甲己合化土로 변신 무표출이 된다. 따라서 丑中癸水가 표출되어 정관용재격이 된다. 이렇게 보면 水用神에 金喜神이 되고 土는 忌神이 된다. 또한 己土가 癸水用神을 冲하는데 죽지는 않고 명예만 손상당함은 丑中癸水, 辰中癸水가 뒤를 버팀하고 있기 때문이다. 이는 필자가 연구하여 三角正立을 벗어남이기도 하지만 선배의 해설대로 서북운이라면 申酉戌運도 포함되어야 하는데 북방운에만 호운작용이었음을 읽어야 할 것이다. 참고로 三角鼎足立式(삼각정족립식)에 비쳐보면 신왕관왕(二足)한 외에 계수 재가 하

나 있을 뿐으로 삼각정립을 할 수 없는데 다행히 행운에서 금수로 흘러 一足成立(일족성립)이 되었다가 己土가 행운일족을 무너뜨리니 결국 솥이 엎어진 격이다.

例示 坤命　　　　연 월 일 시
去殺留官格　　　丁 壬 ⓛ 丙
　　　　　　　　酉 ⓛ 巳 申
　　　　　　　　癸 甲 乙 丙 丁 戊
　　　　　　　　酉 辰 巳 午 未 申

　이 4주는 寅中丙火가 표출되어 정관격인데 丁火巳火로 官殺混雜(관살혼잡)이 큰 흠이다. 다행한 것은 丁壬合去殺하여 留官으로 편안하다. 丙火官은 寅中丙火 巳中丙火로 득세하였으나 寅巳申三刑하고 巳酉申으로 類聚金局(유취금국)하여 生水하였고 또 丙官은 申金自坐 殺地(신금자좌살지)하여 약해졌다. 고로 관왕운을 필요로 하는 바 巳丙午丁未운에 귀부인이 된 운명이다.

　註) 이 4주의 해설은 한마디로 매우 난해하다. 三化를 이루고 있기 때문이다. 日干은 時干과 合化水하고 日時支合水하여 水旺에 연월간 丁壬合化木하고 월지 寅木하므로 水木四柱가 되었다. 水는 木을 生하고 酉金은 水를 生하는데 水가 더 旺하고 木은 조금 약하다. 여기에 행운은 木火다. 따라서 金水木火로 順流하니 吉하고 寅巳申三刑은 戊土 三官이 내장되어 奇貴하다. 行運中 丙午운에서는 日時干 丙辛合水를 깨 辛金本來의 모습으로 환원되는데 이때 火가 태왕할 것 같으나 寅午火局을 년지 酉金이 寅을 붙들어 약화시키니 金木水火 사각의 균형 조화를 이루게 한다. 이 사주의 구성과 흐름이 절묘하다. 일반 4주감정의 법식을 모두 거부한 8자의 구성이다.

　독자제현들은 자세히 자세히 살펴보고 또 살펴보기를 권한다. 앞의 해설은 결과를 중심으로 모순에 모순을 거듭하고 있음을 알게 될 것이다. 앞의 해설대로 丁壬으로 火가 없어졌다고 하면 丙辛으로 辛本體도 사라졌다. 그럼 4주의 주인은 누구이며 어디로 갔는가?

例示 乾命　　年 月 日 時
時上官星　　己 辛 ㊛ 丁
得樂格　　　亥 ㊛ 子 亥

　　　　　庚 己 戊 丁 丙 乙
　　　　　午 巳 辰 卯 寅 丑

이 사주는 未中丁火로 正官格인데 丁火정관에 많은 水(亥亥子)를 만나 水가 病이다. 다행한 것은 己土와 未土가 水를 억제하고는 있으나 병은 중하고 약은 가볍다. 이것이 바로 貴格이다. 五言獨步(5언독보)에 이르기를 사주에 有病이라야 方爲貴다라는 실체다.

행운 己巳戊辰운에 大貴하였고 卯운에 근신하다가 丙寅운에 捲土重來하여 일약 내무부장관을 지내고 乙丑운부터 재앙이 비일비재하였던 사주다.

주) 이 四柱 해설에서 빠뜨린 부분이 있다면 亥未木局으로 四角균형을 이루고 있는데 卯운은 亥卯未木旺局을 이루어 균형을 잃음이요, 乙丑運은 乙庚合金하여 기고만장한 가운데 丑未沖으로 丁火官의 뿌리를 절단하는 형국이며 月支 未土는 庚日干의 천을 귀인이요 인수요 未中乙木은 정재인데 이 吉星을 沖하였으니 亥未木局 재성까지 무너져 삼각균형까지 허물어져 살아 있어도 산 목숨이 아닐 것이다.

◎ 偏官格

편관격이라 함은 월지 암장에 편관이 있고 四柱天干에 표출되어진 형태를 편관격이라 한다. 이 격은 七殺로써 日干을 克하므로 身弱이 되고 신약이 되므로 신왕을 바라는데 다시 관살이 나타남을 大忌한다. 또한 관살을 제어하는 식상이 너무 왕하면 制殺太過(제살태과)라 하여 이 또한 대기한다. 신약살왕할 경우 첫째는 식상으로 격퇴하고 둘째는 양인비겁으로 합살하고 셋째는 인수로써 통관시키는 방법이 있다. 편관은 권세와 위엄이므로 일간과 조화를 이루면 부귀공명의 복이 쌍전한다.

　干上地支에 식신이 있어 편관을 制하면 편관은 還化(환화)하여 의록이 풍부하며 자손이 만당하고 복록이 무궁하게 된다. 丙日生人이 亥多면 亥中甲木 인수가 있고 木의 장생궁이니 丙日이 寅月이나 甲乙이 있는 경우 살인상생으로 변하여 중화가 되는데 동방목운이면 名利(명리)를 얻게 되고 서방금운이면 명리를 잃게 된다. 편관은 재에 의하여 양육되고 인수는 관에 의하여 양육되고 재는 극하는데 극하지 않고 財生官, 官生印, 印生我로 상생하여 生生不息하게 되면 上八字가 되는 것이다. 또 辰戌丑未 四庫에 財가 있어 財生官하게 되면 名官跨馬(명관과마)라 하여 애쓰지 않고도 부귀하게 되는 것이다.

　일주가 강하고 관살이 많으면 식신상관으로 用神하니 칠살용 식상격이요, 일주가 강하고 인수가 많으면 재로써 용신하니 칠살용재격이요, 일주가 강하고 비겁이 많으면 칠살로 용신하니 七殺用殺格(칠살용살격)이요, 일주가 약하고 관살이나 식신상관이 많으면 인수로 용신하니 칠살용인격이요, 일주가 약하고 재가 많으면 비겁으로 용신하니 칠살용겁격이 된다.

例示	연 월 일 시
乾命	己 庚 癸 癸
偏官用財格	酉 午 丑 亥
	己 戊 丁 丙 乙 甲
	巳 辰 卯 寅 丑 子

　이 사주는 午月癸日로 신약인데 酉丑亥로 金水局을 이루었고 庚金

이 투출하여 弱化爲强(약화위강)이 된다. 己土殺은 癸日 인수 庚金에 泄하고 있으나 午에 착근하고 있어 午中丁火의 生을 받는다. 行運 丙寅運에 육군대장이 되었다가 乙丑운에 克己土하여 퇴역하게 된 운명이다.

註) 火旺節에 癸水로 태어났으니 신약한 운명이다. 그러나 다행한 것은 인수 庚酉가 있고 비겁 癸亥가 있어 身中이다. 또 신, 관, 인의 삼각균형을 이루고 있고 癸丑日癸亥時로 拱祿格이요, 暗祿 龍池鳳閣(암록용지봉각)격이나 龍居(용거) 午火가 사면초가인데 행운 木火로 午火가 正位하도록 木이 받들면서 통관시키니 四角균형을 이루어 사성장군이 될 만하다. 乙丑운은 乙木식상이 편관을 치고 丑편관은 일지 丑과 반음되고 또 丑午 귀문을 파괴하여 예지력이 사라지므로 우매함을 드러내므로 귀명이 낙마하게 된 이유다.

예시	년 월 일 시
乾命	丙 戊 壬 辛
칠살용재격	午 戌 子 丑
	庚 辛 壬 癸 甲 乙
	子 丑 寅 卯 辰 巳

이 4주는 戌月壬日生으로 신약 같으나 冬至 4일전으로 水進氣되어 不弱하였고 時上辛金 인수가 戌에 金餘氣(戌中辛金)로 得位하였으며 또 己土로 자양 辛金하여 生壬水하며 그 丑土는 자와 합하여 類聚水局(류취수국)함과 동시에 또다시 일주 壬水는 子에 得旺하였으므로 능히 戌土七殺을 심내할만하다. 그러나 칠살 또한 丙午 財 自己喜神을 得하여 正謂殺旺(정위살왕)으로 일주지병이 된다.

東方木藥運을 만나 장관을 역임한 바 있는 운명이다.

註) 이 4주는 신약관왕으로 비겁식상을 용신해야 하는 운명이다. 또한 식상 木은 통관용신이 된다. 따라서 木 식상이 용신이고 비겁은 희

신이 되어야 맞는 이치다. 재관신의 삼각균형을 이루고 그 중 제일 弱한 신을 돕는 金水木운으로 흘러 아름다운데 子午 二至가 子午쌍포격으로 奇貴하다. 午는 戌이 도와 火旺이요 子는 丑이 도와 水旺格이니 결국 신왕재왕관왕의 조화가 완벽하다 할 수 있겠다. 여기에 丑午귀문이 예지를 밝히니 어찌 귀하지 않겠는가?

예시 연월일시
乾命   戊甲戊甲
殺重用印格   子寅午寅
             己丙丁戊己庚
             卯辰巳午未申

이 사주는 月時支寅木에 月時上 甲木이 祿根(록근)하여 身弱官旺이 분명하다. 다행히 戊土가 午火에 坐하여 生助하고 寅이 午와 合하여 殺印相生이 된다.

子午相沖으로 子財를 두려워하는데 子水는 寅木을 生하여 午를 沖하지 않으니 寅에 通關(통관)되어 火를 生助한다. 남방 火운에 등과하여 대귀하였는데 土운에도 不休富貴한 운명이다.

주) 月支寅中甲木이 투간되어 편관격이요 신약이다. 그러나 자세히 살펴보면 신, 관, 인 三星이 균형을 이루고 四戊土(寅中戊土)로 외유내강인데 행운이 이를 뒷받침하니 부귀가 스스로 이루어지는 격이다.

예시   연월 일 시
乾命   癸戊丙壬
去官留殺格   丑午午辰
             丁丙乙甲癸壬辛
             丑辰卯寅丑子亥

이 사주는 午月 丙火 日로 火가 심왕한 계절이나 다행이도 時上壬水가 辰中癸水에 착근하고 년지 丑中癸水는 년간으로 투출하고 丑土는 습토로 丑中辛金에 生金하는 것이 기쁘다. 그러나 水가 심히 미약하여 癸水의 힘을 의지하려고 하였으나 戊癸로 合하여 去하는데 그 癸水가 丑中癸水에 착근하여 戊癸가 合去는 되었으나 火化에는 水克火하여 化하지는 않으므로 合而不化가 된다. 고로 癸水는 壬水用神을 돕게 되고 戊는 癸를 合하여 壬水를 克하지 않는 것은 매우 기쁘다. 乙甲운에 用神之病 戊土를 制하여 크게 발복하고 癸운에 발복하고 壬子운에는 조정출입까지 하게 된 운명이다.

註) 이 사주는 午月丙午로 비천녹마격이다. 여기에 丑午 기문관살로 예지가 뛰어나고 신, 관, 식 삼각균형을 이룬데 더하여 인수운하니 四角균형을 이루게 되고 壬子운은 비천녹마의 결정적 결실을 보게 된다. 이를 두고 거살유관격이요 壬水用神이라 함은 좀 더 연구해 볼 필요가 있다. 만약 壬水용신이라면 甲乙木운에 발복하기 힘들고 癸丑운에 戊癸合을 깨니 발전하기 더욱 힘들며 壬子운은 천충지충하는 가운데 旺火를 冲하니 황천객으로 끝은 맺는 운명이라야 한다.

例示	연	월	일	시		
乾命	甲	己	戊	乙		
	辰	巳	辰	卯		
去殺留官格	庚	辛	壬	癸	甲	乙 丙
	午	未	申	酉	戌	亥 子

이 사주는 巳月 戊土로 신왕하여 관성을 필요로 하는데 관살혼잡이 흠이다. 다행한 것은 년상 甲木殺이 月上己土와 合去殺하고 時上乙木이 남아 失時는 하였으나 坐地 祿根을 하고 있어 아름답다. 乙木이 용신인데 金운에 불패하고 水木운에 등과하여 입각한 운명이다. 金운에 불패한 이유는 申酉干頭에 壬癸水는 다시 用神乙木을 扶遙直上(부요직상)한 탓이다.

주) 이 사주는 月支巳에는 격이 없고 년지 辰中乙木이 투간되어 편관격은 맞는 격이다. 하지만 用神은 乙木편관으로 보기 어렵다. 왜냐면 신이 5요 관이 3으로 8자를 구성하고 있다. 암장까지 合하면 身은 戊己辰辰과 巳中戊土丙火를 더하여 총 6개이고 관은 甲, 乙, 卯, 辰中乙, 辰中乙 합하여 5개가 된다. 이를 두고 신왕관왕한다라고 표현하는데 신이 좀 더 강하므로 관을 제어할 뿐만 아니라 신관일체를 이루고 있음이 기귀하다. 甲木官은 己土와 합하고 辰中乙木官을 身이 품었으니 身官一體를 이루었다. 이 상황에서 巳中庚金이 辰中乙木과 卯中乙木, 時干乙木과 合金 暗祿을 이루고 있으니 어찌 귀하지 않으리오. 또한 신왕하니 금수목운 모두가 이로울 뿐이요. 겉으로는 二神格이나 속으로는 신관식의 균형을 이루고 있다.

例示	연 월 일 시
乾命	壬 壬 丙 癸
殺印相生格	辰 子 寅 巳
	癸 甲 乙 丙 丁 戊 己
	丑 寅 卯 辰 巳 午 未

이 사주는 子中癸水보다 오히려 壬水殺이 當權하고 있는데 기쁜 것은 丙火日主가 寅木에 득장생하였고 겸하여 時間에 귀록은 놓아 身主가 생왕하고 있는 가운데 殺子水가 生寅木하고 七殺은 자연 泄하여 寅木을 돕고 있으므로 寅木印綬를 용신하니 殺官이 첩첩이라 하나 겁낼것이 없다. 丙辰운에 旺殺을 制하고 己巳년에 己土로 除癸水官하여 첩첩한 관을 하나 제거하므로 마침내 재상에 오른 운명이다. 이격에 金이 없는 것이 다행한 일인데 만약 申酉金이 있었더라면 助殺壞印 (조살괴인)하여 크게 불길하였을 것이다.

註) 子月丙火는 신약이다. 년월주가 몽땅 관이다. 일시주는 身은 아니되 身을 돕고 있다. 따라서 이 사주는 身弱官旺(신약관왕)이다. 다행한 것은 行運(행운)이 木火土로 신약을 돕고 관왕을 설기 시키고 있

으니 균형을 이루고 월지 임자 관살은 비천녹마요 년월주 壬水 셋에 일시주 丙火가 셋인데 월지 子水는 일지 寅木을 생함이 강이 약되고 약이 강되는 奇貴(기귀)한 사주다.

例示　　　　　연 월 일 시
乾命　　　　　己 癸 庚 戊
殺刃相停格　　亥 酉 午 寅

　　　　　　　壬 辛 庚 己 戊 丁
　　　　　　　申 未 午 巳 辰 卯

이 사주는 庚日生 寅午火局으로 殺星이 太旺인데 다행히도 酉月을 만나 酉中辛金에 寅中丙火七殺이 丙辛으로 합하여 殺刃相停이 되어 있다. 고로 爲貴格인데 戊辰운 壬辰년에 우의정을 拜命(배명)받은 바 있는 사주다.

　　註) 秋月庚金日 출생하였으니 身旺하다. 인수, 身, 식상이 삼각균형을 이루었는데 午火관살이 寅木을 얻음으로 관왕하여 사각균형을 이룬다. 여기에 午酉 龍池鳳閣(용지봉각)을 얻으니 어찌 귀하지 않으리요.

◎印綬格(인수격)

인수격은 월지가 나를 생해주고 월지 암장간이 투간되어 있음을 인수격이라 한다. 인수격은 得令하였으므로 신왕이다. 따라서 月逢印綬喜官星(월봉인수희관성)이라 하였은즉 관성이 있음을 기뻐한다. 또 인수는 財를 대단히 꺼리지만 인수태왕이면 매몰되거나 표류하게 되므로 재가 있음을 대단히 기뻐하게 된다. 이처럼 四柱八字는 어디까지나 균형과 조화를 요구하니 하시라도 이 원칙을 잊어서는 올바른 감정이라 할 수 없다. 月支 인수면 관성을 기뻐하는데 사주에 없어도 운에 있으면 좋고 인수가 死節(사절)운에 들면 身을 생하지 못하니 身

不利요, 인수가 재운에 들어 破傷(파상)하게 되면 역시 身不利(신불리)라 百事無成(백사무성)하게 된다. 인수가 조화롭게 보존되면 조상의 음덕이요, 명문가문을 자랑하게 된다. 또한 행운에 관이 왕하면 부귀쌍전에 步月宮(보월궁)하고 관록필청에 용모수려하게 된다. 하지만 인수중중하면 기술자나 예술가다. 인수는 있으나 무관이면 청빈한 선비거나 무관이며 도화살이 있으면 풍류객으로 패가망신하기 십상이다. 만약 식신격이 편인을 보게 되면 倒食(도식)이 되어 파산하므로 식신은 인수를 두려워한다. 또 가상관격에 인수운을 만나면 破子傷官(파자상관)으로 요절악사를 면하면 천리타향에서 간난신고를 겪게 된다.

　인수가 제일 두려워 하는 것은 死節에 임하는것과 財星에 봉착하는 것과 공망에 임하는 것이다. 제일 바라는 것은 財生官하고 官印相生하며 신왕관왕하는 것이다.

　신강에 財多면 관살로 용신하니 인수용재격이요,
　신강에 印綬多면 재로 용신하니 인수용재격이요,
　신강에 比劫多면 관살로 용신하고 무관이면 식상으로 용신하니 인수용식상 또는 용관살격이요,
　신약에 財多면 比劫으로 용신하니 인수용겁격이요,
　신약에 食傷多 또는 官殺多는 인수를 용신하니 인수용인격이다.

예시)	연 월 일 시
乾命	乙 己 丁 庚
印綬用印格	亥 卯 亥 子
	7 17 27 37 47 57 67 77 87
	戊 丁 丙 乙 甲 癸 壬 辛 庚
	寅 丑 子 亥 戌 酉 申 未 午

　이 사주는 丁日 卯月生으로 乙木 투출로 매우 아름답다. 그러나 金

水가 旺하여 身은 강이 약으로 변했다. 다행한 것은 亥子가 亥卯로 殺印相生되어 다시 인수로 작용하게 되니 卯木眞神에 乙木이 투출하여 假神되는 庚金과 亥子水가 亂眞(난진)하지 않고 庚金이 生亥子水하고 그 亥子水는 다시 卯로 歸合(귀합)하여 氣聚坎宮(기취감궁)을 이루었고 해로서 天關을 얻어 日貴에 또다시 亥中甲木 인수와 壬水 정관, 그리고 庚金의 三奇를 놓아 貴함이 대통령까지에 이르게 되었던 故 李承晩 박사님의 사주다.

亥子운에 일찍 해외에서 독립운동으로 활약하였고 57세 이후로 북방 壬癸水운을 만나 生乙木用神하여 명진4해 하다가 壬운 중 乙酉년에 8·15해방을 맞이하였으며 申운 중 戊子년에 초대, 辛운 壬辰년에 2대, 丙申년에 3대 대통령을 역임하였다. 乙木用神으로 庚辛운은 克用神하여 재난이므로 庚寅辛卯 6.25동란, 庚子辛丑의 4.19부정선거로 하야하게 되었다. 木인수용신이 申酉에 節하여 끝난듯하나 천간 壬癸가 있어 그 申酉金은 生 壬癸水하고 그 壬癸水는 生乙木用神하니 源遠流長(원원유장)으로 扶搖直上(부요직상)하여 전화위복으로 도리어 대통령에 취임하게 된 것이다. 행운 未土에서는 용신이 入墓하는 때라 82세 丙申년후로는 대운이 저하하기 시작했고 86~7세에는 대운 소운 합 庚辛金으로 克木用神하여 대통령직을 하야하게 되었으며 을사 세운 91세에 그 사는 旺한 亥宮을 沖하고 대운 庚金은 용신을 合去하고 未月에는 용신이 입묘요 癸酉日은 용신 乙木之根인 卯를 沖拔(충발)하여 庚운중 4~5년간 투병신음하다가 1965년 乙巳년 6월28일(癸酉日)에 入幽(입유)하였다.

註) 이 사주의 해설을 읽으면서 답을 미리 알고 식을 꿰맞춘다는 생각을 해본다. 구태여 격을 따진다면 卯月丁日生으로 卯中乙木이 투간되어 인수격은 맞는 해설이다. 그러나 乙木 인수용신은 아니며 三奇 貴人은 더구나 아니다. 만약 지장간까지 놓고 본다면 三奇가 없는 사

람이 어디 있겠는가? 이러한 해설이 옳다고 한다면 4주철학자들의 이 현령비현령일 뿐이다. 더하여 4주 철학자가 아니고 4주쟁이가 된다.

어디까지나 4주철학(60甲子)은 자연과학이요 이 땅에 해와 달이 사라지기 전까지는 원리원칙이요, 우주의 잣대임을 잊어서는 안 될 것이다.

이 四柱는 5행이 모두 갖추어져 生生不息하는 상팔자의 운명인데 卯乙로 木星이 둘이요, 子亥亥로 水星이 셋, 그리고는 모두가 하나씩이다. 필자도 이 4주를 놓고 상당한 시간 관찰한 바 있다. 亥中壬水亥中壬水子中壬水가 丁火日干과 合木이 되고 乙木, 卯木, 亥中 甲木, 亥中甲木하니 群木이 된다. 이것이 奇特格인데 水가 용신이요, 금이 희신이 된다. 실제로 木火운에는 무명인이나 다를바 없는 떠돌이 유랑객에 불과했다. 이 기간이 56세까지다. 소문으로는 이승만 박사의 어른들께서 늦게야 뜻을 이룰것이라고 이름자에 늦을 만(晩)자를 썼다고 전해지는데 그 분들의 예측이 맞았다고 보아야 옳다. 57세 금수운에서부터 세상에 혜성처럼 나타나 금수대운인 30년간 명진4해를 하다가 87대운 庚午운을 만나니 용신 子水沖하여 죽은 이름으로 해외 망명길에서 4~5년 목숨부지 하다가 유명을 달리하게 되었다.

예시	연 월 일 시
坤命	己 丙 甲 乙
印綬用財格	亥 子 子 亥
	丁 戊 己 庚 辛 壬 癸 甲
	丑 寅 卯 辰 巳 午 未 申

이 사주는 子中癸水가 투출이 없어도 四柱전체를 볼 때 인수국을 이루었고 또 다시 득세하여 從印으로 從强格이 잘 이루어져 甲己合에 설기됨이 아름답다. 太極衰旺(태극쇠왕) 용신법에 의하여 太旺格인 太旺者宜泄(태왕자의설)이라는 법칙으로 丙火가 水地에 坐하여서도

용신하게 되어 火土로서 용신하게 된다. 고로 남방 巳午火운에 火土 之得祿宮(화토지득록궁)으로 상공부장관까지 역임하고 중앙대학교 총장까지 지낸 임영신여사의 4주다.

 註) 이 사주는 인수다봉으로 木浮格(목부격)이다. 즉지지 水局하여 甲木이 뿌리채 물위에 떠있는 형국이다. 다행한 것은 時支亥水로 六甲趨乾格(육갑추건격)으로 귀격일 뿐만 아니라 인수격은 財星을 기하는데 水太旺으로 오히려 病이 藥되어 浮木을 안정시키고 있다. 故로 土用神에 火喜神이 된다.

예시	연 월 일 시
乾命	癸 甲 丁 丁
	卯 子 亥 亥
印綬用食神格	2 22 32 42 52 62 72
	癸 壬 辛 庚 己 戊 丁
	亥 戌 酉 申 未 午 巳

이 사주는 子月 한겨울에 逢丁火하여 冬日可愛(동일가애)로 泄精하니 可美라 또 간두 癸甲하고 지지 亥卯로 류취 木局하니 水木 두기가 成象하여 相生格을 이루어 丁火에 설정하고 있으니 수기유행하여 정신이 포만이라, 그리고 또 천문성을 놓아 說天道而濟活畿十萬(설천도이제활기십만)하여 道通하니 국내는 물론이고 동양제일 역학자가 된 대전 박재완 선생님의 四柱다. 이 사주를 논한다면 子中癸水가 투출하여 인수격인데 신왕으로 好泄精英(호설정영)하여 丁火食神으로 용신한 예이다. 일찍 중국 각지를 순방하고 庚申운중 丁火용신이 入病宮하여 크게 불길할 듯 하나 그 庚金은 甲木을 劈甲(벽갑)하여 미약한 정화에 불을 붙이니 반대로 큰돈을 횡재하였고 己未운에는 群劫爭財(군겁쟁재)하여 대패하였으며 그 후 戊午丁巳운에 대발하니 명성이 자자하고 재산도 불어났다.

註) 이 사주는 二氣成象格(2기성상격)인데 庚辛운은 金水木으로 三氣定立이요 己운은 二氣不成으로 불길하고 戊丁丙운은 水木火로 역시 三氣定立이 되어 貴格인 것이다. 더불어 六乙鼠貴格(6을서귀격)을 더하였으니 명진하게 된다. 다만 아쉬운 점은 時上丁火가 50이전까지는 病이 되었다. 앞 해설에도 道通을 했다고 했는데 丁火로 인하여 순수함을 잃은 것이다. 道人의 눈에 돈이 보이면 淸이 濁되어 예지가 사라지니 도인이라 하기 어렵고, 학문 또한 참되기 어려우니 심히 안타깝다.

예시   연 월 일 시
坤命   辛 辛 戊 壬
           卯 卯 寅 子

去官留殺用印格   壬 癸 甲 乙 丙
(거관유살용인격)   辰 巳 午 未 申

이 사주는 연지 卯木宮은 년간 辛金이 克하고 月支 卯木宮은 月干 辛金이 제지하여 去官하였고 일지 인중 甲木殺만이 남아 있는데 寅中 甲木이 丙火와 同居하여 用印하게 된다. 일찍이 壬癸운에 누누이 신을 괴롭히다가 巳中丙火가 得祿 生子旺夫하여 安亨財富(안형재부)로 부러울 것 없이 잘 지냈는데 申운에 이르러 申이 寅을 沖하여 申中壬水가 寅中丙火 용신을 충극하니 염라자객이 되고 말았다.

◎ 正財格(정재격)

정재격이란 月支 암장간 정재를 만남으로써 이루어진 格을 말한다. 이 격은 財生官殺하여 身이 弱하여 있으므로 비견, 겁재, 인수 등을 얻어 身旺을 하고자 하는 것이 원칙이나 반대로 신왕재약인 경우는 상관식신을 얻어 재를 보호해야 한다. 그러나 신왕재생살하는 夫建怕妻(부건파처)나 또 재다신약, 재약봉겁, 충재 등은 모두 이 격에서 꺼리는 것들이다.

여기서 辰戌丑未는 잡기로써 正은 임하지 않으나 보편적으로 사용된다.

正財에 충파가 없으면 이에 관을 생하는 법칙으로 귀하게 되는 것이고 신왕하고 재가 생왕해야만 녹위가 점차로 발전되는 것이다. 만약 신약재다라면 좋은 음식을 보고도 못 먹는 상황이요, 신왕재약이라면 배가 고파도 음식이 없어 못먹는 상황이다.

정재득위한 주인공은 신왕하다면 권리를 주도하고 천금을 희롱하게 되는 것이고, 비겁이 많아 신왕한격이나 기명종재, 재생관하는 격은 인수가 도리어 방해가 되는 격으로 인수를 만나지 않으면 금주만갑으로 녹을 높게 이룰 수 있다.

만약 정재가 월일지 관과 더불어 재생관할 때 천간에서 극을 하거나 지지충을 만나는 것을 제일 두려워하고 싫어한다. 신왕재약인데 만약 재왕처를 만나면 부귀인이 될 것이요 신약재다는 財生官殺(재생관살)하며 身을 공격하니 두려운 존재요, 財가 바뀌어 禍가 된다.

財用財格은 일간이 강하고 인수다봉 혹 비겁이 많은 경우 財를 용신하고 財用食傷格 또는 財用官殺格은 일간이 왕하고 비겁이 많으면 식신, 상관 혹 관살로 용신하며 財用印格은 일간이 약하고 관살이 많거나 혹 식상이 많을 때 인수로 용신하고 財用比劫格은 財多身弱에 비겁으로 용신한다.

예시	연 월 일 시
乾命	乙 己 庚 庚
財用財格	未 卯 申 辰
(재용재격)	戊 丁 丙 乙 甲 癸 壬
	寅 丑 子 亥 戌 酉 申

이 사주는 卯月庚日生으로 乙木財가 투출되어 卯未에 착근하니 財旺이요 庚金日柱가 卯月生이니 失時하여 신약이나 日支申金에 시주 庚辰이 받쳐 약화위강인데 인수는 능히 재를 감당하므로 을목재로 용신한다. 을갑운(해방전)에 광산왕으로 백만거부를 자랑하다가 해방과 함께 술운이 들어오면서 飛流千仞(비류천인)으로 파산하고 申운에 유명을 달리한 왕희순 광주의 4주다.

註) 이 사주는 신중재왕인데 관성과 식상이 보이지 않는다. 金身과 木財를 이어주는 식상이 절대 필요한 상황이다. 다행이라면 행운 亥子丑운이다. 甲戌운은 天沖地沖이다. 辰中癸水가 숨어서 金과 木을 이어 주었는데 이를 제거하므로 패망하게 된 근원이라 말할 수 있다. 여기서 문제점은 해방전후의 시대적 환경에 적응하지 못한 점, 식상이 없으므로 예지가 밝지 못한점, 8자를 살펴볼 때 독불장군이라는 점 등이다. 壬癸운은 好운이나 이미 기가 꺾여 있을 뿐만 아니라 과거에 집착하고 그곳에 갇혀서 탈출하지 못한 운명이다. 따라서 이 4주는 필자의 판단으로 水通關用神(수통관용신)이 어울릴 것으로 보인다.

예시	연 월 일 시
坤命	庚 丙 癸 丁
財用財格	申 戌 亥 巳
	乙 甲 癸 壬 辛 庚
	酉 申 未 午 巳 辰

이 사주는 戌中丁火 투출로 용신하고자 하나 일시주 천충지충하므로 不用하고 月上丙火를 용신하니 정재격이다. 癸日 戌月로 신약인 듯 하나 상강이 지나고 입동직전에 놓여 水進氣하고 申金에 득록하고 또 申戌金局으로 生水하니 능히 任財할만하여 정재격에 정재로 용신한다. 행운 未巳午에 재왕운을 만나 순풍에 돛단 듯 굴지의 대부자가 된 한 여성의 4주다.

註) 이 사주는 戌月癸水로 태어났으니 분명한 신약이다. 戌中丁火가 투출되어 편재격이요, 水가 용신이요 金이 희신이다. 문제는 숨어 있는 공덕이 많다는 점이다. 연월일시지 간합하고 三奇貴人(삼기귀인)이 함께 하고, 巳中庚金, 戌中辛金이 숨어서 도우며 일시주 비천녹마가 호환재록하고 있으니 身中貴格(신중귀격)이다. 어찌 귀하지 않겠는가? 여기다가 일지천문이 열려 있어 지혜 또한 출중할 것으로 보인다.

```
예시              연 월 일 시
乾命              庚 己 丁 辛
印綬生旺用財格   申 卯 亥 丑

                 庚 辛 壬 癸 甲 乙 丙
                 辰 巳 午 未 申 酉 戌
```

이 四柱는 卯月丁日로 인수격이나 재성이 투출하여 재격으로 변했다. 해묘목이 득세하였다고는 하나 金水가 전권하여 음일 丁火는 그 왕한 財의 세에 따라 從財殺하는 것이기 때문에 신운에 일약 재벌이 된 한진그룹 사장님의 사주다.

註) 이 사주팔자는 재가 가장 왕할뿐 5행이 모두 모였으니 어찌 金水로 좋한단 말인가? 또한 한 나라의 재벌이 하루 아침에 태어난단 말인가? 꿈과 노력이 함께 하지 않는다면 그리고 운이 받쳐주지 않는다면 불가능한 일이 아니겠는가!

丁火가 卯月로 득령하였으니 신왕인데 財多로 신중이 되었다. 丑中辛金이 투간되어 편재격이요, 비겁이 용신이요, 인수가 희신이다. 다행한 것은 木火운이요, 5행을 두루 갖춤이요, 일시주 호환재록이다.

```
예시              연 월 일 시
乾命              甲 癸 辛 辛
食神生財格        子 酉 亥 卯
```

　　　　　甲 乙 丙 丁 戊 己 庚
　　　　　戌 亥 子 丑 寅 卯 辰

　이 四柱는 酉月 辛金生으로 酉中辛金이 비견이므로 격을 정할 수 없고 強者 水는 生木하고 년상 甲木투출이요 亥卯木結局하니 식신생재격이 되었다.

　甲木은 酉月로 失時하였고 卯木은 卯酉沖으로 약화되어 불용할 것 같으나 년상 甲木의 득장생이요, 卯에 旺하여 根을 하니 약화유강이요 또 수가 잘 통관시켜 주니 甲木財로 용신한다. 이와같이 목적이 순수하게 잘 이루어진 공은 癸 亥水의 生에 있으므로 식신생재격이라고 칭하며 甲木으로 용신한 이유는 時支卯木은 天干辛金에 극제요, 卯酉沖을 만나 상하고 있기 때문이다. 亥子운에 起發하여 寅운에 당당 수십억의 거부가 된 4주다.

　주) 이 사주는 신왕재왕한 팔자로 식신까지 왕하다. 문제는 金水가 旺하니 온기가 필요하다. 화토운을 만나 호운이요, 일시주는 自坐財祿이요 년월주는 호환녹근이다.

예시　　　　　연월일시
乾命　　　　　辛丁丙丁
旺財格　　　　巳酉寅酉

　　　　　　　丙乙甲癸壬辛庚
　　　　　　　申未午巳辰卯寅

　이 사주는 酉月 丙日生으로 년상 辛金이 투출되어 재격인데 時支 酉를 득하였고 또 년지 巳火는 巳酉로 金局하여 財를 보하고 있으니 丙火日柱는 酉月死地로 극쇠다. 다행한 것은 비록 실령은 하였으나 일지 寅에 득장생지요 년지 巳에 득록이요, 월시상 양인 丁을 얻어 신을 보하고 있다. 그러나 旺財에 비하면 아직도 신이 약하다. 재왕에는 비겁을 용신하는 원칙에 따라 寅中丙火를 용신한다. 운행남방으로 용신을 도우니 신왕재왕으로 수만석 거부가 된 사주다.

　註) 이 사주는 酉月金旺節에 丙火로 태어났으니 실령하여 신약이다. 그러나 巳中丙火, 寅中丙火, 月時干 丁火로 약하지 않고 년월주는 호환녹근하고 일시주는 호환재록하니 奇貴하다. 여기에 幸運마저 木火水운하니 무엇을 겁내리요.

　　예시　　　　년 월 일 시
　　坤命　　　　丁 乙 丙 丁
　　印綬用財格　卯 巳 寅 酉
　　　　　　　　丙丁戊己庚辛壬
　　　　　　　　午未申酉戌亥子

이 四柱는 巳月丙日生으로 卯中之木이 투간되어 인수격이다. 인수왕에는 관으로 용신하는데 관이 없으니 재로 용신한다. 신왕재약인데 다행히 巳酉合金局하여 신왕재흥이 된다. 이로 인하여 재생관하니 夫榮子貴(부영자귀)로 家富하게 되는데 운행서방 金운에 금주만갑으로 대부대귀한 여인의 사주다.

　註) 이 사주는 巳月丙日生으로 신왕한데 인수다봉으로 극왕하다. 그럼 時支 酉金이 病이 될듯한데 巳酉金局하고 巳中戊土, 寅中戊土가 막힘을 뚫어주고 비겁巳火가 재酉金과 합하여 문제가 없는데 行運 土金으로 유년에는 신고하였겠으나 대부대귀한 운명이 된 여인이다. 여기에 년월주 巳卯간에 辰土가 숨어 있는데 이것이 拱綠이요, 辰中癸水는 남편이요 戊土는 자식이니 자식을 낳고부터는 부귀영화를 누리게 되는 운명이다.

　　예시　　　　연월일시
　　坤命　　　　壬戊癸丙
　　財旺生官格　辰申卯辰
　　　　　　　　丁丙乙甲癸壬

未午巳辰卯寅

　이 사주는 女命으로 戊土官을 제일 먼저 볼 때 申金에 泄하고 水局에 囚하여 不旺인데 다행히 丙火의 生助를 받게 되고 辰中戊土에 根을 하고 있으나 아직도 생조가 시원하지 못하다. 일주는 癸日이 壬을 얻었고 申辰水局으로 旺이 되어 夫星氣가 허약한 것이 病이다. 有病이라야 方爲貴(방위귀)로 丙丁巳午 남방운에 夫主榮貴(부주영귀)하여 마침내 재상부인까지 된 女子의 四柱다.

　주) 이 사주는 申月癸水日生으로 득령하였으니 신왕이요, 시지 진중 癸水 년지 辰中癸水 년상 壬水로 신왕이 분명하다. 관 또한 월간 戊土, 시지辰土, 년지辰土, 申中戊土로 신왕관왕하다. 재는 丙火 하나로 외롭다. 문제는 日月干 戊癸火局으로 신왕이 신약으로 변했다. 따라서 火用神에 木喜神이 되어 있는데 申辰이 子를 안고 있으니 공록공귀격으로 재상부인이 될만하다. 여기에 行運까지 받쳐주니 귀하고 귀한 운명이다.

◎ **偏財格**

　편재격이란 日干 對 月支 암장干으로 편재가 있어 격이 성립됨을 말하는데 月편재는 원래 일주의 囚宮(수궁)이므로 身이 자연 약하게 되어 있으니 재가 왕하거나 官이 있어 재생관을 받고 있으면 비겁의 조력을 요하고 또 재가 약 할때는 비겁이 많으면 탈재가 되므로 관살로 비겁을 억제시켜야 한다. 비겁 즉 형제는 돈이 있으면 싸우고 공격이 있으면 협력하는 원리이기 때문에 있는 집 형제들이 싸움이 많고 없는 집 형제는 사이가 좋은 것이다. 고로 편재격 구성에서 꺼리는 것은 신약재다와 財小劫旺(재소겁왕)이며 이를 일명 群劫爭財(군겁쟁재) 또는 群比爭財라고 하는 것이다. 편재격을 이룬자가 신왕이면 영웅호

걸의 인물인데 양(비겁)의 침입이 없어야 그 복록이 온전해 진다. 편재격은 매사 유정하여 결실이 있고 비분강개심이 강한 격인데 만약 일주가 약하고 편재가 강하면 재다신약으로 수고로움이 많다. 월편재는 이에 뭇사람의 재물을 취득하게 되는데 가장 꺼리는 것은 간지에 비겁이 있어 재를 극하는 것이며 신이 강하고 재가 왕하면 신왕재왕으로 큰 재물을 능히 갈무리하므로 복이 되는 것이고 이때 관성이 있으면 그 왕한 재는 생관하여 부귀겸전하게 되니 관이 있음이 더욱 좋은 것이다.

편재가 비겁을 만나면 전원이 모두 파탄빈천하게 되니 상처손첩하고 욕됨이 사면초과라 만약 편재가 정관을 띠고 있으면 그 편재는 정관의 정인으로 정관을 생하여 그로 하여금 비겁을 억제하게 되니 겁성이 4주에 출현해도 하등 겁날것없이 福相千(복상천)하게 된다. 여기에 해가 되는 것은 운에서 다시 겁성이 나타나면 그때는 재앙이 폭급하게 된다.

원리는 겁왕하면 재를 극하여 생관을 불능케 하며 동시에 겁왕관쇠로 관이 휴수되어 反傷(반상)하게 되는 까닭이다. 고로 편재가 신왕할 때나 겁성이 있을 때는 관성을 대동함이 좋은데 운이 관향에 들면 크게 발전하지만 비겁이 중대하면 재를 극하여 관의 생을 불능케 하고 인하여 공명은 사라지고 재앙만 붙어 다닌다.

財用財格은 신왕에 인수多逢이거나 비겁이 많으면 재로 용신하고 財用食傷格이나 財用官殺格은 신왕에 비겁이 많으면 식신상관이나 관살로 용신하며 財用印格은 신약에 官殺多나 食傷이면 인수로 용신하고 財用比劫格은 신약에 財多면 비겁으로 용신한다.

예시	연월일시
乾命	甲甲丁壬
印旺財用格	寅戌酉寅

乙丙丁戊己庚辛壬
亥子丑寅卯辰巳午

　이 사주는 戌月 丁日生으로 月支 암장투출이 없어 柱中旺者를 볼 때 寅中甲木이 투간하고 丁壬이 化木하여 인수가 태왕하니 인수격이 된다. 이렇게 보면 자연 身이 왕하여 관을 기뻐하는데 시상 壬水官은 丁壬化木으로 사용하지 못하고 인수를 억제하는 日支酉中辛金으로 용신을 정하니 月支 戌中辛金이 합세하면서 왕한 火가 火生土, 土生金으로 재를 도와 더욱 좋다. 庚辰운에 약한 편재 酉金용신을 도와 일약거부로 수백억 재산을 모은 대림산업 사장님이다.

　註) 이 사주는 戌月丁日生이니 우선 신약이다. 그런데 시상 壬水와 丁壬合木이 되어 丁日干이 木으로 변신한다. 木으로 변신하고 보니 년월干甲木에 년시지 寅木으로 태왕하게 되었다. 행운이 火土로 설기시켜 좋은데 庚辛운은 결정적으로 나무를 동량으로 깎아 세우니 우뚝하여 재벌이 된 사주다. 木은 金을 만나지 못하면 그릇이 되지 않는다는 원리가 여기에 있다. 세상사는 하루아침에 이루어지지 않는다. 만약 變木(변목)이 아니라면 을묘운에 용신을 출하니 어찌 경운을 맞이할 수 있겠는가? 화토금으로 설하는 기운은 모두 용신이 된다.

예시	연월일시
乾命	丙己庚丁
食神生財格	辰亥戌丑
	庚辛壬癸甲乙
	子丑寅卯辰巳

　이 四柱는 亥月 庚日生으로 해 지장간의 출현이 없어 局中 土가 旺하여 인수태왕이라 관을 작용함이 원칙이나 丙丁火가 丑辰습토에 무력하고 또 관인상생하여 인수를 강하게 하니 쓸 수 없다. 旺者는 억제하지 못할 경우 泄함을 기뻐하므로 월지 亥中壬水로 설기시키고자 살

펴보니 인수가 방해하고 또 설기미약하여 설기를 강화하려고 亥中甲木을 용신으로 결정하고 보니 食神生財格이요, 용신甲木은 自坐亥에 득장생이요 온습지토에 水木之氣가 있어 힘을 얻으니 능히 왕한 土인 수를 소통할 수 있으므로 일거양득이다.

운 寅卯甲木운에 갑부가 되었는데 巳운으로 가면 亥를 沖하고 甲木이 巳에 병들고 申년에 용신甲木이 絶하여 있는 중 庚申金이 旺하여 극하면 신명에 위험이 있다고 본다.

이 격은 병약원리 용신법으로 추리하면 간편하다. 즉 이 사주는 庚金日主에 土多하며 土重金埋로 土가 병이 된다. 고로 제토하는 亥中甲木 약신으로 용신하면 된다.

또하나 주의사항은 亥月庚日로 金水傷官要見官이라 하여 火官으로 용신하기 쉬우니 잘 대조하여 볼지어다.

註) 亥月庚日生은 실령하여 신약하다. 또 火土多로 신약이다. 丑戌中辛金이 은근히 돕고 있는 것이 천만다행이다. 또한 辰中乙木, 亥中甲木이 있고, 辰中癸水亥中壬水丑中癸水가 숨어서 8자의 균형을 이루고 있다. 외관상은 土多金埋(토다금매)로 극신약에 가깝다. 문제는 토를 억제하는 것은 목이라고만 생각해서는 안된다. 金水木이 모두 토를 억제하는 힘이 있다. 따라서 金水木을 모두 용신으로 쓸수 있다. 만약 木만을 용신한다면 초년 庚辛운에 살아남을 수 있었겠는가? 이 현령 비현령식 해설이나 먼저 답을 알고 꿰맞추는식의 해설은 곤란하다. 이러한 꿰맞추기식 해설 때문에 한국철학을 경시하는 풍조가 만연하고 있음을 자책하고 자연과학연구를 거듭거듭 해야할 것이다.

예시	년월일시
乾命	丁壬癸辛
身旺財旺格	巳子巳酉
(年上偏財格)	辛庚己戊丁丙

亥戌酉申未午

　이 四柱는 子月 癸日生으로 신왕하다. 시주 辛酉金과 일시지 巳酉 金局하여 生水하니 인수태왕 신왕격이 분명하므로 인수를 좀 억제해야 하는데 생년에 丁火가 自坐巳火에 뿌리를 두고 있어 용신으로 정한다. 이격이 조후로 보아도 火를 요구하고 있으므로 丁火용신이 분명한데 심히 약한자라 금수운이 천신만고 하다가 丁未운에 들자 기발하기 시작하여 丙午운에 수십억을 모은 한 갑부의 四柱다. 억부용신으로 보아도 신왕하여 巳中戊土官으로 마땅히 억제해야 하는데 戊土가 약하여 土를 보하는 巳中丙火로 財滋弱殺(재자약살)용신으로 결정된다고 보아도 옳은 것이다.

　註) 이 四柱는 분명 신왕하다. 그리고 인수 또한 왕하다. 또 재도 왕하다. 균형이 잘 이루어진 형국인데 巳酉로 합하고 丁壬으로 합하여 년지 巳화 하나만 남으니 갑자기 재가 약해졌다. 이로 인하여 金인수는 더욱 강해졌는데 운 또한 金인수운으로 흐르니 목숨 부지한 것만도 천만다행이라 할 수 있다. 이 사주를 외유내강으로 볼 수 있는데 이유는 년월주 비천녹마에 일지 戊癸합하고 子巳暗合水局하여 언제든지 폭발할 가능성을 갖추고 있는 셈이다. 丁未운에서 비로서 기발함은 丁壬合木을 깨므로 하여 비로서 원래의 균형을 되찾은 때문이고 병오운에 갑부가 된 것은 신재의 균형이 알맞은 때문이다. 문제점은 왕수 子가 왕화 午와 沖하였는데 온전한 것은 子가 이미 화의 비겁 巳와 암합하고 있는 이유 때문이 아닌가 싶은데 깊이 연구해 볼 숙제인 것 같다.

예시	연월일시
乾命	癸壬戊癸
財多身弱逢運格	丑戌子丑
(月上偏財)	辛庚己戊丁丙乙

酉申未午巳辰卯

　이 四柱는 丑戌戊丑으로 제방을 쌓고 있는데 壬癸癸子와 丑中癸水로 원천지수를 이루워 水財도 왕한데 戌은 水進氣요 丑은 子丑合 水局에 합세되어 행세하니 제방이 무너지려는 위험에 처하여 재다신약격이 되어 버렸다. 유년 辛庚운에 身厄 등 고통이 비일비재하다가 戊午운에 들어서면서 丁巳 丙辰으로 身을 보강하여 신왕재왕으로 년년 대통운이 되어 당당 재벌대열에 합류한 모 사장님의 사주다. 己未운에는 己土힘이 약하고 未는 丑戌未로 三刑하여 土의 힘을 약화시키므로 발하지는 못하였다.

　註) 戌月 戊日生으로 신왕재왕한데 조후로 보아 水財가 더욱 왕하고 유년 水의 인수인 금운으로 진행하니 간난신고함이 형언하기 힘들었을 것이다. 그러나 다행히 비겁인수운으로 財洩身保(재설신보)로 身이 우위를 점하게 되므로 氣發하게 되는데 戌子拱祿(술자공록)이 귀함을 더해준다. 여기서 하나 덧붙일 것은 丑戌未三刑살이다. 이 사주에서는 三刑이 아닌 三成이라는 사실을 알아야 한다.

예시	연월일시
乾命	辛丁丁丁
偏財類聚格	丑酉巳未
	丙乙甲癸壬辛庚
	申未午巳辰卯寅

　이 사주는 酉月丁日生으로 失令하고 있는 중 金財는 得令하여 년상에 辛金이 투출 自坐丑土 金庫에 자양을 받고 또 금장생 巳와 巳酉丑 金局하니 財가 대단히 旺하다. 일주도 실령은 하였으나 일지 巳에 得地요 未中丁火 月時上丁火巳未火局에 午祿을 拱하여 合六火로 得地得勢해서 신주태왕으로 신왕재경으로 보기 쉬우나 일지 사화는 金合局이요 日主失令하여 財가 더 왕하다. 고로 木火운을 기뻐하는데 중

년에 크게 성공하고 壬辰운에 재다 신약되어 대패한 사주다.
 註) 위 해설은 매우 합당한 해설이라 판단된다. 단 경중을 판단할 때 득령, 득지, 득세를 논하는데 가장 강력한 것이 득령이다. 이 사주는 흠을 잡는다면 득령에 실패한 점이요, 더욱 중요한 문제는 壬辰운이다. 天干合에 있어서 1:1은 합이요, 1:2나 2:1은 不合이요, 3:1이나 1:3은 합이다. 고로 壬운은 日干 丁壬合化木으로 갑자기 주인이 바뀌어 버린 운명이 된다. 만약 月令에 寅卯라면 무사할수도, 더욱 발전할 수도 있었겠지만 金月이다. 金火가 相爭하고 있는 중에 갑자기 木이 나타났으니 실패는 당연지사요, 목숨을 부지하고 있다면 그것만도 천만다행이라해야 할 것이다. 만약 水火상쟁 가운데 木이었다면 금상첨화가 되었을 것이다.

  예시   연월일시
  乾命   丙甲丁乙
  火旺金疊格   寅午酉巳
  (日坐偏財類聚格)乙丙丁戊己庚
  火爲病   未申酉戌亥子

 이 사주는 午月丁日生으로 祿旺이요 寅에 득장생하였고 연간에 丙火 투출한 中 時支巳火에 冠旺하여 득위, 득령, 득세로 극왕하여 있다. 극왕한 자는 극제를 해야 마땅하지만 火를 억제하는 수가 一點도 보이지 않으니 財金을 이용하여 일주의 氣를 감소시켜야 되는데 일지 酉金이 왕한 火에 孤立無依나 다행히 巳를 만나 巳酉金局이 기쁘다. 고로 巳酉金을 용신하는데 왕한 일주에 비하면 너무 빈약하여 금운을 학수고대한다.
 申酉운에 財發하였고 戊己운도 면면대길하여 잘 살다가 庚子운에 용신 金이 死宮에 임하며 강렬한 午火(火는 用神之病)를 沖發시켜 病重發로 인하여 그만 형장의 이슬로 사라졌다.(群劫爭財) 여기에서 주의할 점은 화가 용신지병인데 자수는 약운으로써 좋아질것이 아니겠는가 하는 의문점인데 이는 강왕한 병은 충발시키면 反傷(반상)한다는 것을 알아야 한다. 명리정종의 저자는 丙丁日主 왕한자가 유금재는 十恒九富(열에 아홉은 항상 부자)하게 된다라고 하였고 병정일생인이 庚金財를 용신할때에는 金용신이 운행 자에 임하면 죽은 것을 많이 보았다고 말 하였는데 이는 금용신이 자에 사궁이 되어있는 좋은 예이다.

註) 이 해설 또한 앞의 예시와 같이 좋은 해설이라 판단된다. 필자는 용신을 떠나 다른 차원에서 해설을 덧붙이고자 한다. 이 사주는 분명 火왕절에 火로 태어나고 인수 甲乙寅으로 많다. 群劫爭財를 논한다면 사주 자체로 군겁쟁재요, 申酉운도 군겁쟁재다. 왜 하필 庚子운인가? 甲乙寅 인수는 火가 死宮이다. 이 사주의 주인은 木이 사궁에 있으므로 인정사정없는 수전노의 성품을 지니고 인수의 인수인 水가 일점도 없다는 것은 지혜나 생각이 전혀 없다는 뜻이다. 또한 이 사주에 절대 필요한 금수(庚子)운인데 그 절대 필요한 운을 만났는데 죽음으로 끝났다는 점은 기고만장한 득령 午火와 인수 甲木을 천충지층하고 보니 적막강산이 되었다. 丙火는 丙庚沖去하고 乙木은 乙庚金去하고 巳火는 巳酉金去 丁日干과 년지 寅木밖에 없다. 寅木 또한 丁火를 生하고 보니 水가 없는 寅木은 이미 사궁에 빠진 결과다. 그럼 丁火는 한점 불꽃에 불과하다.

◎食神格

식신은 衣食인데 財를 生하여 생활에 필요한 경제적 바탕을 마련하는 성질의 것으로 바로 의식주와 관련되는 것이다. 식신격이나 식신으로써 격이 성립됨을 원칙으로 하고 이격 또한 日干 대 월지 암장간 식신으로 구성된다. 식신은 본시 我生者 食神으로 신의 기가 설기되는 것으로 그 바탕이 신약이 되어 신왕을 바라는데 그렇다하여 식신을 억제하는 倒食(偏印)도 좋아하지 않는다. 身弱泄旺에는 보신하고 身强泄弱에는 보설해야 하는 것이며 이 격은 타격에 비하여 변화가 많은 격으로 잘 고찰하지 않으면 그 판단이 천지차이로 나타나게 된다. 식신이 왕하면 재관보다 좋은 것인데 그렇게 되려면 먼저 신왕해야 한다. 만약 식신을 인수가 와서 극하면 破食이 되어 그 식신은 傷하고 천가지 화가 일어나 그 신고가 끝일날 없이 지속된다. 식신이 손상되지 않으면 그 격은 숭고한 것인데 그 격은 甲見丙, 庚見壬, 丁見己, 乙見丁 등인데 이렇게 놓이면 貴氣가 묶여있어 복록이 많게 되는 것이니 문전에 쏜살처럼 영호로 출중함이 있게 된다고 말하는 것이다. 甲日이 見丙하면 甲은 丙을 生하기 위하여 기를 빼앗기게 되고 그 丙은 甲의 氣를 훔치게 되니 曰 盜氣라 하는 것이다.

이 식신격은 비만성체질을 갖게 되고 도량이 넓으며 의식이 풍부하게 되는데 만약 편인이 와서 식신을 빼앗아가면 孤貧하게 된다. 식신은 칠살을 억제하고 養命之本이 되는 財를 생조하여 수를 보호하므로 壽元 또는 壽星(수성)이라고 하는 것이니 식신이 있으면 생년이나 생시에 칠살이 놓여 있어도 무엇을 근심하리요, 고로 식신이 干頭에 있어 왕하면 칠살을 억제하게 되니 곧 인간의 부귀자로 등장하게 될 것이다.

만약 식신이 生月에 있고 칠살이 생시에 있으면 식신이 득령하여 제살하므로(食居先 殺居后) 인하여 의식이 재생부귀후하지만 반대로 살이 생월에 있어 득령하고 식신의 억제력이 부족불능하게 되면 도리어 재앙이 미쳐오게 되니 일생을 먼지속에서 분주히 고생하게 된다. 신시무일을 식신격으로 보는데 대단히 기특한 것인즉 秋冬節이라야 복록을 갖추게 되고 甲丙卯寅이 와서 이 격을 파손시키면 그것은 도리어 기특격을 만나지 않는 것보다 더 못한 재앙을 만나게 된다. 이유는 甲은 戊土를 극하고 卯中之木은 庚金식신을 암합유치하고, 丙은

庚金식신을 극하고 도식이 되며, 寅은 식신근거지를 충하는 까닭이다. 즉 춘하 木火를 꺼리는 것이다.

　식신용관살격은 일주강에 재다면 관살로 용신하고
　식신용 식상격은 일주강에 비겁다면 식신상관으로 용신하고
　식신용재격은 일주강에 인수가 많거나 식상이 많으면 재로 용신하며 식신용겁격은 일주약에 재가 많으면 비겁으로 용신한다.
　예시(1910. 1. 3)　연월일시
　乾命　　　　　庚戊戊癸
　食神生財用劫格　戌寅申亥
　　　　　　　　7　17　27 37 47　57　67 77
　　　　　　　　己　庚 辛 壬 癸 甲　乙 丙
　　　　　　　　卯　辰 巳 午 未 申　酉 戌

　이 사주는 寅月戊日生으로 戊土가 투간되고 丑土의기가 있고 년지 戌中戊土가 있어 中旺格은 잘된다. 그러나 비견은 不用하고 寅亥로 木을 생각해보지 않을 수 없는 것이나 寅木은 申에 충을 당하여 不用하고 다음 金을 생각하여 보는바 庚金이 투출하고 日支에 녹근하여 가히 쓸만하다. 고로 식신격이다. 다시 사주를 살펴볼 때 癸亥水가 있으므로 庚金은 生水하는데 水는 地支亥에 착근하여 강왕하였고 또다시 申宮에 득장생하여 金水星이 태왕하게 된다. 따라서 신강변약이 되어 식신생재를 좀 억제하고 일주를 보하는 土운을 필요로 하는데 다행히 중년에 午未운을 만나 수백억대에 달하여 한국경제사에 길이 이름을 전할 경계왕자가 된 이병철님의 사주다.

　註) 寅月戊日生으로 신약하고 격식을 따진다면 가장 왕한 것이 庚金申金戌中辛金이니 식상격이요, 신약이니 버겁을 용신하는 이치는 누구나 알 수 있는 상식으로 보인다. 다만 숨어있는 기운의 향방이 어디인가?가 문제다. 寅戌午火공록이 있고 연월일시 四地支에 戊土가

있으며 寅中丙火, 戌中丁火, 寅戌火局에 戊癸火까지 숨어서 돕는자가 부지기수다. 결국 外弱內强인 셈이다. 또 겉으로 나타난 5행중 火만 없는데 그 火가 숨어서 5행의 生生不息하도록 통관시키고 있으니 이 또한 숨은 공신이 된다. 土용신에 火가 희신인데 태어나면서부터 戊己辰巳오미로 不絶하니 어찌 큰일을 이루지 못할것인가? 甲申운에 권세를 물려주고 乙酉운에 생운이 끝나는데 乙酉는 乙庚合金하고 酉는 申酉戌로 金局하니 戊土氣가 소멸한 때문이다.

예시	년월일시
乾命	乙丁庚庚
食神生財格	酉亥寅辰
	丙乙甲癸壬辛庚
	戌酉申未午巳辰

이 사주는 亥月庚日生으로 식신생재격으로 확정한다. 연이나 시상 庚金 년지 酉金이 극목하므로 인하여 병이 되나 다행히 丁火가 寅에 착근하여 약이 되는데 약량이 너무 적다.

중년 木火운을 잘만나 약을 보하니 충청북도에서 선두를 다투는 갑부로 등장하였다가 庚辰운에 들면서 病이 들면서(金病) 깊어져 재물이 파괴되고 몸도 沒하여 일생을 마친 이희준님의 4주다.

註) 이 사주는 亥月 庚日生으로 신약이다. 그러나 이 또한 숨은공신이 많다. 酉亥戌공록과 寅辰卯공록이 있고 酉金, 庚金, 亥中戊土, 寅中戊土, 辰中戊土가 있으며 5행이 生生不食하였다. 여기에 行運이 8자의 강약을 조절해주므로 하여 크게 성공할 수 있었다고 보인다.

예시	
乾命	己辛乙丁
食神制殺格	巳未亥丑
	庚己戊丁丙乙

午巳辰卯寅丑

이 사주는 未月乙日生으로 신약이다. 일지득위하고 未中 丁己가 투출되었는데 本氣로 보아 편재격으로 정해야 마땅할 것이나 己土는 당장에 地支火土의 지지를 얻어 辛金殺이 더욱 강황하여지므로 시상 丁火를 선택 식신재살격으로 하는 것이다. 그런데 辛金이 巳丑으로 金局하여 중병이 되어서 火가 미약하니 이것이 도리어 복신(有病이라야 方爲貴)이 되어 중년 丁丙운에 재거병하니 財富, 生子, 官貴로 부귀공명하다가 丑운에 합기살하여 송사부절로 파란만장하다가 限命이 된 사주다.

註) 未月乙木으로 태어나 신약이다. 이 四柱도 앞의 四柱와 비슷한데 5행을 두루 갖추었고 신, 관재, 식이 균형을 이루고 있다. 여기에 巳未午 공록과 亥丑子 공록을 함께 숨겨두고 있으며 木火운 또한 身을 돕고 있으니 역시 귀하기 이를데 없다. 丁丑운은 천충지충하니 천충은 유일한 辛金官沖이요 지충은 甲木의 뿌리가 있는 未(未中乙木)를 충하므로 뿌리없는 나무가 되었으니 목숨 또한 사라지게 된 것이다.

예시	연월일시
乾命	甲辛己己
假傷官格	戌未酉巳
	壬癸甲乙丙丁戊
	申酉戌亥子丑寅

이 사주는 未月己日生으로 신강한 중 다행히 酉巳, 酉戌로 類聚金局(유취금국)하고 신금이 투출하여 好泄精英으로 有情한 4주다. 그러나 地支巳中丙火가 炎上去己 될까 염려된 중 壬申癸酉가 통운하여 火를 억제하고 金을 보하니 크게 부흥하였고 戌운에 들면서 화가 발하여 克金으로 송사 등 기타 재앙을 겪어 실패가 많다가 亥子丑 북방 水운에 들자 巳를 沖하고 未를 沖하여 用水去火로 去病되어 大富무궁하

고 用之不渴(용지불갈)의 복록을 누리다가 寅운에 會成火局으로 破金하니 귀천하였다.
　註) 이 사주는 未月己日生으로 신왕하고, 巳酉戌金會局하고 辛金이 투간되어 신왕식상왕이다. 5행중 오로지 水가 없어 탄식한다. 水가 통관용신이요 금이 희신이다. 만약 앞 해설처럼 金이 용신이라면 土는 희신이 되어야 한다. 하지만 앞 설명에서는 土는 분명 기신이다. 이는 말의 앞뒤가 맞지 않는 해설이다. 甲戌운에 재앙이 많은 것은 있는 물도 없앨 만큼 水絶運이다. 다행히 甲戌운을 빼고 壬癸亥子丑水운을 맞아 대부대귀한 8자가 된 것이다.
　또 時支巳中丙火가 炎上去己 될까 염려한다고 했는데 말이 안 되는 이야기다. 己土일주로 시상 기토, 未中己土로 중중한데 어찌 丙火 하나가 己土를 날려버릴 수 있는가?

예시	연월일시
乾命	癸甲丙戊
假傷官格	卯寅午戌
	癸壬辛庚
	丑子亥戌

　이 사주는 寅月丙日生으로 月에 득장생하고 일에 득위하고 柱中득세하여 三者俱全(삼자구전)하니 최강 사주에 속한다. 太과자는 극상, 損之斯成(손지사성)하는 원칙에서 戊土를 잡아 가상관격으로 定하니 柱中甲木이 自坐寅木에 득위하고 또 卯癸水의 생조를 받고 있으니 甲木이 중병이다. 辛운 癸酉년에 제거 病되어 소년등과하여 이름을 세상에 떨치더니 1년도 못되어 甲戌년 32세가 되며 亥운에 들자 甲木이 亥에 득장생하여 病加重으로 戊土상관을 극하니 그만 아깝게 귀천하였다. 名術家(명술가)들은 이것을 曰 破了傷官(파료상관)이라하여 한명이라고 하는데 하필이면 여기에 걸려 그만 세상을 떠났다. 그런데

이 격은 신왕이나 계수관을 용하지 않은 이유는 계수는 근이 없고 또 생묘갑인목하여 이적행위를 하고 있으므로 불용이다.

주) 이 四柱는 寅月丙日生으로 득령하였다. 8자만 살펴보면 木多火息이 분명하다. 그러나 다시 보면 地支에 寅午戌火局을 하고 있으니 火旺局이다. 天干을 보면 水生木, 木生火, 火生土로 물 흐르듯 흐르고 있다. 정승팔자가 분명하다. 문제는 辛亥운이다. 亥中甲木이 아니고 丙辛合水에 있다. 寅午戌火局에 水渴이다. 癸水는 生木하고 亥水는 亥卯木局하니 丙辛合化水가 어찌 마르지 않겠는가 더군다나 柱中에 한점 金도 없으니 의지할 곳도 기댈 곳도 없이 사라질 뿐이다. 또 신약하거나 큰 四柱가 아니었다면 壬子운에 천충지충으로 더 일찍 세상을 떠났을 것이다.

◎ 傷官格

傷官格이라 함은 官을 傷하게 하는 者로써 격이 이루어졌다는 뜻이다. 예를 들면 내 자식이 시도군관의 법규에 불복하고 오히려 官을 희롱하니 근심이 있게 되고 또 상관은 내가 生하므로 나의 혈기를 도둑질 당하는 것이기 때문에 盜我之氣(도아지기)라고도 하여 身弱해지는 것이 원칙이다. 즉 아버지는 딸이, 어머니는 아들이 기쁘면서도 힘들게 하는 이치다. 하지만 身旺할때는 盜氣가 泄精英(설정영)이 되어 좋아지는 것이고 또 상관에 재가 있으면 生財하고 財는 生官하니 官은 상하지 않고 그 관은 印綬(인수)에 설하여 나를 생하므로 도리어 凶化爲吉(흉화위길)이 된다.

定眞篇(정진편)이라는 글에 이르기를 상관이 若見印綬면 貴不可言(귀불가언)이라 하였는데 이는 말할 것도 없이 귀하게 된다는 뜻이다. 또 詩訣에는 不可例言凶(불가예언흉)하소 辛日壬辰이 귀재중이라 하여 신일임은 상관이요, 진은 인수인 고로 상관의 인수 同臨(동임)을

貴로 일치하게 말하고 있으며 元理賦(원리부)라는 글에서는 상관이 無財(무재)면 可知雖巧(가지수교)나 必貧(필빈)이라고 말하였다. 이유는 재가 있으면 그 상관은 관과 싸우지 않고 재를 생하여 재로 하여금 生官하여 관을 살피는 까닭이다. 즉 재가 없으면 通官이 되지 못하여 재주는 있으나 (기술은 좋으나) 財와 名이 없다는 것이다. 그런데 상관에 제일 문제가 되는 것은 관이 나타나 있음인데 이렇게 되면 爲禍百端(위화백단)이라고 雜論口訣(잡론구결)에서 말하고, 또 詩訣에서는 그 놈이 문제라 하나 상관을 除하면 될 것이 아니겠는가하여 傷官傷盡最爲奇(상관상진최위기)라 하였는데 反하여 명리정종 식신상관론에서는 傷官에 官은 病이 되는데 有病이라야 方爲貴라 하였다.

故로 때에 따라서는 관살 病을 제거할 수도 있고 또 財를 얻어 상관 생재케할수도 있어 상관격에 큰 부귀가 많이 나타나 있지 않느냐?라고 말하고 있다. 이같이 상관격은 천변변화하는 특성이 있으므로 이를 연해자평 상관시결에서도 이를 지적하여 推盡須要用心機(추진수요용심기)하소라고 주의를 요하고 있다. 참고로 子午巳亥가 있는데 體와 用에 있어 다르게 적용한다. 甲午乙巳庚子辛亥는 모두 상관이라 하는데 이는 암장간으로 작용하기 때문이다. 또 진상관과 가상관격은 상관이 투출되지 않고 지지만으로도 구성될 수 있으며 꼭 지정된 월령이 아니고도 4주상황에 따라 비겁인수태왕상관으로 가상관이 되는 경우가 있고 또 진상관이 아닌 가상관월에 태어나고도 진상관이 되는 경우가 있으니 이 역시 체와 용을 혼동하지 말 것이며 진상관가상관의 구성원칙이란것도 잊어서는 안 된다.

상관격에서는 진가를 가리는 것이 제일 중요한데 그것은 부귀빈천 수명장단이 이 분기점에서 판단되는 것이기 때문이다.

상관시결본문에 이르기를 상관이란 본시 관을 극하는 자로 마땅히 상관자체가 극을 당함이 가장 기특하지만 그 상관이 너무 상하면 마땋치 않다. 가령 辛日 상관은 壬水인데 辰土하나만 만나면 그 土克水로 상관이 상하게 되는데 戊土를 重逢하면 오히려 두려운 것이니 그것은 土多金埋되기 쉬운 때문이다. 그리고 상관격은 他格보다 변화가 많으니 주의하여 살펴야 한다. 격중 화토 상관격을 만났다면 상관土는 상진시켜야 마땅한 것이고, 金水상관격에서는 金淸水凉하므로 凍結之象(동결지상)이니 要見官하지만 신왕일 때 용신함이 가능하고 좋은 것이다. 木火상관역시 官旺을 좋아하는데 원칙적으로는 관을 꺼린다.

土金상관격에 土가 왕하고 金설기가 약하다면 木官으로 土를 소통시켜야하는데 그렇지 않으면 부귀는 멀어진다. 水木상관에 있어서는 財官兩見에 비로소 기쁘다라고 하였는데 이는 신왕할 경우 財貨가 습목이라 生財가 잘 안되므로 관토가 습을 제거하므로 生財가 가능한 때문이고 신약상관격에는 관생인하여 상관상진케 한 때문이다. 이를 두고 定眞篇에 상관이 見인수면 貴不可言이라 하였다. 이같이 상관격에서는 破了傷官(파료상관)이 두렵고 상관이 상진되면 가장 바람직하나 그렇지 못하면 재앙이 사방에서 몰려온다.

　상관용재격은 일주강에 인수가 많은면 재로써 용신하고
　상관용살격은 일주강에 비겁이 많으면 관으로 용신하며
　상관용상관격은 일주강에 관이 많거나 관의 뿌리가 없으면 상관으로 용신하고
　상관용인격은 일주약에 식상이 많거나 관살이 많으면 인수로 용신하며
　상관용겁격은 일주약에 재가 많으면 비겁으로 용신하는 것을 말한다.

예시	연월일시
乾命	壬辛乙丙

假傷官格   辰亥亥子
           壬癸甲乙丙
           子丑寅卯辰

이 四柱는 水氣가 왕양하고 인수태왕으로 水氣를 제거해야 하는데 다행히 時上에 丙火가 있어 가상관으로 정한다. 일찍이 壬子 水運을 만나 丙火용신을 극하고 丁酉년에 들어 酉는 生水하고 丙火는 酉에 入死宮하여 요절하게 되었는데 水旺운에 泛之(범지)하는 상이 되어 익사한 운명이다. 이는 가상관이 行印運이면 破了傷官(파료상관)하여 必死라고 하는 글에 正中되는 것이다.

註) 이러한 四柱는 초심자가 보아도 쉽게 알 수 있는 공식이 떠오를 것이다. 水多木浮(수다목부)다. 물이 너무 많으니 나무가 뿌리를 내리지 못하고 물위에 둥둥 떠 있는 격이니 목숨부지가 어렵다. 또한 격식을 따진다 해도 파료상관이란 용신 상관을 극충하여 8자의 진행이 멈추었다는 뜻이다. 인생만사 모두는 양날의 칼이다. 나쁘지만 좋은 점도 있고 좋지만 나쁜 것도 있다. 다 좋을 수도 다 나쁠 수도 없는 것이 인생사요, 세상사다.

예시   연월일시
坤命   戊己丙乙
진상관 용인격 寅未戌未
           戊丁丙乙甲癸
           午巳辰卯寅丑

이 四柱는 未月 丙日生으로 未中己土를 定하니 진상관격이다. 4주 상황을 관찰하면 寅中丙火, 未中丁火, 戌中丁火, 未中丁火로 왕성해 보이나 연상 戊土, 寅中戊土, 월상己土, 月支未中己土, 戌中戊土, 시지 未中己土의 衆土에 설기되어 旺變弱(왕변약)이 되니 타의 원조를 받아야만 제 임무를 완성할 수 있다. 다행히 시상 乙木이 未中乙木에 착근하여 生丙火하게 되니 이는 인수용신이 분명하다. 乙木인수가 약한 중 운행 甲乙인수를 만나 용신을 보강하니 양조(兩朝)의 봉증을 받아 귀부인이 되었다가 丑운에 丑中辛金이 破乙 인수용신하여 생을 마감하게 된다. 이러한 四柱는 乙木이 많은 土를 제압하고 있으므로 왈 一將當關(일장당관)하니 群邪自伏(군사자복)이라고 한다.

註) 이 四柱는 坤命이다. 乾命이라면 정승팔자다. 未戌 天關地軸(천관지축)격에 未戌未 좌우간에 申酉식상을 껴안고 있는 형국이다. 이러한 숨은 록이 없었다면 巳午丙丁의 火운을 견딜 수 없다. 火旺木焚(화왕목분)으로 요절해야 마땅하다.

예시　　　　연월일시
乾命　　　　戊乙丁丁
가상관격　　子卯巳未
　　　　　　丙丁戊己庚辛壬癸
　　　　　　辰巳午未申酉戌亥

이 四柱는 卯月丁火日生으로 득령하고 시상丁火에 또다시 卯未結局하여 生火하니 화기가 더욱 炎烈(염렬)하므로 설기해야 되는데 다행히 연간 戊土시지 未土가 있어 火는 戊己土에 설기되어 透氣(투기)하게 되어있다. 그러나 戊己土는 卯月에 극히 쇠약한 상태에 木局의 억제를 받아 用神土는 더욱 木을 두려워하게 되니 곧 木多土小로 病(병)이 심히 重(중)하다. 일찍이 戊己 토운에 保用神하니 吉하였고 庚辛운에 일지 巳中庚金과 庚金장생궁에 착근하여 병이 되는 木을 깨끗이 제거하니 位登臺閣(위등대각)하여 재상으로 잘 지내고 亥운에 들어 다시 亥卯未 木局을 형성하니 병이 되 살아나 戊己土상관을 극하니(가상관이 행 印運하여 파료상관하니 必死라) 入寂(입적)하게 되었다.

세인들은 이 四柱를 丁巳丁未로 午祿을 공협하여 성공했다. 또는

乙卯인수격이 子水官을 얻어 관인상생격으로 성공했다라고 논하고
있다. 그것은 이론뿐이요 하나도 귀격에 경험해보지 못한 이야기다.
　관인상생격은 일주가 약하고 살이 왕한데 중간에 인수가 되어 관살
이 생인수로 통관하여 나를 생하여 줄때이고 또는 인수격에 신왕한
중 관살이 또한 왕할 때 인수용관을 주장하는 것이지 이 四柱와 같이
子水관성은 生卯木인수하여 卯木으로 하여금 심왕한 일주는 생조를
원치도 않고 도리어 他를 生하여 설기를 요하는 것이므로 관인생조는
오히려 방해가 되어 설기하는 상관을 채택 상관격으로 定하니 인수격
은 변화하여 가상관격의 병이 되는 것이다. 고로 不可一例言(불가일
례언)이니 항상 四柱의 상황과 일주강약등을 살려 定格局用神(정격
국용신)해야 한다는 것을 잊어서는 안된다.
　註) 위 四柱의 評은 모두 타당성이 있다. 그러나 먼저 알아두어야 할
문제는 신왕하다는 점이다. 그리고 반론을 제기한다면 토상관이 용신
이라면 庚辛운에 土가 기진하여 등위가 되겠는가? 또한 식신생재가
되는 격이니 군겁쟁재는 안되는가? 필자가 보는 관점에서는 辛酉운
과 癸亥운이 매우 위태롭다. 辛酉는 丁火와 卯木 인수를 沖하고 癸亥
운은 日主 天沖地沖이다. 癸亥운에서 입적하게 된 이유는 물론 생로
병사의 틀을 벗어날 수 없다는 점이 우선이고 두 번째는 巳卯間, 巳未
間의 협록을 파괴한 때문이며 이 四柱가 일인지하 만인지상까지 오르
게 된 가장 큰 이유는 신왕하고 좌우협록을 암장하고 있으며 火土金
운은 유년을 빼고 균형유지가 잘 되었다는 점이다. 그 가운데서도 丁
火일간이 항상 주도적 위치를 잃지 않았다는 점이다.
　부언한다면 戊己土가 卯月이라 극히 쇠약하다고 표현하였는데 이
해하기 어려운점이 戊土, 未土, 巳中, 戊土에 火인수가 태왕하고 火는
또 木을 설기시키니 土를 약하다고 하겠는가? 만약 卯未가 합한다는
말도 어려운 것이 중간에 巳가 합을 불가능하게 하고 있다는 점도 간

과해서는 안 될 것 같다. 여기서 결정적인 포인트는 四地支가 水生木 木生火 火生土로 順沈(순연)하고 있다는 점이 핵심이다. 四柱에 天干이나 地支 어느쪽이든 순연하고 있다면 그것은 貴格이다.

  예시   연월일시
         丙庚壬辛
乾命   寅子子亥
假傷官格   辛壬癸甲乙丙丁
         丑寅卯辰巳午未

 이 四柱는 壬子月生이 子月에 출생하고 또 庚辛金이 내조하니 단연코 신강이다. 득령득위득세 三者俱全(3자구전)이다. 壬水를 설기함이 마땅하다. 다행히 년지 寅木과 時支亥中甲木이 寅亥로 合木局해서 丙火에 까지 吐泄(토설)하여 귀한데 그 木은 子月木으로 약하고 庚辛金이 극하려고 호시탐탐 노리고 있는 것이 病이다. 寅卯辰巳운에 고목봉춘격으로 財富(재부)하였으나 사운에 사중경금이 損木(손목)하여 불리하였고 未운에 들자 未中己土가 왕한 壬水의 干城(간성)子中癸水의 羊刃을 극하고 用神木이 그 未에 入墓(입묘)하므로 인하여 입적하고 말았다. 신봉서 동정설에 天干은 動이요 외부 남자와 같고 地支 암장은 靜으로 규중 여자와 같아 외부남자가 남의 규중부인을 구타하지 못하는 법과 같아 天干物이 지지암장을 극하지 못하는 것이라고 하였다.

 註) 이 四柱는 子月 壬子日生으로 비천녹마격이요, 子寅間拱祿으로 대단한 貴格이다. 그러나 신왕까지는 좋은데 균형이 무너져 팔자만큼 발전하지 못하였고 丁未운은 丁壬合木으로 水多木浮가 된 운명이다.

  예시   연월일시
  乾命   乙癸戊癸
  가상관격   巳未辰丑

壬辛庚己戊
午巳辰卯寅

이 四柱는 未月 戊日生으로 신왕하다. 물론 土中에 辰戌丑未 四土가 있으나 辰土는 癸水의 財를 띠고 있어 극하고 丑土와 戌土는 각각 辛金을 含(함)하여 泄之하니 이 土들은 비록 왕하여 보이나 왕하지 않는고로 戊日이 臨比三位(임비3위)하고 金多면 作 가색격하여 不失中和(부실중화)하는 것이나 四土中 未土만은 그와 성질을 좀 달리하여 未中 丁火氣가 있으므로 土主가 심히 왕한 까닭에 戊日이 臨未月하고 四柱에 土重하면 火炎土燥(화염토조)하므로 인하여 가색격으로 작용함은 불가하게 되는 것이다.

그러나 이 未月戊日生은 見金結局한 가상관으로 不貴則(불귀즉) 富하게 되는 것이므로 書曰(서왈) 土逢季位(토봉계위)에 見金多者는 終爲貴(종위귀)라 하였다.

이 四柱는 未月戊日로 巳丑金局을 놓아 가상관격이 분명한데 유년 午운에 克金하여 모든 일이 막혔고 辛巳庚辰운에 약한 金用神이 逢金운하여 財發 갑부가 되었다가 寅운에 용신금이 絶(절)하고 寅中丙火가 약한 용신금을 극하니 甲辰년에 생을 마감했다.

註) 이 四柱는 또한 대단한 귀격이다. 未月戊土로 日支干合하고 있으며 좌우癸水와 합하고자 하나 兩癸水 투기로 합방을 하지 못한다. 천만다행한 일이다. 戊寅운에 꿈에도 그리던 합방을 하게 되었다. 그러나 문제는 합방한 관계로 토변화가 되었는데 식상토가 너무 많아 기진맥진하게 되었으니 호사다마라고 해야 옳을지!

예시	연월일시
乾命	丙丁壬辛
假食神格	子酉申亥
	戊己庚辛壬癸甲

戌亥子丑寅卯辰

이 四柱는 酉月 壬水日生으로 金水兩星이 쌍청하여 금수지기가 유여하다. 고로 천간 丙丁二火가 損金(손금)하는 것이 기쁜데 무근이 흠이다. 이 四柱는 水氣가 넘쳐 흠인듯하나 亥中甲木에 金水정기가 집중되어 泄精英(설정영)하고 있는 것이 과연 귀점이다. 亥中甲木이 八月木으로 낙엽이 지고 庚辛金(申酉之中庚辛金)이 損木하는 암암리의 공포가 病으로 대귀할 수 있는 사주로 寅卯木운에 位登高閣(위등고각)하게 된 사주다. 이 사주는 天地至淸之命(천지지청지명)인 까닭에 天下에 지극히 귀한 인물이 되었던 것이다.

註) 이 四柱는 酉月壬日生으로 태어났는데 月干丁火와 합목되어 木日主로 변하였다. 金水가 심히 왕하여 木으로 존재하기가 심히 어려운데 다행히 화가 있어 金生水 水生木 木生火로 통관되었고 壬寅운에는 丁壬合木이 풀려 壬水로 환원되었는데 金水火가 왕한데 金水木火로 순연통관되어 귀한 운명이 된 四柱다.

참고

가. 傷官用印格: 신약하고 상관이 왕하여 설기가 심한 경우 일주를 보하고 상관을 상진시키는 인수를 작용하는 법

나. 상관용재격: 인수나 비겁으로 인하여 신왕하였을 경우 그 상관을 설기시키는 재를 작용하는 방법

다. 상관용겁격: 상관이 왕하여 일주설기가 심할때에 신을 보강하여 그 심한 설기를 공동으로 방어하는 비겁을 작용하는 방법

라. 상관용상관격: 신왕 四柱로 官을 용신해야 하는데 관이 傷하였거나 또는 無根하여 사용할 수 가 없을 때 그 신왕함을 설기시키는 상관으로 돌려 작용하는 방법

마. 상관용관격: 원래 상관격인데 그 상관이 生財하여 그 財로 하여금 生官케 하거나 아니면 인수가 많아 상관이 상진되므로 신이

왕하여 官을 요할 때 관을 작용하는 법
바. 假傷官格: 月支에 상관이 놓여져 있지 않고 그 자리에 비견이나 인수가 있어 신이 왕한 사주가 시간이나 시지, 또는 일지 암장 또는 지지합국 등으로 상관이 이루어져 있을 경우 그 상관을 작용하는 법

이처럼 상관격은 다른 격과 유달리 여러 양태로 변화하여 추리에 복잡한 사주가 되기 때문에 예시를 통하여 보았지만 여기서 六種格의 四柱를 다시 한번 예시하므로써 용신정법을 확실히 익히도록 배려하였다.

```
예시           연월일시
乾命           己辛丙己
상관용인격      丑未寅丑
              庚己戊丁丙乙
              午巳辰卯寅丑
```

이 四柱는 未月丙日生 투간(透干) 기토로 火土傷官格이 분명한데 그 土가 너무 많아서 신주의 설기가 태심하다. 이런 경우 무조건 신을 보호해야 된다. 그럼 무엇으로 신을 보호하며 그 많은 상관을 억제할 것인가? 그것이 바로 인수다. 따라서 그 인수로 용신해야 되는데 마침 日坐 寅中甲木이 있어 용신으로 선정한다. 고로 상관용인격이 된다.

그러나 寅木만은 고립부근인데 다행히 未月에 출생하여 尙存火氣가 炎炎하여 木火協力으로 保身하므로 인하여 身을 보전할 수 있다. 중년 丁卯운에 寅木 인수를 방해하는 辛金을 제거하고 또 卯中 乙木으로 상관 土를 상진시켜 관계 大官으로 진출하였는데 이것이 분명히 有病에 得藥(득약)한 탓이고, 다시 丙寅 木火운에 黃堂(황당)에 올라 재상이 된 사주다. 병약원리 용신법으로 볼 때 丙日主에 多土가 병이 되고 寅木이 약이 되는 것이다.

註) 이 四柱는 未月丙日生으로 未中己土가 투간되어 상관격이 분명한데 문제는 月干辛金과 丙申合化되어 水日主로 변신한다. 水日主가 되고 보니 土官殺이 태왕하다. 다행한 것은 좌우 년시지 丑中癸水 丑中辛金이 나를 돕고 그 金水가 土官속에 있으니 土官이 두렵지 않은데다가 식상 寅中 甲木 未中乙木이 관을 견제하니 五星균형이 지극히 안정되어 있어 뜻을 이룰 수가 있었을 것이다. 또한 丙寅운에는 丙辛合水가 깨어져 원상회복되었는데 도약의 기회다. 잠룡이 여의주를 얻은 격이다. 이 四柱는 변신의 귀재요, 처세의 달인으로 보인다. 또한 화합의 천재성을 지닌 인물임이 틀림없을 것으로 보인다.

예시   년월일시
乾命   癸乙壬乙
상관용재격   亥卯申巳
            甲癸壬辛庚己
            寅丑子亥戌酉

이 四柱는 卯月 壬日生으로 상관격이요 일주는 日坐申金에 득장생함과 동시 년간에 득겁, 년지에 득록하여 身主不弱이다. 고로 상관이 生하는 巳中丙火財를 능히 감당할 수 있으므로 巳中丙火를 用神하니 이것이 日 傷官用財格이다.

癸丑 壬子 辛亥 庚운에 풍파와 고생이 이루 헤아릴 수 없다가 戌운을 만나 戌中戊土가 除水劫하고 戌中丁火로 火財用神을 도와 發財萬金(발재만금)하였다가 酉운에 그 巳火용신이 酉에 死하고 또 용신火를 生하는 卯를 冲去하여 용신이 보급로가 단절되니 그만 절연지객이 되고 말았다.

註) 이 四柱는 상관격은 맞는데 8자의 근본인 균형을 잃었다. 水木상관에 金水운으로 일관하니 더욱 고달프다. 火土운이라야 8자가 펴가는데 말년에 土운이 비쳤으나 土生金 金生水로 의미가 없다. 식상

을 설기하지 않는 이상 4주의 분발은 어렵다. 戌운에 發財萬金하였다고 하나 매우 의심스럽다.

    예시   년월일시
    乾命   癸辛戊己
    傷官用劫格   亥酉申未
                     庚己戊丁丙乙
                     申未午巳辰卯

이 四柱는 酉月戊日生으로 土金상관격이다. 년주 癸亥水에 土生金 金生水로 그 財物이 무한 욕심난다. 그러나 日主戊土가 심히 약하여 그 재물보다 몸을 보호함이 급선무이므로 財를 잡지 못하고 시간 비겁에 의하여 존재하지 않으면 안되기 때문에 그 비겁의 힘을 빌려 상관용겁격으로 결정하게 되는 것이다. 그런데 다행한 것은 戊土가 未中己土에 착근하여 同宮인 丁火의 生을 받아 더욱 아름답다. 己未 戊午운에 현에 출사하였고 丁巳丙辰운에 旺印用事(왕인용사)로 州牧(주목)이 되어 크게 부귀하였다가 卯운에 해직 하향하게 되었다.

  註) 이 四柱는 土金상관격에 金水태왕이니 신약이다. 앞의 예시와 유사점이 있으나 앞의 예시는 균형을 잃었고 이 사주는 균형이 잡혔다. 더구나 酉亥의 공록이 있고 未亥로 천관지축격인데다가 행운까지 겹쳤다. 목사라면 지금의 도지사 격이다.

  卯운이 문제인데 만약 本局에 火가 있었다면 五星光輝(오성광휘)하였을 것인데 본국무화가 아쉽다. 卯酉沖으로 拱祿(공록)격이 무너져 파직하게 된 것이다.

    예시   년월일시
    乾命   庚己壬庚
    傷官用傷官格 辰卯辰子
                     庚辛壬癸甲乙

辰巳午未申酉

이 四柱는 卯月壬日生으로 상관격인데 日時 子辰水局을 이루었고 또 辰濕土로 生金하고 天干 兩金이 투출되어 身不弱이다. 고로 己土 官을 작용하고자 하나 坐自殺地되어 극제 당하고 또 辰土는 土의 역할보다 卯辰으로 帶木之土가 되어 상관에 합세하여 있고 일방 생금, 일방 拱水(공수)하고 있어 土로 쓰기에는 너무나 믿음이 없다. 고로 상관을 용신한다.

유년 庚辛운에는 공명이 따르지 않았고 午운에 용신을 부조하여 이름이 크게 나게 되었고 癸甲운에 癸는 生木용신하고 未는 용신卯木과 卯未木局하였으며 甲木은 보강之木용신하고 申은 水장생궁으로 地支와 申子辰三合水局하여 연 20년간에 위등관직하여 재상까지 되었다가 酉운에 冲破 卯木용신하여 낙직하고 일생을 마쳤다. 계선편에 말한 用神은 不可損傷이니 最宜健旺(최의건왕)이라 함은 바로 이런 경우를 두고 말한 것이다.

註) 이 四柱는 卯月壬日生으로 관월지 간합하고 辰卯辰 拱祿이 귀기하다. 土金水木 균형도 기쁜데 운 또한 金水운에 아쉬운 것이 火운인데 중년 巳午未로 통관하여 대로를 열어 놓으니 거칠것이 없다. 酉운은 식상공록을 파하고 관록이 뿌리를 冲하니 때를 맞춤이라 이것이 운명이 아니겠는가!

예시	년월일시
乾命	庚丁癸甲
상관용상관격	申亥未寅
	戊己庚辛壬癸甲
	子丑寅卯辰巳午

이 四柱는 亥月 癸日生으로 亥中甲木 상관격이다. 신왕하여 未中己 土官을 작용하고자 丁火의 힘을 빌어보려고 하였으나 丁火는 坐上 癸

水殺을 만나 힘이 없고 未는 亥未로 도리어 木상관에 化而從之(화이종지)하여 관으로 용신할 수가 없다. 고로 시상甲木으로 정하게 되는 것이니 이는 분명 상관용 상관격이며 庚申金은 이 四柱용신의 病이 된다. 寅卯운에 신왕 好泄하여 국방부장관을 역임한 사주다.

註) 이 四柱는 5행을 두루 갖추어 生生不息한데 亥未천관지축격이다.

金水木으로 삼각균형이 아름답다. 부귀부단한 운명이다.

예시   연월일시
건명   壬己戊乙
상관용관격   戌酉戌卯
                庚辛壬癸甲乙丙
                戌亥子丑寅卯辰

이 四柱는 酉月戊日生으로 상관격이 이루어졌고 다시 己土戊土로 신왕하다. 다행히 壬水가 있어 윤토로써 生金하고 金 상관은 生壬水하여 水는 生木하므로 용 乙木官에 足하다. 고로 상관용관격이 된다. 해운에 財官 양득생부하여 공명순수하였고 壬子운에 仕路之光(사로지광)하였으며 癸丑운에 金局을 拱하여 파란이 일었다가 甲乙운 20년간 계속 차관직, 장관직에 있었다. 이 격은 월지에 상관격을 이루었는데 그 戊土 일간이 관乙卯木을 인내할 만한 힘이 있고 또 그 관도 충실하여 官으로써 힘이 있으므로 상관용관한다고 단순하게 보아도 되는 것이다.

註) 이 四柱는 상관용상관격의 앞쪽 四柱와 매우 유사하다. 앞 四柱는 辰卯辰으로 상관공록이 귀기하다 하였는데 이 四柱 또한 戌酉戌 상관공록이 귀기한다.

단 앞 사주는 상관공록은 沖하는 酉운에 卯酉沖으로 멸하였는데 이 四柱는 卯酉沖에도 건재함은 어떤 이유인가? 이 四柱는 本局에서 이

미 卯酉冲을 당하고 있다. 따라서 운에서 卯酉冲하는 것은 이미 冲을 겪고 있으므로 인내 가능한 것이다. 위험한 것은 癸丑운인데 癸丑운은 왜 위험한가? 戊癸合化하여 火局으로 변한 때문이다. 일간이 갑자기 火로 변하니 식상토가 태왕하여 죽지 않고 버팀한 공은 시주乙卯木 인수와 卯戌火局, 戌中丁火가 함께하므로써 위기를 모면한 상황이 되었다.

예시	년월일시
건명	丁丙己辛
가상관격	丑午酉未
	乙甲癸壬辛庚
	巳辰卯寅丑子

이 四柱는 五月 己日生으로 丙丁未를 만나 火局이 왕하여 好洩精인데 辛金투출에 酉丑金局을 만나 대단히 기쁘다. 金이 너무 왕하여 보이나 火가 득령하여 金弱火旺으로 가상관격이 분명하다. 寅卯운에 木生火하여 克金하므로 百事無成(백사무성)하였고 辛丑운 戊辰년 金旺하므로 火는 晦(어둘회)하고 용신금은 승하여 부귀를 누렸는데 이유는 金 용신이 습토의 生을 받아(가상관이 喜劫之理也) 대발하였다. 子운에 임하여 金用神이 死宮하여 입적하게 된다. 이격을 볼 때 金용신이라면 火가 病으로 子水는 약이 되어 좋을듯하나 대단한 旺 세력을 떨치고 있는 午火를 冲하여 火金이 상전하게 되고 또 용신금이 입사궁하므로 불길하였다는 것을 기억하여 무조건 四柱有病에 약운만 있으면 좋다는 식으로 보아서는 안된다.

참고: 다시 말하여 太旺한 病은 섣불리 冲하여서는 大禍가 있게 된다는 것을 기억해 두어야 한다. 衰神(쇠신)이 冲旺에 旺神發(왕신발)이라 하였다.

◎ **雜氣財官格(잡기재관격)**

　이 格은 月支 辰戌丑未의 암장간으로 구성되는데 잡기라 함은 天地四隅(천지사우) 즉 동남간 辰, 서북간 戌, 동북간 丑, 서남간 未를 말한다. 이는 正位가 아니고 모퉁이란 뜻이다.

　辰戌丑未 中에는 財官이 암장되어 있으므로 하여 잡기재관이라 하고 이 격으로 성립되었다하여 잡기재관격이라고 하는 것이다. 그러나 재관뿐이 아니고 인수, 식상, 비겁이 모두 장축되어 있는데 비겁을 제외하고 인수와 상관, 식신을 인용, 잡기 인수격, 잡기상관격이라고 한다.

　가령 丙丁 일생이 辰月이라면 辰中乙癸戊가 있는데 투출한 戊土가 있으면 잡기상관격, 투乙이면 잡기 인수격, 투癸면 잡기 재관격이라고 칭한다. 이 격은 먼저 辰戌丑未月이라야 하고 그 월지의 암장간이 재나 관이 있어야 하는 동시 干頭에 투출이 있어야 하고 또다시 辰戌丑未는 四庫로써 매우 굳게 문이 닫혀 있어 그 문을 여는 沖刑이 있어야 하는 것이다. 四言독보에 이르기를 財官臨庫 不沖不發 四柱干支 喜刑相合이라 하였다.

　다른격에서는 刑沖을 大忌하고 있으나 이격에서는 제일 좋아하고 있는 것이 특징이나 물론 四柱의 정황을 보아 형충을 좋아해야 하는데 무조건은 아니므로 고서에 이르기를 잡기재관은 喜見沖이라고 하였는데 물론 내가 작용할 星이 있으면 沖開하여 쓰는 것이 좋겠지만 만약 내가 忌하는 星을 충개하여 피해를 받아도 좋을 것인가? 가령 戊日生人이 辰月에 출생하고 일주가 강하면 戌이와서 辰을 沖하면 乙癸를 출현시켜서 乙은 官 癸는 財로써 재관을 작용하게 되니 기쁘다 하겠지만 그와는 달리 丙丁日生人이 戌月에 낳고 戊가 이미 많이 출현되어 있을 경우 이는 잡기상관이 구성되어 있어 丙丁火가 失時한 九月로 氣가 냉한하여 火의 精이 매우 泄弱되어 있는중 또다시 辰운이 와서 戌中戊土를 冲出시키면 진상관에 行상관이면 必滅이라 하였으니 安得不死乎(안득불사호)라 어찌 죽지않을 수 있겠는다?라고 하여 그래도 희견충이라고 할 것인가 라고 말하였다.

연해자평 시결에서도 재다관왕이면 마땅히 충파인데 切忌는 干支에 壓伏重(압복중)이라고 하였으니 신왕한 四柱가 충고하여 재관이 왕하면 마땅하나 신약한 四柱가 干支에 이미 출현하였는데 또다시 冲出藏物(충출장물)하여 중복되는 것은 간절히 피해야 한다라고 기록되어 있다.

다음 투출 위치에 있어 月干 투출을 우선하고 없으면 시, 년으로 하는 것이며 투재 즉 富하고 투관즉 귀하고, 투인즉 만사형통이라 하였으며 또 財는 養命之源이요 官은 扶身之本이요 인수는 資身之基가 되는데 이 三般物(3반물)은 모두 없지못할 귀중물로써 그 四庫에 장축되어 있다고 말하고 있다. 여기서 또한번 不可一例言이라 치우쳐서도 안되고 주체의 강약에 따라 태과불급을 살펴야 한다는 점을 명심해야 할 일이다.

또 三變(3변)을 만나게 되면 더욱 귀한것인데 三變이란 첫째 辰戌丑未月에 출생하고 둘째 재관이 투출되고 셋째 형충을 만나 그 장축된 재관을 투출시키는 것을 말함인바 그렇게 3변을 얻거나 운에서 一變을 얻어도 蛇化爲龍(사화위룡)이 된다고 하였다.

    예시   년월일시
    乾命   甲丁戊癸
    雜氣財官格 子丑午丑
        戊己庚辛壬癸甲
        寅卯辰巳午未申

이 四柱는 正月生으로 을축년 입춘입절일에 출생하고 입춘 시간전이 되어 丑月로 되고 있으나 三陽火長生期가 되어 온난을 얻어 약화위강이 되었으며 또 丁火가 투출되어 일지午에 착근 生戊土하였고 또 甲木칠살은 투출하여 월상 丁火에 통관 정화로 하여금 나를 생하게 하니 더욱 왕하다.

잡기 丑月中 癸水財투출이 可美인데 능히 일주가 왕하여 다스릴 수 있다. 고로 癸水로 용신하는 바 년지 子에 癸祿根하여 용신 역시 왕하다. 중년 庚辰운부터 발하기 시작하여 辛巳운에 일약 총무처에 입신 차관을 지낸 4주다. 이 四柱는 형충을 안하고도 癸水 투출하여 祿子하였고 子丑으로 水局을 이루어 財旺하여 성공한 四柱의 예이다.

註) 이 四柱는 丑月戊土日生으로 身태왕인데 戊癸火局으로 변하고 보니 身中이다. 기귀한 내용은 丑午丑공록과 丑中癸水 2개와 子中癸水 時干癸水가 나와 합하고 있다. 결국 8자 모두가 나를 위하여 부복하고 있다. 庚辛운에 기발한 원인은 통관부조한 것이요, 水火의 균형을 안정되게 한 공이다.

예시	년월일시
乾命	己丁壬甲
雜氣官用印格	酉丑辰辰
(殺人相生格)	丙乙甲癸壬辛庚
	子亥戌酉申未午

이 四柱는 丑月壬日生인데 己土투출로 잡기재관격이 분명하다. 火장생 寅木進氣요 또 丁火가 투출되어 있는 土는 미온지토가 되어 火土가 自旺으로 殺이 旺하여 염려되는데 다행히 丁火는 己土로 통관하여 火生土하였고 그 己土는 다시 生 酉金하여 酉丑으로 印綬局하고 壬水는 地支丑中癸水, 自庫辰中癸水에 통원하여 水而不絶이다. 故로 잡기재관용인격으로 하는데 인수가 약한 中 酉 申 辛 운에 보강하여 국회의원이 된 四柱다.

註) 이 사주는 丑月 壬日生인데 月干 丁火와 丁壬合木으로 변하였

다. 水로 보나 木으로 보나 신약이다. 그러나 여기서는 木으로 본다.
辰中乙木이 둘이요 時干甲木이 동조하고 있다. 그러나 득령한 왕토를
이길수는 없다. 木이 용신이요 水가 희신인데 木水운으로 身의 우위
를 점하고 있다. 壬申운은 합목(木)을 깨뜨리나 金水운으로 본연의 壬
水운을 돕는다. 또 酉申辛의 金운은 왕토를 설기하고 水를 生함으로
그 水는 또다시 木을 生하여 신왕하도록 도왔고 丑辰은 寅卯木을 공
협하고 있다. 또한 5행을 두루 갖추어 生生不息하니 上格이다.

    예시   년월일시
    乾命   戊己辛戊
    잡기인수용 상관격 辰未未子
                       庚辛壬癸甲乙丙
                       申酉戌亥子丑寅

이 四柱는 未月辛日에 己土투출로 잡기 인수격인데 특히 未中己土
로 조토요 또 戊辰土가 중중하여 신강으로 土多金埋라 旺者宜抑으로
木을 작용하여 왕토를 제지코저 하나 주중에 木이 없어 할 수 없이 好
泄精하게 된다. 다행히 子와 辰이 만나 설기를 하게 되어 기쁜데 아직
설기처가 심히 미약하여 病이 되니 오히려 그 심한 병으로 인하여 크
게 귀한격이 된다.

    癸亥甲子운에 크게 성공한 육군소장의 사주다.

    참고) 이 四柱에 인수가 왕하여 관을 요한다고 未中丁火로 용신을
정할 사람이 있겠으나 그 火는 生土하여 炎炎燥土(염염조토)로 化하
였기 때문에 丁火官은 用할 수 없고 子辰類聚(자진류취) 水局을 인용
가상관격이 되는 것이다.

    註) 이 四柱는 土多金埋로 매우 위태롭다. 다행한 것은 辰未未가 암
장 乙木을 지니고 있어 숨쉴수 있는 여유가 있음이요. 辰未가 官巳午
를 공협하고 있음이요, 行運이 金水로 旺土를 설기함이 매우 적절하

다.

　예시　　　　년월일시
　乾命　　　　丙戌辛戊
　잡기인수용재격　寅戌酉子
　　　　　　　　己庚辛壬癸甲乙
　　　　　　　　亥子丑寅卯辰巳

　이 四柱는 辛日生이 戌中戊土투출로 잡기인수격인데 時上戊土요 日支 건록을 놓아 신왕으로 官을 요하고져 하나 丙火는 生戊土하므로 안되고 寅木財를 작용하여 왕토를 소통시켜야 한다. 그리고 일방 寅財로 하여금 弱殺丙火를 生하여 財滋弱殺로 定하여도 역시 寅木이 용신이 된다. 고로 잡기 인수용재격인데 木이 아주 미약하다. 다행히 戌은 亥水進氣요 子로 生氣를 얻어 소통하고자 하나 시원치 않은 중 寅卯甲운으로 보용신 甲木하여 참판을 지낸 사주다. 이와같이 억제자가 약할때에는 生扶하는자가 용신이 되는 法으로 寅卯甲운에 대성공한 것이며 그 행운이 용신에게 필요한 운을 만남을 行運之用神이라고 한다.

　註) 이 四柱는 戌月辛金으로 신왕한데 인수다봉이다. 인수를 설기시키는 일이 급선무다. 다행히 운 金水木으로 엄마품에서 벗어날 수 있게 되었다. 그리고 三奇貴人格에 寅戌이 午 관록을 공록하고 있으니 오히려 정승이 되지 못한 것이 아쉽다. 또한 그 이유도 궁금하다.

　예시　　　　연월일시
　乾命　　　　己辛壬辛
　잡기재관용관격　卯未寅亥
　　　　　　　　庚己戊丁丙乙
　　　　　　　　午巳辰卯寅丑

　이 四柱는 未月에 己土가 투출하여 잡기재관격으로 본 신약이나 시간에 亥 故祿(귀록)이요, 時月上에 辛金을 각각 얻어 약화위강이다. 故로 己土官星으로 용신한다.

己土는 卯木에 自坐殺地하여 용신이 어려울 듯 하나 다행히 未土에 득령하여 吉하다. 寅卯木이 多하여 病인데 운에 미약한 己土를 보하는 火土운에 참판이 된 사주다.

註) 이 四柱는 未月에 壬水로 태어났으니 신약이다. 년월천간이 土生金 金生水하고 時干이 金生水하고 地支木全局하여 나는 水生木하니 從兒格이다.

여기에 月時支未亥로 천관지축격이다. 行運木火로 옥당에 오를만 하다.

예시　　　　丁癸己戊
乾命　　　　丑丑酉辰
잡기재관용재격　壬辛庚己戊丁
　　　　　　子亥戌酉申未

이 四柱는 丑月己日生으로 癸水가 투출되어 잡기 재관격이 분명한데 癸水財는 丑中癸水 根하고 酉丑金局이 生水하고 있어 可美라 己土 日主는 본시 凍土로 심약이나 二陽이 지나서 三陽으로 進氣하고 또 戊辰土를 얻어 보강하고 년상에 丁火가 二陽을 지나 투출하여 미온지 토가 되니 약화위강이다. 고로 능히 任財星할 수 있어 土旺生金즉 辰酉로 통관생재하여 癸水로 잡기용재신한다. 金水운에 대귀하여 侍郞에 登位한 四柱다. 시랑은 재상급 대신이다.

註) 이 四柱는 丑月己土로 득령하고 비겁多逢으로 매우 신왕하고 土金水三角균형을 잡고 안정되어 있는데 행운이 조금 기울어진 金水를 도와 더욱 안정된 균형을 이루고 있다.

예시　　　　년월일시
坤命　　　　丙戊壬戊

잡기재관격　　　子戌午申
　　　　　　　　丁丙乙甲癸
　　　　　　　　酉申未午巳

　이 四柱는 戌月壬日 戊土투출로 잡기재관격이다. 본 신약이나 다행히 水進氣로 漸凉之氣(점량지기)며 申子로 수국이 응결하여 양戊土 官이라도 능히 심내할만한 힘이 있다. 고로 可美인데 남방 火운에 상서 부인이 된 사주다.

　이 格은 戊戌로만 보아 잡기재관태왕에 용신은 金인수로 정해야 한다고 볼 4주가 아니요 本 戌月이나 立冬이 다되어 水가 진기되었다는 것을 기억하며 戌月이지만 亥月이라는 관념으로 보아야 하는 四柱다. 이런 경우 흔히 10월이지만 아직 입동점이 되지 않아 戌月로 4주구성 되는 곳에서 흔히 보고 있다.

　註) 이 四柱는 戌月壬日生으로 극신약이다. 그러나 자세히 들여다 보면 戌中 辛金, 申中 壬水, 子中癸水가 있고 子戌이 회동제궐하고 午申공록이 있으니 숨어있는 은공이 크다. 일반 여인의 4주라면 관살혼잡으로 별볼일도 없을뿐더러 천격이 분명하다. 하지만 일반인과 달리 日支 丁壬干合하고 月支 丁壬干合으로 地支全局이 나를 떠 받들어 귀기하게 하고 있다.

예시　　　　　　년월일시
坤命　　　　　　癸乙壬乙
잡기재관격　　　酉丑午巳
　　　　　　　　丙丁戊己庚辛壬
　　　　　　　　寅卯辰巳午未申

　이 四柱는 丑月壬日生으로 잡기월에 출생하여 재관투출이 없이 癸水투출인데 그것은 비겁이 되어 格으로 삼지는 않으나 壬水일주를 보하는 역할은 하고 있다. 그런데 巳酉丑 三合하고 水는 아직 水 여기로

냉한이 가시지 않아 그곳에 착근하여 金局의 生을 받으니 身이 왕하여 진다.

丑은 본 동토라 하나 벌써 二陽이 지나 三陽으로 向하고 있으며 巳午火가 류취국을 이루어 냉열이 조화를 이루고 있음에 신왕한 四柱로 재를 능히 심내할만하니 그 財를 용신함에 足한데 午中에 己土官이 있어 財生官으로 용신하게 되는 것이다. 중년 戊辰운 10년간에 재상부인이 된 전 총무처장관의 부인 四柱다. 앞으로 巳午 火운에도 부귀를 이어갈 것이니 일생을 통하여 끊이지 않는 대행운의 8자인데 이와 같이 柱格과 体用運이 병행하여 조화를 이룬 명운은 좀처럼 보기드문 희귀한 사주다. 이와같이 잡기재관이 투출없이 또는 형충없이도 상황에 따라서는 이루어지는 수가 있다는 것을 우리는 왕왕 이렇게 실증으로 보고 있는 것이다.

만약 이 四柱가 官이 투출되고 형충을 만났다고 하면 도리어 재관이 壓伏重(압복중)으로 殺重身輕(살중신경)에 制不足으로 반위 하천격이 되었을 四柱다.

註) 이 四柱는 丑月 壬水로 태어나 신약이나 丑이 년지 酉와 합하여 金局을 이루니 인수월이 되어 신왕이다. 또 日, 時支, 巳午 火가 丑月의 냉기를 몰아내고 5행을 두루 갖추었으며 女命으로 괴강살과 형충파가 없으며 丑中己土, 午中己土, 巳中戊土 三官이 월일시에 자리하고 있어 귀기하기 그지 없다. 이러한 女命은 바보온달을 만나도 남편을 출세시키는 명운이며 남자는 이러한 女命을 만나면 대귀하지 않을 수 없는 것이다. 이리하여 사람은 세 번 태어 난다고 하는데 한번은 부모에게 두 번을 결혼으로 세 번은 자식을 낳는 때인 것이다.

◎ 羊刃格(양인격)

양인격이란 양인으로 이루어지는 격을 말하는데 陽刃이라고도 하는바 이유는 陽日干의 刃으로만 구성되기 때문이다. 가령 甲日干의 양인은 卯, 丙戊日은 午, 庚日은 酉, 壬日은 子로써 陽日干 子午卯酉로써만 구성되는 것이므로 陽이요 刃은 在天 紫暗星으로 專行誅職(전행주직)으로 목베는 刑官職인 까닭이다. 또 양인은 편관칠살과 슴이 되는 것인데 예를 들면 甲日의 양인은 卯요, 칠살 庚金으로 양인 卯中 乙木은 乙庚合이 된다. 이 관례는 칠살이 無刃(무인)이면 不顯(불현)하고 羊刃이 無殺이면 不威(불위)하는 정도로 밀접한 까닭이다. 고로 칠살은 武人이요 羊刃은 武器에 해당되는 의미이다. 따라서 이 格 구성에 있어서는 陰日干 羊刃에는 작용하지 않는 것이므로 乙日에는 辰, 丁己日에는 未, 辛日에 戌, 癸日에 丑을 陰刃이라고도 하나 여기서는 취급하지 않는다.

　이 格 구성에 있어서 陽刃 즉 陽日干의 비겁은 나의 殺과 합하는것이기 때문에 조금도 칠살을 두려워 하지 않으나 그 양인궁을 冲去하게 되거나 또는 財官이 왕하여 양인이 被傷되는 것 등은 모두 재앙이 심하게 되는 것은 물론이요 또 그렇다하여 그 양인을 보하는 비겁이 4주중 다봉하게 되면 그때는 양인은 본성비겁으로 나의 祖業分奪之神(조업분탈지신)이 되므로 도리어 나의 병이 되는 것이다.

　羊刃格 구성에 있어 신약양인은 방조신하므로 길하고 신왕양인은 奪財, 克父, 克妻妾하므로 흉하다. 故로 최요라는 글에 羊刃(比肩)은 要逢七殺制라고 단언하고 있다. 또한 양인은 地支에만 있는 것이 아니고 天干에 있어도 양인으로 작용할때가 있으며 또 양인이 日支에 있으면 日刃이라 하여 月刃과 같이 작용한다는 점도 잊지 말 일이다.

　詩訣에 양인이 있어 흉하다고 말하지 말라 일주신약이면 형제로써 나를 도우니 귀히되는 것이다. 그러나 重相見하면 시간에 관살이 있어도 도리어 怒宮을 作하게 된다. 午字가 丙이나 戊를 만나거나 子字가 壬을 만나는 것은 모두 丙戊日이 在午, 壬日이 見子로써 양인이 되는데 이들은 관성이나 칠살을 만나는 것을 대단히 기뻐한다. 그 이유는 정관은 양인을 극하여 奪財(탈재)를 막게 되는 것이고 칠살은 양인과 合去하여 나를 극하지 않는다. 양인궁에 刑害는 두려워하지 않으나 양인궁을 冲하는 것은 두려워하는데 그것은 日主 자신의 弟妹氏(제매씨)의 힘에 의지하고 있다가 의지처가 冲敗하게 되면 보호벽이 없어 겁나기 때문이다. 또 財地를 두려워함은 그 양인겁재가 財를 제압하여 官을 生助不能하게 했던 것이 그만 양인이 冲敗(충패)하게 되므로 그 財를 제압할 수가 없어 그 재는 능히 生官하여 그 관살이 나를 괴롭혀 화를 면하기 어렵다는 것이다. 따라서 壬子 양인은 午를 丙午, 戊午 양인은 子를 甲卯양인은 酉를, 庚酉양인은 卯를 두려워하고 싫어한다.

이와 반대로 양인이 重見이나 重來하는 것 또한 群劫爭財(군겁쟁재)가 되므로 두렵다. 양인은 편관을 기뻐하고 재성을 보게되면 재앙이 백단이다.

陽刃用殺格은 일주가 왕할 때 칠살이 2~3위 있을 경우 그 살이 하나는 冲去하여 殺刃相停하고 있을 때 他의 留殺(유살)로 용신한다.

陽刃用印格은 戊日生의 양인은 午인데 歲時에 火多면 劫爲印綬로 變則(변칙)하여 용신한다.

陽刃用食傷格은 양인이 殺과 合하여 살인상정하며 일방적으로 양인이 生食傷하는 경우와 양인이 살이 없어 완전히 食傷을 生하는 格, 二種이 있는데 前者는 합살로 용신하고 後者는 식상으로 용신한다.

陽刃用財格은 양인인수로 일주심왕하고 관살, 식상이 하나도 없고 재가 있을 때 財용신한다.

陽刃用刃格은 양인강에 單一殺强(단일살강)으로 殺刃相停되어 있을 때 殺强刃弱이면 양인으로 용신한다. 이격은 양인에 비하여 살이 약한 경우 補殺運이 오면 공훈은 세우나 비참하게 죽는 일이 많고 또 양인이 충 또는 合歲君(합세군)하여도 變死함이 많다.

	년월일시
예시	癸乙甲己
乾命	未卯子巳
羊刃格	甲癸壬辛
	寅丑子亥

이 四柱는 卯月 甲日生으로 羊刃司令月에 출생하였고 다시 乙이 투출되어 있는 中 癸인수를 만나 양인이 심왕이다. 여기에 庚金七殺이 巳中에 간직되어 그 自身의 장생궁에 앉아 生을 받고 있다. 따라서 庚金七殺과 乙羊刃이 相濟(상제)하는 局을 이루었으니 바로 살인상정으로 大格을 이루었다. 亥운에 양인과 합하였고 또 巳亥로 冲 칠살궁하여 칠살이 교우되었으며 또다시 세운 辛酉에서 冲刃卯(羊刃嫌冲)하여 본래 弱殺格에 逢官運하여 그만 合殺冲刃으로 殺刃이 相戰이 되는데 이 격은 본래가 氣高强하여 戰而不降(전이불항)으로 비참하게 죽은 악비장군의 사주다. 이 사주의 운이 바로 시결에서 말한 "羊刃이 嫌冲合歲君(亥卯合歲君)인데 流年에 遇此主災連(流年辛酉가 冲卯羊刃)이라 三刑七殺이 女交遇(亥運이 冲巳하여 七殺과 交遇)면 必定閻王(필정염왕)이 出引徵(출인징)이라에 正中하게 된 예이다.

註) 이 四柱는 卯月甲日生으로 양인비겁인수에 卯未合木까지 극왕하다. 그러나 時上己土와 合化土로 신약이 되었다. 원래 무관강왕하여 안하무인하는 성격에 신약이 되었는데 그 弱을 감추기 위하여 더욱 강한척을 할 수도 있다. 辛亥 대운과 辛酉세운에 天地官印(천지관인) 冲으로 죽음을 면하기 어렵게 된 운명이다.

	년월일시
예시	己癸庚戊
乾命	亥酉午寅
權刃雙顯格	

　　　　　壬辛庚己戊丁
　　　　　申未午巳辰卯

　이 四柱는 庚日生으로써 地支寅中丙火 七殺이 寅午로 局을 이루어 왕하다. 다행히 庚金이 酉月 금왕절에 나서 양인을 놓아 그 酉宮 辛金에 丙火殺이 丙辛으로 合殺하였고 또다시 酉는 歲支 亥水를 생하여 식신을 키우고 있다. 이것이 食居先 殺居后(살거후)라. 따라서 그 왕한 살국은 合하고 制하여 中和의 道를 얻어 權刃雙顯(권인쌍현)이 되므로 대귀격이다. 일주가 酉月에 낳았어도 관살국과 癸亥水에 약화되어 있는 중 戊辰대운 壬辰년에 補刃하여 우정승으로 입각하게 되었다. 앞으로 卯운에 이르면 양인이 형충합세군인데 양인이 冲하여 卯운에 입유하였을 것이다. 양인이 무살이면 刃必劫(인필겁)이요, 칠살이 무인이면 殺必傷身(살필상신)인데 殺刃의 來合이면 方爲貴(방위귀)라

　註) 이 四柱는 酉月 庚日生으로 신왕하다. 문제는 財官 寅午가 합하여 강력한 殺氣를 띠고 있다는 점이다. 하지만 먼저 5행이 고루 갖추어져 있고 재관에도 寅中 戊土, 午中己土가 있어 내면에서 庚金의 인수로 돕고 있으니 財官身이 하나로 되어 있다가 된다. 결국 평생 재관이 몸을 떠나지 않는다. 거기다가 酉亥 공록을 지니고 있는데 戊辰운에 공록을 冲하니 귀인의 반열에 오른 것이다.

　예시
　乾命　　　　戊戊戊甲
　印旺官旺格　午午午寅
　　　　　　　己庚辛壬癸甲乙
　　　　　　　未申酉戌亥子丑

　이 四柱는 戊日 七殺 甲木과 午中己土 刃과 甲己로 刃殺이 兩全이다. 그러나 戊日生人이 세월시중에 多逢 午하면 양인으로 하지 않고 午中丁火 인수로 보는 것이기 때문에 이 格은 印綬旺으로써 用殺하여

貴格이다. 고로 喜忌篇(희기편)에서 戊日午月을 物作刃看印(물작인간인)하라 歲時에 火多면 劫爲印綬(겁위인수)라 하였다. 따라서 인왕관약으로 時上一位貴(시상일위귀)로 변하여 水木운에 대발한 사주다.

註) 이 사주는 오월무토로 출생하였는데 삼무토에 삼오화다. 거기다가 갑인관이 목생화, 화생토로 급신이지(급신이지)격이다. 금운은 토생금으로 형통하고 술해는 천관지축으로 형통하고 子丑은 삼각균형(인수, 신, 관)으로 형통하였다.

예시

乾命　　　　　壬壬戊乙
忌物除去格　　申子午卯
　　　　　　　癸甲乙丙丁戊
　　　　　　　丑寅卯辰巳午

이 四柱는 특별한 예이다. 4주 전후를 살펴보자. 前右에는 壬申壬子로 水氣가 生旺하여 全領域(전영역)을 차지하였고 後左에는 乙木이 養根하여 茂盛(무성)하다. 일주가 심히 약하여 午中己土 양인에 착근하고 同宮丁火 인수의 힘을 빌어 보하고 있다. 官을 작용하고자 하나 일주심약에 財殺이 왕하여 못쓰겠고 재를 用하여 보자하니 戊午日만으로는 일주 심약한데 재를 못쓰겠으며 午中 인수를 쓰자하니 고립무원에 子午冲하여 依支없으므로 작용을 못한다. 다시 생각해서 申子水局에 生乙木하여 全水의 핵이 되는 乙卯木에 從殺하고자 하나 일주 戊土가 午中丁火에 착근하여 종도 하지 않는다. 그러나 그중 종하는 것이 가까운데 방해가 되는 것은 午中己土 양인과 丁火인수인데 다행히 子午가 충하여 子中癸水가 午中丁火를 제거시키고 같이 충출되는 己土를 乙卯木이 木克土로 제거하여 완전 丁印과 己刃을 절개수술하여 귀함이 차관직에 까지 이르른 四柱다.

註) 이 四柱는 해설과 같이 특별하다 할 수 있다. 子月戊土로 태어났으니 일단은 신약이다. 년월주는 水로 통일되어 있고 일시주는 木生火 火生土하여 土로 귀일되어 있다. 여기서 자세히 살펴보면 일시보다 조금 센 년월의 水氣가 時主의 木을 생하여 설기하고 5행이 두루 분포되어 있고 壬子戊午가 互換財祿(호환재록)하고 있다는 점이다. 다시 말하면 子中癸水는 戊日干의 財이면서 戊癸합하고 月干壬水는 午日 丁火와 合하면서 相互 財官이 되는 貴格을 형성하고 있다. 더욱 귀기함은 운이 木火로 뒷받침하고 있다는 점이요 午운에 절연함은 호환재록을 파괴하는데서 발생한 재앙이다. 이것이 곧 藏中貴格(장중귀격)의 실체다.

예시　　　　　연월일시
乾命　　　　　戊乙甲甲
羊刃格　　　　寅卯子子
　　　　　　　丙丁
　　　　　　　辰巳

이 四柱는 卯月甲日生으로 양인격인데 득세, 득령, 득지로 최강이다. 조업은 조금 있었으나 무자식에 조실부모하였고 甲日多逢比劫으로 서형이 있었는데 丁巳운중 癸卯년에 형에게 매맞아 병이 되어 죽고 말았다. 그 이유는 春木無金不是奇(춘목무금불시기)한 까닭이고 또 戊土가 寅中丙火와 艮土에 依支하여 있던 中 巳운이 오면서 寅巳가 刑破하여 戊土財가 根을 잃은 가운데 癸卯 森木(삼목이란 세운 癸卯와 柱中 甲乙木을 말한다) 이 克土한 까닭이다. 喜忌편에서 말한바와 같이 日干無氣에 逢羊刃이면 不凶하므로 길하나 예와 같이 身이 극왕한데 無官하여 制하거나 合去함이 없으면 大凶하여지는 것이기 때문에 金木換(금목환)에 말한바와 같이 신왕비겁중이면 손재 또는 상처라는 등의 불길한 것으로 판정한다. 다시 간추려 말하면 신약에는 양인을 기뻐하고 신왕에는 양인을 꺼린다는 뜻이다.

註) 이 四柱야말로 群劫爭財(군겁쟁재)의 표본이라 말할 수 있는 예이다. 문제는 泄氣를 꺼리는데 丁巳火운은 설기하려하고 無官인데다가 또 癸卯木운이 群劫爭財의 극을 조장한다.

	년월일시
예시	壬丁丙壬
	寅未寅辰
乾命	戊己庚辛壬癸甲
羊刃合去殺格	申酉戌亥子丑寅

이 四柱는 丙寅日主가 月上丁火 未月과 년지 寅中丙火 養生으로 심히 태왕이다. 得 년시투출 壬水하여 水火旣濟之功(수화기제지공)이다. (여름에 비를 만나 만물을 제도하는 상) 그런데 사주상황을 볼 때 火土之氣가 水殺에 비하여 심히 勝하고 있는데 대운이 잘 순통하여 金水운이 들고 있다. 그 金水운중에서도 壬子癸丑운은 干支가 모두 水로써 수기부족에 補水하여 각료로써 수상이 되었던 것이다.

그 實은 生月丁火羊刃이 合去壬殺하여 正謂 殺刃相停(정위살인상정)으로 위진 만리격인데 甲寅운에 들면서 火장생궁으로 助火氣하게 되는 바 火有餘而水不足하게 되며 그 用神 壬水가 인에 病하게 된다. 또 丁火羊刃이 투출되어 있어 羊刃이 倒戈(도과)면 必作無頭之鬼(필작무두지귀) 라는 글에 해당하여 遭刑死(조형사)하게 되었다.

주) 이 四柱는 未月丙日生으로 신약이다. 다행히 寅中丙火 未中丁火 寅中丙火 월간 丁火가 있고 辰中乙木 寅中甲木, 未中乙木, 寅中甲木이 있어 인수를 작용하니 득세 득지하여 신왕하다. 년시간 양 壬水와 辰中癸水가 관으로서도 훌륭하다. 그곳에 金水운이 들어와 8자의 균형을 바르게 하고 있고 寅辰拱祿貴人을 감추고 있다. 地支全木에 甲寅운을 맞이하여 木多火息이 되고 만다. 참고할 일은 지장간의 작용인데 지장간은 언제든지 강한 세력을 따라간다는 사실이다. 즉 寅中丙火나 未中丁火가 작용을 멈추고 강한 木작용으로 변심한 것이다. 거기다가 월간 丁火 역시 년간 壬水와 丁壬合木이 되니 남은 것은 일간 丙화 하나로 더군다나 時干 壬水는 水生木하니 목숨부지가 어렵다. 형조에서 사형을 당한 것은 단지 핑계일뿐이다.

◎ 建祿格(건록격)

이 祿은 두가지 설이 있다고 전해진다. 하나는 正官을 의미하는 官祿이요, 또 하나는 十干祿으로 甲祿在寅, 乙祿在卯 하는 식의 建祿을 주장하는 것이다. 전자는 회기편에 말한 雖逢建祿(수봉건록)이나 切急會殺爲凶(절급회살위흉)이라 한 문구를 인용하여 회살이란 암회七殺을 말함인데 그렇게 되면 흉로라고 전재하고 가령 甲日生人이 用酉月로 正氣官星祿하는데 若年時에 子辰이 申金을 유치하여 申宮庚金을 會起시키게 되는 것인데 그 庚金七殺은 甲木의 寇賊(구적)이 되는 고로 흉하다고 말하는 것이며 후자의 주장은 건록과 회살이란 月令에 十干祿을 세우고 다시 殺이 會合하였음을 말하는 것이니 가령 甲日生人이 寅月에 출생하고 原有庚金殺이 투출되어 있는 중 지지에 또다시 회합살왕하는 것을 말함이다라고 주장한다. 그런데 이곳에서 건록격이라 함은 祿馬(록은 官이요 마는 財다)의 祿을 말하는 것이 아니고 分明 十干祿의 正祿을 月建에 놓았다 하여 月建이라는 建자와 十干正祿이라는 祿자를 따서 建祿이라 한 것이고 그로써 格을 이루었다하여 건록격이라고 명칭하게 되는 것이다. 따라서 이격은 월건을 위주로하는 것이고 혹 연지록을 작용하는 수는 있으나 극히 희소한 것이며 時間의 록을 日祿居時(일록거시)라 하여 별도로 취급하고 있으며 또 日支祿 역시 專祿格(전록격)으로서 별도 취급하고 있는 것이다. 이로써 동일한 十干祿이되 月에 있으면 建祿, 日支에 있으면 專祿, 시지에 있으면 귀록으로 각각 명칭이 붙게 되고 작용되는 것이다.

四言獨步(4언독보)에 이르기를 月令建祿에 多無祖屋(다무조옥)이라 하였다. 가령 甲의 祿은 寅인데 甲의 官 辛金은 寅에 絶하고 또 甲木의 財 己土는 寅에 病宮이 되는 까닭에 官,財 즉 조업이 없다고 말하는 것이다, 또한 正祿은 동시에 比肩宮이 되는 것이다. 가령 甲祿은 在寅으로 寅宮에는 甲木比肩이 도사리고 있기 때문에 財를 克하여 克妻財하는 수가 많게 되는 것이다.

이상은 모두 祿이 旺한 경우를 들었음이고 이 祿을 制하거나 녹의 제압을 받은 財가 왕하여 나올때는 도리어 좋아지는 것이니 四言獨步 日 一見財官에 自然成福이라 하여 크게 좋아하고 있는 것이다. 하지만 이 말도 녹과 재관이 균등조화를 일컬음이라 건록에 재관만 있으면 좋다는 뜻은 아니다. 또 이와는 달리 건록을 놓고도 身이 弱한데 殺이 干頭에 투출하고 地支에 會殺이 왕하여 있으면 이것은 곧 희기편에서 말한 그대로 月令에 비록 建祿을 만나도 切急會殺 爲凶이라 하여 흉악해지는 것은 사실이다. 그러나 칠살이 왕해도 身이 助逢身하면 그 殺을 이겨낼 만한 힘이 있으면 그 녹에 귀하여 건록에 용신하는 것이다. 고로 이격 역시 타격과 같이 中和之道를 필요로 하므로 옛글에 이르기를 乙木이 生居卯하고 庚辛이 干上에 逢火旺人은 발부하고 殺地면 壽元終(수원종)이라 하였으며 또 이르기를 春木이 無金이면 不是奇인데 金多尤恐(금다우공)에 反遭危(반조위)라 柱中에 取得中和氣(취득중화기)면 수복 강녕백사의라고 하여 4주상황을 잘 참작해서 논단해야 함을 강조하고 있다.

예시　　　　　庚戊癸庚
乾命　　　　　子午丑申
年支 건록격　　己庚辛壬癸甲
(喜見財官例)　未申酉戌亥子

이 四柱는 癸日生人이 午月에 출생하여 본 신약이다. 다행히 년支에 子祿을 얻어 根하였고 또다시 丑中癸水와 子丑合祿하였으며 시간 庚申이 金水로 旺하여 신약은 변강으로 一見 戊午財官하자 能任할만한 힘이 있어 중화지도를 잘 이루었으며 戌운에 財官이 旺하여 크게 귀히 된 四柱다.

註) 이 四柱는 午月 癸日生으로 신약하다. 그런데 月干 戊土와 合 戊癸火局으로 변하였다. 따라서 신왕재왕하게 되었는데 년지 子水가 病이다. 子午冲하기 때문이다. 午는 기댈 곳이 없으나 子는 庚金이 생조하여 결국 신약재다가 된 셈이다. 戌운은 午戌火局으로 병인 子수를 능히 이기므로 귀히 된 것이고 癸亥운은 戊癸합을 깸으로 하여 원래 癸水로 돌아와 金인수를 약화시키니 현상유지가 가능하리라고 본다.

	연월일시
예시	壬丙己庚
건명	申午亥午
月令建祿格	丁戊己庚辛壬
(喜見財官格)	未申酉戌亥子

이 四柱는 己日生人이 午月에 建祿하고 丙火투출과 時支午火로 身主自旺이다. 喜財官하므로 亥中甲木이 용신인데 壬財가 長生着根 滋殺甲木하고 있음이 可美라 亥壬운에 등각하여 승상에 까지 올랐다가 그만 子운에 들자 財殺이 왕하고 인수녹원午를 冲去시켜 未幸하게 된 四柱다.

註) 이 四柱는 午月己日生으로 신왕하고 무관이나 균형조화를 이룬 형이다. 또한 申亥 천관지축격으로 대격이다. 여기에 더하여 신오공록을 감장하고 있는데 子운에 이 공록을 파괴하므로써 물러나게 된 운명이다.

예시   辛庚甲乙

乾命	丑寅辰亥
月令建祿格	己戊丁丙乙甲
(見殺有制)	丑子亥戌酉申

이 四柱는 木旺春令에 건록하고 亥에 득장생하여 일주가 심히 생왕하였다. 다행히 辛金이 丑土의 생을 받아 存在하였고 또 庚金이 있어 관살도 왕하여 重制伏인데 丙丁운에 대귀하여 승상까지 올랐으며 酉운에 낙향하여 申운에 危命한 사주다. 그리고 庚辛관살이 혼잡왕이다. 甲乙與庚辛金이 各成配遇(각성배우)되어 있는 故로 관살이라도 不忌한다.

註) 이 四柱는 寅月 甲日生으로 신왕하고 亥時에 태어나 六甲추건격으로 大格이다.

여기에 木旺설기의 운으로 부상하게 된다. 寅건록을 좌우 丑과 辰이 암장癸水로 생조하고 寅辰이 卯를 공록하고 있어 더욱 귀기하다. 酉는 공록을 파하고 申은 건록을 충파하니 甲氣가 꺾이게 되었다.

	년월일시
예시	庚辛丙壬
乾命	午巳申辰
月令建祿格	壬癸甲乙
(化人金水多)	午未申酉

이 四柱는 丙火가 비록 巳月 爐冶之火(노야지화)에 득록하여 있다 하나 柱中 년월 庚辛金이 巳申에 착근 생왕하였고 또 동시에 時上壬水칠살을 自坐辰庫癸水에 착근하고 申金에 장생하고 다시 申辰水局하였다. 그리고 일주 丙火가 自坐殺地하여 이는 분명 金水財殺勝에 일주 強化爲弱되어 早行 午未火운에 扶助身하여 衣食頗足(의식파족)하더니 申운에 財殺太多하게 되니 帶疾(대질)로 死하고 말았다.

註) 이 四柱는 巳月丙火로 태어나 신왕하다. 거기에 月干辛金과 合

水하니 水太旺이다. 巳는 申으로 合水하고 오직 他성은 午火 하나뿐인데 午火를 생해줄 인수마져 없다. 午未火운에서는 근근히 연명하였으나 申운에서는 또다시 水를 도와 午火가 꺼지게 된다.

예시	庚辛丙乙
乾命	午巳申未
月令建祿格	壬癸甲乙丙
(身祿旺財官弱)	午未申酉戌

이 四柱는 앞 四柱와 시간 하나만 틀린다. 고로 앞 四柱는 壬辰時로 金水太旺身不旺格이 되어 申운에 財殺旺으로 죽게 된 것이고, 이 四柱는 乙未시로 身主太旺에 木火加重하여 身尤强(신우강) 財官金水不足으로 申酉金운에 대발하게 된 것이다. 고로 四柱에는 조그마한 시간차로 상당히 달라져서 성패운도 판이하게 달라진다는 것을 항상 명심하여 不可一例言하고 상황을 잘 참작하여 논단할 것을 거듭 부탁해 둔다.

註) 이 四柱 역시 앞 四柱와 같은데 時만 다르다. 그런데 한사람은 요절하고 한사람은 부귀를 누렸다. 무엇때문인가? 이 四柱도 앞 四柱와 같이 丙申合水하였다. 巳申合水도 같다. 庚金이 生水하는 것도 같다. 다만 시간 壬辰과 乙未가 다를 뿐이다. 문제는 四柱八字의 작용도 인간심리와 같아서 강한세력을 쫓는다는 점이다.

앞 四柱는 地支가 辰巳午申이고 이 四柱는 地支가 巳午未申이다. 고로 앞4주는 냉수가 되고 이 사주는 온수가 된다. 거기다가 앞4주는 水에서 더 나가지 못하고 막혀있고 이 사주는 水에서 乙木으로 흐르고 있다. 따라서 앞4주는 金운을 만남으로 더욱 냉해지고 이 사주는 金운을 만남으로 오히려 안정과 조화를 이루게 되었다. 다시말하면 앞 사주는 물이 넘치는데 샘물을 만난격이고 이 사주는 물이 부족한데 샘물을 만났다.

◎ **時上一位貴格(시상일위귀격)**

시상일위귀격이란 시상에 단 하나의 편관을 놓아 그로 하여금 격이 성립되는 것을 말한다. 시상이라 하면 시간의 天干에 편관을 원칙으로 하지만 옛글에서 말하기를 時上一位가 藏在中인데 이는 日主要 剛强(강강)하고 利名方有氣라하여 시간 地支의 암장으로도 작용됨을 시사하고 있다. 이 格의 구성은 나를 이기는 七殺로써 구성되는 것이기 때문에 근본적으로는 身이 弱하게 되므로 身主가 고강해야만 한다. 신주고강이란 예를들어 甲寅日 庚午時라든가 乙卯日 辛巳時등으로 時上偏官을 말한다. 그리고 이 格은 명칭과 같이 一位貴이기 때문에 년월에서 다시 편관을 만나는 것은 이 격이 아니고 시상편관에 년월로써 정관이 나타나 있으면 그는 관살혼잡으로 大忌하는 것이다. 다음 身이 좀 약한데 殺이 강할 경우 월건에 식신이 있어 制하게 되면 이를 食居先殺居后(식거선살거후)라 하여 功名이 쌍전이라고 5행 원리소식부에 기록되어 있다. 攻防擊退法(공방격퇴법)

또하나는 補日(보왈) 羊刃이 合殺이면 變凶爲吉(변흉위길)이라 하여 卯月甲日弱의 경우 시상일위귀 庚金殺이 왕하다면 그 庚金은 卯月中 乙木에 乙庚合으로 合去殺하여 길하게 되는 것이다. 계선편에 말하기를 경득임남이 제병화인데 작장년이요 갑이 乙妹(을매)로 妻庚하니 凶爲吉兆(흉위길조)라 하였고 (美人計), 다음 殺印相生으로 가령 丙寅日에 時支 亥中壬水로 시상일위귀가 되어 殺이 왕한 경우 그 亥水는 寅에 合木하여 그 寅木으로 하여금 生丙火하도록 하는 법(協商法(협상법)등이 있는데 이것은 모두 전에 설명한 바 있는 월편관격과 같은 것이다.

그리고 시상칠살을 제하는 것은 물론 길하나 만약 이중삼중으로 그 칠살은 억제하면 制過(제과)라 하여 진법무민으로 대단히 불의하게 된다. 시상편관은 반드시 有根이라야 하는 것이기 때문에 무근이면 이격은 파격으로 삼는 것이다. 고로 계선편에서 말하기를 편관이 時遇制伏太過(시우제복태과)면 乃是寒儒(내시한유)라 하였다.

또 시간에 살이 왕하고 다시 득재하면 더욱 살왕하여 내가 쇠약해지면서 不能任 자손하게 되므로 빈천무자가 되기 쉬워 克子歌(극자가)에 말하기를 시상칠살은 本無兒(본무아)라 하였다. 연이나 신왕4주에 시상유살은 能任其子(능임기자)하는 상으로 부귀多子하게 되는 것이다. 나(이석영선생님)는 다년간 이 원리를 응용하여 시간은 처궁도 되는 것이므로 신왕시상 일위귀는 과연 현처요 신약살왕은(시상편재도 동일) 악처에 고민할 것이라는 점을 많이 예언하여 적중함이 많았고 또 庚日丙子時 丙戌時(冬月尤)생이 柱逢多壬(주봉다임)하면 그 자녀 안맹 또는 시력 심약함을 많이 경험하고 있다.

이 格 구성이 이와 같으므로 이격이 구성 되었을 때 첫째 신강신약을 구별하고, 둘째 식신으로 그 살을 격퇴냐 합살로 미인계냐 또는 살인상생으로 협상이냐를 살피고, 셋째 그 살을 제거시키는데 적당한가 무리한가 아니면 못하는가 아니면 從殺이냐를 살펴 논할 일이다.

	년월일시
예시	戊甲甲庚
乾命	戌寅辰午
時上一位貴格	乙丙丁戊己庚辛
	卯辰巳午未申酉

이 四柱는 寅月이라 하나 嫩木(눈목:어린나무)이 점점 완강해지는 때이고 또 辰에 木여기를 寅辰이 合局하고 또다시 습토로써 甲木이 착근하였으며 또 월상 甲木으로 보강하여 신주고강을 잘 이루고 있다. 약간 살이 약한 중 巳午운에 억제가 과하여 有意無就(유의무취)하였고 己未운에 補一位貴하여 내무장관을 지내고 庚辛운에 연속국회부의장, 공화당의장서리 등 三公位에 오른 바 있어 호운을 자랑할 수

있었던 윤치영님의 사주다.

註) 이 四柱는 寅月甲木으로 신왕하다. 신왕하므로 일위귀가 빛나게 되는 것이고 숨은 공록이 대귀의 발판을 만들고 있다. 寅戌이 午를 공하고 寅辰이 卯를 공하고 辰午가 巳를 공하니 거기다가 甲戊庚 三奇貴人(갑무경 3기귀인)을 더하니 이 어찌 귀하지 않겠는가?

	년월일시
예시	辛癸戊甲
乾命	未巳辰寅
時上一位貴格	壬辛庚己戊丁丙
	辰卯寅丑子亥戌

이 四柱는 巳月戊土로써 身主自旺이다. 六陽之節로 土燥火炎(토조화염)이 念慮(염려)되는데 다행히 潤土(윤토-습토辰)를 만났고 癸水가 투출하여 능히 만물을 키울 역량이 갖추어져 있다. 그러는중 시상 甲木으로 一位貴를 이루었고 甲木은 寅辰에 착근배토하여 그야말로 명실공히 신왕관왕으로 격을 순수성있게 이루었으며 辛金이 制殺하여 매우 아름답다. 신과 살을 대비할 때 신강살경이 되어 있으므로 일찍 卯운에 고등고시에 합격 卯寅운에 서울지방검찰청 검사직 丑운에 巳丑으로 金局을 이루어 生癸水희신으로 고등검찰청 검사로 승진한 四柱다. 앞으로 子亥水운을 만나면 生용신 甲木하여 재상의 지위까지 오를 것은 틀림없는 四柱다.

註) 이 四柱는 巳月 戊日生으로 신왕한데 月干癸水와 합하여 火局이 되었다. 火局으로 변했지만 역시 火왕절에 출생하였으므로 신왕하고 인수다봉이 된다. 甲寅과 辰未中 乙木이 그것이다. 여기에 5행을 두루 갖추고 木火土의 삼각균형을 이루었으며 寅辰과 巳未가 좌우공록을 보유하고 있어 貴격이다. 만약 卯寅운이 제대로 작용했다면 4주의 조화가 무너졌을 것이나 辛庚절지에 있어 균형을 유지하였고 을축

역시 균형을 유지하였으며 戊子운은 戊癸火局을 파괴하므로 戊土本局으로 귀환하게 되는데 子가 子辰水局하여 왕목을 생하므로 신약관왕이 되어 균형이 무너지게 되니 앞의 해설처럼 재상의 반열에 오른다는 것은 꿈이지 않을까 생각된다.

    예시   癸己戊甲
    乾命   亥未戌寅
    시상일위귀격   戊丁丙乙甲癸壬
                     午巳辰卯寅丑子

이 四柱는 未月 戊日 炎炎之節(염염지절)에 戊戌日로써 일주근왕하여 요관하는바 마침 갑목이 일위귀로 투출하여 인해에 장생록하고 있으므로 아름답다. 原無制官(원무제관)이나 일주 심왕한고로 對比殺(대비살)하여 아직 신강살약이므로 不要制殺(불요제살)이다. 년상 癸亥는 己未에 저지당하여 生殺에 너무나 거리가 멀고 亥未木局殺은 亥中甲木이 己土羊刃에 殺刃相停(살인상정)하여 본 귀격이다. 戊丁丙운은 신왕에 불필요한 火土운으로 가뭄에 비를 만나지 못한 격이었고 乙甲木운에 대성공하여 현직 국회위원인 김은하님의 四柱다. 그런데 庚戌年 九月에 路上喪配(노상상배)사건은 本四柱가 戊戌日로 간여지동에 己未 羊刃으로써 처궁이 심약한중 寅戌로 生刃하여 羊刃이 合歲君으로 극처하게 되었는데 財臨之殺(재임지살)로써 처궁에 노상지액이 있게되는 원리에서이다.

    註) 이 四柱는 未月 戊日生으로 매우 신왕하고 이 四柱의 특징은 甲己合 戊癸合 寅戌合, 亥未合으로 처세가 능란하다. 또한 戌未 또는 未亥로 천관지축격이다. 다시말하면 정승팔자인 셈이다. 필자가 기억하기로는 국회부의장까지 지냈던 것으로 알고 있다.

    예시   癸壬戊甲
    乾命   亥戌寅寅

시상일위귀격　　辛庚己戊丁丙乙
(用印格)　　　　酉申未午巳辰卯

이 四柱는 戌月 戊日生으로 일주가 왕하고 다시 寅에 위치하여 더욱 강하다. 그런데 寅은 木으로써 身을 극하여 약한 듯 하나 그 寅은 丑寅艮으로 土氣가 있고 또 寅은 丙火의 장생궁이 되어 寅戌로 合局化 하기 때문에 강화하였다는 것이다. 고로 관을 필요로 하게 되는바 다행히 시상 甲木이 있어 일위귀로 작용하게 되는데 寅에 착녹근하고 癸亥壬水가 왕성하여 일주와 대비하여 볼 때 身은 강화위약하고 살은 약화위강되어진 것이 분명하다. 고로 辛庚운에 制殺甲木이나 기복이 많았고 己운에 길하였으며 未운은 亥未로 木局하면서 애로가 많았다가 다시 戊午운에 一發如雷(일발어뢰)하여 40전 일찍 도지사에 오르게 된 사주다.

註) 이 四柱는 戌月 戊日生으로 신왕하고 四地支에 戊土뿌리를 내리고 있으며 水木이 삼각균형을 이루고 있는데 오직 火가 없어 한스럽다. 그러나 寅戌이 午火를 공하고 있어 언젠가는 때가오면 폭발할 것이다. 다행히 戊午火운을 만나 寅午戌 火局을 이루면서 木土를 통관시키니(더욱 강한 木관살의 기운을 덜어 조금 약한 土를 도우니)일약 도백으로 등장하게 된 것이다.

　　　　　　　　연월일시
예시　　　　　　甲癸庚丙
乾明　　　　　　辰酉申戌
시상일위귀격　　甲乙丙丁戊己庚
　　　　　　　　戌亥子丑寅卯辰

이 四柱는 酉月 金왕절에 庚金일주로 출생하고 申酉金局이 유취하여 신왕됨이 과하다. 고로 官을 필요로 하는데 시상 丙火가 自坐 戌之庫(자좌술지고) 丁火에 착근하여 관역시 왕하다. 그런데 丙火는 失時

하여 점점 水冷으로 향하는 시기로 丙火는 제어하지 않고도 身에 비하여 심히 약하다. 亥子水운에 극자敗財하다가 丁丑운에 근근히 버티다가 戊寅운에 제거 癸水病하고 寅戌로 火局함과 동시 丙火장생운으로 내무부장관을 지내게 된 四柱다.

註) 이 四柱는 酉月庚日生으로 태왕하다. 그리고 申戌천관지축격으로 대격이다. 다행히 시상丙火가 庚金태왕을 자제시키고 있음은 5행을 두루 갖춘 덕택이다. 때를 기다렸는데 戊寅운을 만나 비뚫어진 4주가 균형을 잡아 똑바로 서게되니 타고난 제몫을 다하게된 四柱다.

예시	乙乙辛甲
乾命	丑酉巳午
시상일위격	甲癸壬辛庚己戊丁
	申未午巳辰卯寅丑

이 四柱는 時支午中丁火로 일위귀를 定格하는 예이다. 酉月 辛日金이 녹을 이루고 또다시 巳酉丑 金局全하여 金月令 日主高强으로 정신이 매우 剛明하다. 고로 관을 필요로 하는데 다행히 時支 午中丁火를 얻어 일위귀를 이루고 옆으로 巳火를 얻었는데 無制殺(무제살)이 되어 不奇(불기)하다라고 할 사람이 있겠지만 이 四柱의 상황을 관찰할 때 호재살이라 하여 子가 있거나 단 一位逢(일위봉)이라하여 그 午火뿐이라고 한다면 沒火(몰화)가 되어 무용지화가 되고마는 것이다. 지금 午中丁火를 용신이라하고 巳화는 보화로 약간의 힘을 얻고 있으나 火失令으로써 아직도 火氣가 부족하고 오히려 金氣가 중한 것이다. 고로 火운을 기뻐하게 되는 것이 분명한데 午운甲午년에 중시에 합격하고 당년에 다시 대과까지 급제해서 크게 성공한 四柱다.

註) 이 四柱는 酉月辛金日生으로 득령하였고 巳酉丑金旺局을 이루었다, 그리고 재甲乙乙로 왕하고 관 巳午도 왕하다. 또 숨은 조력자가 있으니 日時支암장丙火가 丙辛干합하고 있다. 또한 木生火 火生土 土

生金으로 及身而止格인데 癸壬水운에 5행통관되어 성공한 예로 보아야 마땅하다.

	년월일시
예시	乙乙辛甲
乾命	未酉巳午
시상일위귀격	甲癸壬辛庚己戊丁
	申未午巳辰卯寅丑

이 四柱는 앞 四柱와 글자 한자 틀린다. 前者는 巳酉丑 金局이 왕하고 火부족이었기에 火운에 성공하였는데 반하여 이 四柱는 巳午未 火局이 되어 金부족이 되기 때문에 午운에 패망하였고 金운 즉 辛庚운에 크게 성공하게 된 四柱다. 이와같이 四柱논단에 있어 한자만 틀려도 천지차로 달라진다는 것을 알아 시간은 말년이니 없어도 볼 수 있다고 주장하는 논자가 되어서는 안된다는 당부를 하고 싶다.

註) 이 四柱는 앞 四柱와 년지 丑과 未가 다를뿐 모두가 같은 꼴이다. 이 四柱 역시 酉月辛日生으로 巳酉金局을 하고 있어 신왕하다. 또한 未酉가 申金을 공하고 있다. 역시 일시지 암장丙火와 일간이 간합하고 있고 또 前者와 같이 及身而止格이다. 午운에 패망했다고 하는 표현은 좀 지나친감이 있다. 패망한 사람이 어찌 다음운에 크게 성공할 수 있단 말인가? 이 四柱는 전 四柱보다 좀더 큰 운명이라고 보아도 무방할 것이다. 동서고금 어떤 운명을 막론하고 역경없는 성공이 어디 있었던가 조금의 역경과 수모를 견디지 못하면 성공 역시 무리가 될 것이다.

	년월일시
예시	丁壬辛丁
乾命	亥子巳酉
시상일위귀격	辛庚己戊丁丙乙

(去留舒配格)　　　亥戌酉申未午巳

　이 四柱는 관살이 혼잡이다. 그러나 년살 丁火殺은 月上壬水가 丁壬으로 合去하였고 일지 巳火정관은 년지 亥水로 相沖하여 제거하였으며 오직 시상丁火一位만을 나의 貴로 용신하게 되는데 이와같이 각각 버릴 것은 버리고 짝한 것은 짝하는 것을 日去留舒配라고 한다. 고로 시간에 단 一位貴가 되어 시상일위귀격으로 정립된다.

　그러나 그 火는 11월의 火로써 엄동설한인 고로 火氣가 심히 약하여 金水는 나에게 병이 되는 것이고 丙丁戊己가 좋은 운이다. 辛亥운에 구사일생하였고 戌己戌운에는 성공하였으며 丙午운에서는 鎭貴人(진귀인)이 된 四柱다.

　註) 이 四柱는 子月辛日生으로 신약하다. 다행히 巳酉金局으로 극신약을 모면하였고 유년 水太旺(수태왕)으로 힘들었다고는 하나 부모밑이라 팔자를 논할 처지가 아니고 식상이 왕하니 자연 인수가 용신이다. 庚戌부터 丁未운까지가 토운이니 좋은 운명이고 丙午운은 丙辛合水로 신왕재왕이 되어 진귀인이 되었다고 보아야 옳을 것이다.

예시　　　　　　庚壬戊甲
乾命　　　　　　寅午午寅
시상일위귀격　　癸甲乙丙丁戊己
　　　　　　　　未申酉戌亥子丑

　이 四柱는 午月 유취火局으로써 고강이다. 관 역시 甲木이 寅에 착근하여 약하지 않다. 身官대비 身强官弱(신강관약)으로 亥子水운에 생조관하여 상서(부정관)가 된 四柱다.

　註) 이 四柱는 5행을 두루 갖추고 甲戊庚三奇貴인격에 신왕하니 무슨 운인들 마다 하겠는가! 8자를 자세히 살펴보면 5행중 壬水一位 庚金一位로 金水가 약한 것은 사실이다. 다행히 申酉戌亥子丑 금수운으로 유유히 흘러가니 주마가편이다.

예시 　　　　乙丙庚丙
乾命 　　　　巳戌戌戌
시상일위귀격　乙甲癸壬辛庚
　　　　　　　酉申未午巳辰

　이 四柱는 戌月 庚日生으로 戌中에 아직 辛金氣가 있어 신왕이다. 고로 丙火로 一位貴를 삼는데 月上丙火가 二 중으로 있어 흠이라 하겠지만 丙火 失令에 戌多泄氣(술다설기)하므로 二 중 丙火라도 무방하다. 그리고 水가 進氣하는 때라 丙火가 심약이나 丙丙이 있고 巳와 戌中丁火에 착근하여 可美라 巳午운에 대성하여 대정당의장까지 지냈다가 庚辰운에 퇴위하게 된 정구영님의 四柱다.

　註) 이 四柱는 戌月 庚金日生으로 土多金埋(토다금매)요 관살혼잡이다. 일위귀라고 하기에는 많은 무리가 따른다고 보겠다. 거기다가 乙木이 生火하니 어찌 관이 약하다고 하는가? 이 四柱는 戌三位가 영웅호걸격으로 대격을 이루고 암장 戌中辛金巳中庚金으로 四地支 모두가 庚金을 응원하고 있으니 가히 귀격이라 할만하다.

　또한 及身而止로 水를 절대 필요로 하는바 癸壬辛 水운에 대발한 것이다. 辛운은 丙辛合水로 水작용을 한다. 庚辰운은 대격을 이룬 戌三位를 辰戌冲으로 무력화 시킨 탓이다.

예시 　　　　戊壬己乙
乾明 　　　　申戌未亥
시상일위귀격　癸甲乙丙丁戊己
　　　　　　　亥子丑寅卯辰巳

　이 四柱는 戌月 戊土투출하고 未土가 있어 일주왕이다. 고로 時上 之木 一位貴格으로 用하는데 일주에 비하여 관이 약간 약하다. 그러니 관왕운에 귀하게 되어 寅卯운에 재무부장관이 되었던 사주다.

　註) 이 四柱는 戌月己日生으로 일지 未土 연간 戌土로 신왕하고 亥

未木局에 官卯를 공하고 시상乙木편관을 맞이하고 있으니 관왕하다. 또한 申戌이 식상酉를 공하고 戌未亥 천관지축격이니 가히 대격이라 하지 않을 수 없다. 여기에 火가 통관하니 丙丁운에 양명하게 된다. 또 하나 특이한 점은 未中己土가 亥中甲木과 甲己合土하니 身官一體를 이루고 있음이다.

◎ 年時上 官星格

　연시상 관성격이란 생년이나 생시에 관성이 있어 그 관성으로 격이 이루어지는 것을 말한다. 따라서 이격의 구성은 年時干에 관성을 위주로 하지만 상황에 따라서는 그 地支官星이거나 년상에 편관(一位貴)이 있어도 이격이 성립되는 것이다. 이를 다시 세밀하게 구분하면 년상관성은 年上官星格, 時上官星은 시상관성격, 時支에 관성이 있는 경우는 時官星格 또는 時支官星格 年干에 편관이 있으면 연상일위귀격이라고 칭해야 하겠지만 그 구별은 하지 않고 총칭하여 년시상관성이라 한다. 따라서 月에 관살이 정관격 月편관격으로 구성되는 것이고 그 외 년시에 관성이 있거나 편관이 있으면 年時上官星格으로 구성되는데 이 격은 月에 관이 없을 때 비로서 이 격이 성립되는것이고 월관성격은 변화가 많은데 비하여 연시상관성격은 주로 격이자 용신되는 점에 차이가 있다. 이격 구성역시 官衰傷官(관쇠상관)을 꺼리며 財庫生官 왕함과 신왕을 기뻐하는 것이다. 日支官 역시 이 격에 포함하고 있다.

　이를 정리하면 연상 또는 시상에 관성이 있으면 연시상관성격이라 하는데 크게 꺼리는 것은 신왕관쇠에 傷官旺과 관성이 충파를 당하는 것과 또다시 월건에서 재봉관성하는 것을 凶하게 본다. 연상관성을 曰 歲德(세덕)이라 하는데 財生官하는것과 印生身旺(인생신왕)하는 것을 모두 기뻐한다. 년시상관성격이 柱中에서 다시 칠살을 만남없이

居하고 있으면 그는 기필코 부귀영화가 石崇(석숭)에 비할만하다고 전한다. 년상칠살이 만약 타주에서 재차 관살을 만나면 그는 風雲兒(풍운아)의 운명이 된다. 만약 연시상관성이 재봉관살하는 경우라도 去官留殺하게 되어 중화지도를 얻게되면 그는 장차 부귀영화가 왕실에 득달하게 되는 것이다.

     년월일시
예시   癸癸乙庚
乾命   亥亥卯辰
연시상관성격 壬辛庚己戊丁
     戌酉申未午巳

이 四柱는 乙日生人이 亥月木장생궁에 출생하고 亥卯로 盛旺(성왕)하여 官을 필요로 하는바 時上庚金을 얻어 연시상 관성격을 이루었고 坐辰土에 弱殺財滋(약살재자)의 힘을 얻었는데 卯木의 극을 받아 病이 된다. 病이 亥卯로 중한데 병이 중하므로 크게 귀히되는 법인데 중년 申酉운 除去病(제거병)하여 20대 약관으로 고시에 합격하고 庚申 己未운에 장관이 되고 국회의원이 된 四柱다.

 註) 이 四柱는 亥月乙日生으로 신왕하다. 문제는 乙庚合으로 변했다는 점이다. 여기에 다시 卯中乙木과 辰中乙木이 합세하여 변금을 응원하고 있으나 약은 면했지만 그렇다고 강도 아니며 왕수가 설기하니 힘이 약한데 다행히 金土운이라 크게 발복하게 되었다. 여기에 土生金 金生水 水生木하여 及身而止格인데 火운을 만나면 더욱 귀히 될 것이다.

     년월일시
예시   癸庚辛癸
乾命   丑申卯巳
時上官星格 己戊丁丙乙甲癸

未午巳辰卯丑

이 四柱는 秋月 辛金 日生으로 日主高强이다. 다행히 時上 巳中丙火 官이 존귀한데 사주에 金水凉寒(금수량한)이 病甚(병심)이라 유병이라야 방위귀로 柱中如去病이면 재록이 양 相隨(상수)라 고로 귀격인데 木火운에 대법관을 지냈고 앞으로 甲寅운까지는 부귀불휴로 청귀명관하여 만인의 존경을 받을 四柱다. 癸丑운에 도착하게 되면 길운 점퇴로 71세 癸亥년에 큰 액을 만나게 되고 80세 壬申년하여 金水太旺으로 巳中丙火 용신을 극하여 신명의 위기로 나는(이석영선생님) 보는 것이다.

註) 이 四柱는 申月辛日生으로 신왕하고 5행을 두루 갖추었으며 巳卯가 인수 辰土를 공하니 세상이 내손안에 있는 격이다. 여기에 운까지 木火로 균형을 잡아주니 말 그대로 상팔자격이다. 여기에 시상巳中丙火官뿐 아니라 그 관이 나와 일체를 이루니 법(官)이 나요 내가 법이라 만사형통할 수다.

	년월일시
예시	乙乙庚丁
乾命	巳酉午亥
時上官星格	甲癸壬辛庚己戊
	申未午巳辰卯寅

이 四柱는 酉月 庚金 日生이 득령 金司令(금사령)하여 旺한중 다시 巳酉金局하여 日主高强이다. 그런데 시상丁火관성도 午에 녹근하고 巳午火局하여 火 역시 심왕이다. 고로 신왕관왕격인데 년상 乙木, 월상 乙木이 亥에 착근하여 木火相生하므로 火重庚金이 된다. 辛庚己戊운에 크게 부자되어 복록가의 四柱다.

註) 이 四柱는 酉月庚日生으로 신왕하고 년월상乙木과 亥中甲木으로 재왕하고 년지巳火 일지午火 시간丁火로 관왕하다. 여기에 연지巳

火官은 酉와 合하고 月干 乙木財는 乙庚合하니 평생복록이 넘치는 운명이다. 아쉬운점이 있다면 인수가 없음인데 인수가 없어도 능히 관합재합으로 부족을 느끼지 못하는 四柱다.

	년월일시
예시	乙乙庚丁
乾命	亥酉午亥
시상관성격	甲癸壬辛庚己戊
	申未午巳辰卯寅

이 四柱는 前者와 년지 巳亥로 한글자만 틀린다. 전자보다 酉金이 巳中庚金과 結局을 못하고 그 亥中 甲木이 있어 木은 더욱 旺하여 生火하므로 金이 死하여 中年 金土운도 발하지 못하고 일생을 빈곤으로 살았다.

註) 前者와 이 四柱를 비교할 때 띠로 乙巳生과 乙亥生으로 巳와 亥만 다를 뿐 8자에서 7자가 같고 한글자만 틀린다. 그리고 대운도 같이 흘러간다. 그런데 전자는 부귀영화를 누리고 후자는 빈곤하게 살았다고 전하고 있다. 물론 나이차로는 30년 차이요 옛사람들이라 확인할 길은 없다. 다만 추리할 뿐이다.

만에 하나 위 사주 해석이 사실이라고 한다면 그것은 집안 내력이나 환경 또는 성격이나 질병, 또는 배우자와의 어떤 문제가 있었을 것으로 판단된다. 왜냐면 사주상의 문제라면 전자보다 관이 조금 약할 뿐 亥酉 공록까지 있어 빈곤한 운명을 찾을 길이 없기 때문이다.

예시	辛丁癸壬
乾命	酉酉卯戌
시상관성격	丙乙甲癸壬辛庚
	申未午巳辰卯寅

이 四柱는 癸日 酉月生人이 득 戌時하여 신왕으로 庫中財官을 놓아

可喜라 그런데 金水심왕에 재관이 미약하여 虛官이 큰 病이다. 그런 중 水木이 왕하여 克 虛官戊土하므로 더욱 重病이 된다. 고로 대귀격인데 년월지 酉金이 制木하고 있어 可美인바 이것을 말하여 病藥相濟(병약상제)라 한다. 癸巳운에 巳酉로 會走金局하여 克乙木病하니 格中에 如去病이면 재록이 兩相隨(양상수)란 이치로 등과하여 어사로 대귀히 되었다가 寅卯木운에 克虛官하니 病이 兩侵하여 官에서 은퇴 야인이 된 사주다. 이것이 바로 月上에 정관이 없을때는 허관이라도 有하면 可用한다는 예를 든 것이다.

   註) 이 四柱는 酉月癸日生으로 신왕하다. 그리고 5행을 두루 갖추었다. 木이 病이라 하는데 이 四柱는 財生官해야 하므로 火가 용신이요, 木이 희신이다. 여기서 辛卯운을 조명해보자. 재생관해야 하는 월간 丁火가 년상 辛金과 원래 冲을 하고 있다. 여기에 다시 辛金이 와서 冲하니 丁火가 사라지고 卯酉가 冲하고 있으나 유 하나가 더 있어 신왕을 유지하였는데 卯木이 와서 나머지 酉金과 또 卯酉冲하니 결국 丁火藥財(정화약재)와 인수가 천충지충되어 죽지 않고 살아있는것만도 5행을 두루 갖춘 덕이라 해야할 것이다. 자 여기서 卯木은 희신인데 왜 이러한 위기를 만드는가? 卯木이 희신이 아니고 나쁜 것이라 하여 항상 나쁜 것이 아니라는 점을 알아야 한다. 때와 장소에 따라서 길흉이 뒤바뀌는 예가 많다.

   만약 앞의 해설처럼 木이 病이라면 초년 甲乙운은 어떻게 설명할 것인가?

   또 寅卯木은 金절지에 놓여 있는데 어떻게 운명을 바꿀 수 있는가?

예시	己乙庚丁
乾命	酉亥子丑
年時上官星格	甲癸壬辛庚己戊
(制殺太過)	戌酉申未午巳辰

이 四柱는 庚日生人이 亥月에 출생하고 봉자축으로 설기가 매우 심한데 다행히 己, 酉丑을 만나 유취 金局하여 약변위강이 된다. 고로 從兒(종아)는 하지 않는다. 丁火는 무근으로 심약한데 상관이 태왕하여 克火하니 制殺太過(제살태과)가 된다. 고로 丁火官을 필요로 하는바 水가 病이다. 未土운에 제거병하여 재무부장관이 된 四柱다.

午, 己巳, 戊운까지는 잘 발복하다가 辰운 75세 癸亥年이 되면 子辰 水局이요, 또 干支에 水殺년을 만나 중병 水가 재침하여 극용신하므로 신명이 위험하다고 본다. 이 四柱는 金水가 病이요, 火土가 藥인데 다행히 火土운을 만나 대발하게 되었던 四柱다.(병약설원리용신법)

註) 이 四柱는 亥月庚日生으로 신약이다. 다행인 것은 乙庚合金하고 5행을 두루 갖추었으며 亥酉가 戌土인수를 공하고 酉戌亥子丑으로 地支가 막힘없이 흘러가는 모양새가 귀기하다. 또한 時上一位貴人 丁火가 生土丑하고 丑은 다시 丑土生庚金하므로 신약을 면하게 되었다. 거기다가 멀리 있지만 酉丑金局하니 멀리서 또는 숨어서 돕는자가 많다. 앞 해설에서 金水가 病이요, 火土가 약이라 하였는데 이는 분명 착오라고 생각한다. 만약 金水가 병이라면 어떻게 장관이 될 수 있는 위치까지 올라갈 수 있었는가? 이다. 여기서는 분명 비겁이 용신이요 土가 희신이 된다. 이유는 신약이기 때문이다. 午운은 子午冲으로 나를 신약하게 하는 식상을 충거하므로 무사하고 巳는 火生己土하고 巳酉丑金局을 이루므로 庚金旺局을 이루게 되는데 酉丑의 사이에서 子亥가 설기 하므로 진왕국이 아닌 가왕국이 되어 위기를 모면하게 될 가능성이 높다. 戊辰운도 큰 작용은 일어날 것 같지는 않으나 丁卯운은 나를 살게하지 않을 것이다.

예시　　　己庚己甲
乾命　　　未午未戌
시상관성격　己戊丁丙乙甲癸

巳辰卯寅丑子亥

　이 四柱는 午月己日生人이 득령득세득위하여 三者俱全으로 최강격 4주다. 설기하거나 억제하는 것이 좋은데 午未火局에 뿌리가 없어 작용하지 못하고 甲木으로 宜制인 바 다행히 未中乙木에 有根이다. 그러나 심히 미약하여 火旺이 病이요, 有病이라야 方爲貴하므로 中年 木운에 대과급제하여 판사로 등원 명관이 된 四柱다. 명관이 된 것은 정관 甲木이 仁德性淸純한 까닭이며 사주격국이 無邪(무사)하여 정신이 고상한 탓이다.(연상 기토가 있어 姤合이 되어 化格이 아니다)

　註) 이 四柱는 午月己巳日生으로 신왕하다. "해설 중" 午未火局에 뿌리가 없어 작용하지 못하고. 해놓고 火가 병이다하는 모순된 이론은 어떻게 된 연유인가?

　만약 火가 병이라면 金水가 약인데 또 어찌하여 병을 키우는 木운에 급제할 수 있는가 이러한 해설을 두고 이현령비현령이라고 하지 않는지 생각해볼 부분이다.

　필자가 보는 견해는 가색격이 분명하다. 丁卯丙寅운은 木生火하므로 木운이 아닌 火운으로 보는 것이 5행학의 논리상 타당하다고 본다. 또한 병약의 이론상 木이 병이라면 火는 약이 되지만 火가 병인데 木이 약이라는 설명은 금시초문처럼 느껴진다.

예시	丙辛庚庚	丙辛庚辛			
乾命	申丑辰辰	申丑辰巳			
			대운세운월건		
년상관성격	壬癸甲乙丙丁戊		戊	庚	庚
	寅卯辰巳午未申		申	子	辰

　이 四柱는 丑月 庚日에 출생하고 연지 申에 녹근을 얻었고 일시地支에 滋養庚金地土를 얻어 得令은 못하였으나 득위득세하여 중강격

을 이루고 있다.(近最强) 申, 辰. 丑中 壬癸水로 설기하고자 하나 尙有 凉凍之水이며 四柱土旺으로 不用泄精하고 마땅히 丙火로 制金인데 丙火는 무근으로써 虛火다. 고로 丙火는 무근으로 不用이 원칙이나 그럼에도 다행한 것은 출생이 12월 하순 대한을 지나 三陽之 寅中丙 火長生宮에 進氣하고 있으므로 무형의 丙火 長生氣를 얻어 그것을 바라고 있다. 만약 丑月 초생만 같아도 이 격은 癸水司令으로써 丙火가 아주 沒하기 때문에 작용을 못하는데 다행히 丑月 말경에 출생한 것이 기묘한 일이다.

　초중년에 불길하였고 40넘어 丙火운부터 길성이 입조하여 점점 개운하더니 午운을 맞이하여 丙火용신의 着根 (착근)으로 一發如雷(일발여뢰)하여 丁未운으로 이어졌으며 位登 국방부장관, 국회의장 등 三公位에 列하였고 65세 庚子(경자)년에 부통령까지 되었다가 庚辰月이 들어오면서 申子辰(四柱申, 세운子. 월건辰)水局하여 克丙火 用神하고 戊申대운 戊土에 丙火 晦氣沒光(회기몰광)하여 盡法無民(진법무민)으로 當選(당선) 50일도 못되어 세상을 떠나게 된 고 이기붕 부통령의 四柱다. 혹자는 이 四柱의 시간이 巳時라고 주장하는 사람이 많이 있다. 巳時라면 이 格은 뚜렷이 巳火용신으로 누구나 쉽게 정할 수 있게 될 것이요, 그 巳火 역시 시상일위 귀격으로 귀함에는 틀림없다.

　註) 이 四柱는 丑月 庚日生으로 신왕이다. 문제는 庚辰時인가 아니면 辛巳時인가가 핵심이다. 아직 천박한 지식의 필자가 본 견해로는 庚辰時라면 유아기 辛丑운에 유명을 달리해야 하는 운명이다. 이유는 地支全 水와 土다. 그리고 申丑은 金局이다. 土金水가 旺旺한데 丙火가 존재할 수 있는 확률은 없다고 보아야 한다. 여기서 丙火는 생명에 해당되고 또한 丙辛合水로 허화일 뿐이고 辰中乙木은 土生金하고 乙庚合金하므로 천지간에 뿌리가 없다. 그럼 반짝이다. 사라지는 별똥

별이나 한번 번쩍이는 번갯불이다. 이러한 연유로 신사시가 옳은 것으로 보인다. 또 辛巳時가 아니라면 土金水로 천재격이긴 하지만 귀격은 아니다. 年上官星格이라 하지만 庚辰괴강살이 둘인데 3살 때 戊戌년이다. 괴강살이 형충을 당하면 재앙을 면하기 어렵다는 사실은 누구나 아는 사실이다. 이러한 연유로 하여 필자는 辛巳時로 정하고 해설을 붙이고자 한다. 辛巳時로 보았을 경우 연상丙火는 丙辛合去되고 시상 巳中丙火가 귀격인데 巳丑이 酉를 공하고 申辰이 子를 공하여 암중 귀격을 형성하며 辰中乙木이 또한 숨어서 돕는다. 결론은 시상관성 일위귀격인데 火가 용신이요 목이 희신이다. 木火운에 대귀하였다. 만약 木운이 희신이 아니라면 장관을 하기 전 무식하게 몸으로 세상을 살았겠는가? 하는 의문이다.

또한 결론적인 문제인데 60넘어 戊申대운에 왜 비명횡사하였는가 이다.

庚辰時로는 해답을 찾기 힘들다. 그러나 辛巳時라면 해답이 나온다. 巳申合水요 巳申刑이니 관성이 사라지는 때를 만난 것이다.

한마디 덧붙인다면 庚金日生에 辛金은 비겁이다. 어떤 귀격 四柱를 보아도 身官合이 십중팔구다. 이 四柱도 예외없이 身官合(丙辛合, 辛巳干合)이요, 日支干合(辰中乙木)이 귀격을 보조하고 있음이다.

예시	壬乙丁乙
坤命	子巳未巳
년상 관성격	甲癸壬辛庚己
	辰卯寅丑子亥

이 四柱는 巳月 丁火日生으로 火氣가 炎熱인데 다행히 壬水 연상 관성이 투출하여 子水에 착근하니 용신으로 가하다. 辛丑운 巳丑金으로 生壬水用官하고 庚子대운에 金水相旺하여 7년 대한 가뭄에 장대비가 쏟아지듯 개운 대통하여 부군이 국가에 많은 공을 세워 귀히 되니 국

방부 장관까지 역임하게 되었다.
　己土운에 잠깐 운이 침체되었고 이제 60부터 亥운이 들면서 권토중래할 수 있는 전용우님의 부인 四柱다.
　註) 이 四柱는 巳月 丁火日生으로 신왕하다. 여기에 巳未巳로 좌우에 午를 공하여 귀할뿐만 아니라 子午午 쌍포격이요, 암요재궐격이다, 또한 身官合一한데 행운까지 水金으로 水는 용신이요 金은 희신이니 이보다 더 좋을 수 는 없는 四柱다. 하지만 花無十日紅(화무십일홍)이라 己亥운은 이 좋은 四柱의 봄날이 끝남을 알리는 신호로 보아야 한다. 乙巳月乙巳時로 天冲地冲하는데다가 巳未巳 공록을 파괴하니 소슬대문 대저택의 지붕이 무너지고 담장이 허물어져 폐가가 된 형상이다. 앞 해설에는 亥운에 권토중래할 것이라 했지만 필자가 보는 관점으로 권토중래는 한낮 춘몽일 것으로 보인다.

◎ **時上偏財格**
　시상편재격이라함은 時干에 편재가 놓여져 있고 그 편재로써 격이 이루어짐을 말한다. 따라서 이 격의 구성은 반드시 時干에 편재가 있어야 하며 또 日干이 왕해야만 그 財를 감당할 수 있으므로 첫째 신왕을 요하며 또 재도 왕해야만 되는 것으로 신왕재왕함을 말한다. 예를 들면 甲寅日 戊辰時의 경우이다. 天干투출 편재신이 진격인데 만약 他柱에 재가 있어 혼잡되면 不純하여 不奇한 것이다. 신왕재쇠에는 물론 식상운이 생재함을 필요로 하고 신약재왕에 行 관운이면 克身하므로 불능임재로 불길해지며 비겁으로 신왕한 재격에는 行관운으로 制 비겁하여 재를 살려야 좋은 것이다.
　또한 이격에서도 시상일위귀와 같이 地支편재로도 이루어지는 원리는 같다. 그리고 정재와 편재가 다른 것은 正은 正이요, 表요 明이요 前인데 비하여 偏은 不正이요, 裏요 暗이요, 後인고로 정재는 정당한 實業(실업)에 해당하여 門前去來(문전거래)라고 하면 편재는 부정한 투기 밀수 같은 뒷문거래가 되는 것이고, 또 정재는 매장에 진열된 상품이라고 하면 편재는 암거래하는 재물이므로 그 성패는 편재가 속전속결이다.

따라서 횡재하는 재물은 편재격에서 많이 보고 또 월편재와 시편재는 그 정착위치에 따라 월편재는 변화가 많고 시편재는 변화가 적은데 그 성질은 같은 것이다.

시상 편재격은 일주와 재사이가 조화를 이루면 부귀영화를 누리는데 만약 비겁이 많은 신왕에 시편재격이면 형제자매가 나의 처를 구박하는 象이 되어 해로하기 어렵고, 처궁에 편재가 강하고 일주가 약하면 엄처시하에 공처가 되기 쉬운데, 이격이 극심한 경우는 도리어 그 처가 자기성질에 못이겨 자살하게 됨을 많이 보고 또 관살이 가중하면 財生殺(재생살)하여 克身하므로 처자로 인한 재앙이 면면하여 속을 썩이고 사는 경우를 많이 보아 왔다. 시결에 이르기를 시상편재는 순수하게 격이 이루어져 작용하는 것이 적고 겁성이 많거나 신약, 충, 파재 등으로 못쓰게 되는 경우가 더 많다. 신왕재왕을 기뻐하지만 충파로 傷財하게 되면 절차탁마로 곤란을 겪어야 한다. 시상편재는 단 하나라야 좋은데 충파를 만나지 않으면 부귀쌍전이 石家와 비길만 하는 것이다. 시상편재가 비겁을 만나면 파산, 빈곤, 상처, 손처하게 되고 그 욕됨이 헤아릴 수 없어 굶기를 밥먹듯할 것이다. 그러나 만약 편재가 정관을 대동하게 되면 겁성이 나타난다해도 福相千(복상천)이나 4주본국에 겁성이 있고 운에서 또다시 겁성이 나타나면 재앙이 끝없이 나타날 것이다.

    예시   庚乙甲戊
    乾命   寅酉子辰

時上偏財格　　丙丁戊己庚辛
　　　　　　　戌亥子丑寅卯

이 四柱는 八月 甲木으로 본 신약이나 寅木과 辰이 유합하고 그곳에 착근하였고 乙木이 투출하여 칠살 庚金과 合去하고 홀로 있는 酉金을 작용하고자 하나 酉金이 生子水하고 子水生 일주 甲木하여 不用하고 시상편재로 용신하게 된다. 중년 戊, 己丑운에 대성하여 조정에 출입하였던 사주다.

註) 이 四柱는 甲日酉月生으로 신약하다. 관은 강하고 재는 약하고 식상은 왕한 편이다. 공식대로라면 월지 酉金에 庚金이 투간되어 편관격이 되고 火가 통관용신이 된다. 하지만 자세히 살펴보면 8자를 비교할 때 子辰水局하고 辰中乙木이 있으며 년지 寅木이 있어 재를 감당할만하고 칠살은 乙木이 身官合하니 관이 썩 두렵지 않고 시상편재로 용신하니 火는 희신이 된다. 또한 土生金, 金生水, 水生木으로 及身而止格인데 초년 火운이 통관하여 순환상생으로 귀격을 형성하게 된다. 寅酉암합하는 중 寅中丙火도 한몫을 하고 있다. 甲戊庚三奇도 귀를 더한다.

예시　　　　　癸戊丁辛
乾命　　　　　卯午丑丑
시상편재격　　丁丙乙甲癸壬
　　　　　　　巳辰卯寅丑子

이 四柱는 午月 염천지절 출생하여 癸水를 작용함이 당연할 듯하나 癸水는 生坐下즉木하여 약한 중 戊土의 制止를 받아 不用하고 日支丑土에 설기하여 生土辛金케 하니 시상편재로 용신한다. 癸丑 壬운에 용신지병인 火를 제거하고 生財하여 장관이 되었던 四柱다.

註) 이 四柱는 午月丁火로 태어나 신왕이다. 그러나 득령만 했을 뿐이다. 그러나 戊癸火局하고 卯木이 生火하여 신왕을 유지하게 되었

다. 그러나 식상이 왕하여 설기가 심한데 다행한 것은 5행을 두루 갖추었다는 점이다. 또한 이 사주는 년상관성격과 시상편재격을 함께 갖추고 있다. 더하여 형충이 없다는 점은 시상편재격의 최대장점이다. 이러한 사주의 경우 어떤 운도 모두 장점으로 활용되는 진귀한 四柱다.

예시　　　　　甲丁己癸
乾命　　　　　午丑未酉
시상편재격　　戊己庚辛壬癸
　　　　　　　寅卯辰巳午未

이 四柱는 己日生人이 丑月에 출생하여 三陽에 進氣하고 있으며 丁火투출에 午未로 結局하고 있어 신왕하니 官制 甲木으로 用하고자 하나 丁火를 생하여 통관하고 있으므로 관인상생이 되어 不用하고 泄氣로 볼 때 酉金이 물망에 오르게 된다. 그런데 酉宮에는 癸水가 착근 투출되어 있고 또 月支丑과 時支酉가 酉丑金局이 되어 食神生財로 癸水 時上偏財가 용신인데 酉金은 희신이요, 柱中土는 用神之病이다. 卯운에 卯未木局을 결성 제거병하니 氣發하였고 庚辛운에 대성하여 군사령관까지 되었던 四柱다. 巳는 이 격의 병이 되는 土를 생하여 불리한 듯 하나 巳酉丑으로 金局하여 生癸水 용신하므로 인하여 吉하였던 것이다.

註) 이 四柱는 丑月己巳日生으로 신왕하다. 여기에 5행을 고루 갖추었으니 상격인데 未酉가 申을 공하고 있어 귀격이다. 그런데 여기서 자세히 살펴보면 丑未冲과 己癸冲이 있다. 이미 사주의 본 바탕에서 균형과 조화를 이루고 있다. 이론대로 논하자면 卯운은 卯未合도 되지만 癸水를 생하는 희신 酉와 상충한다. 그럼 어떻게 되는가?

　　　　　　　연월일시
예시　　　　　丁戊壬丙

乾命　　　　　亥申申午
시상편재격　　丁丙乙甲癸壬
　　　　　　　未午巳辰卯寅

이 四柱는 申月 壬日生으로 신왕한데 申宮戊土 투출로 용신하고자 하나 坐下申宮에 洩氣태심으로 살인상생되어 印綬을 生하여 주니 신왕만 조장하게 된다.

고로 관을 생하여 주고 인수를 억제하는 시상편재를 용신하고 보니 金水凉寒에 丙火가 坐下午에 근하여 따뜻하게 해주니 어찌 기쁘지 않겠는가.

木火운에 中書(부재상급)까지 되었으며 壬癸水운에는 蹇滯(건체)되었던 四柱다.

註) 이 四柱는 申月 壬日生으로 신왕한데 午申이 정관未土를 공하니 申亥천관지축격으로 대격이다. 또한 及身而止格인데 乙巳운부터 壬寅까지 40년간 源遠流長(원원유장)으로 순환상생되어 대귀하게 된 四柱다.

예시　　　　　　년월일시
乾命　　　　　　戊辛戊壬
시상편재격　　　子酉申子
(傷官生財, 從財)　壬癸甲乙丙丁戊
　　　　　　　　戌亥子丑寅卯辰

이 四柱는 酉月 戊日에 출생하였고 辛金이 투출하여 상관격인데 그 辛, 酉, 申金은 모두 生水하게 되는 것인즉 子,壬,子로 金水가 전권을 쥐게되니 정기는 상관에서 壬水財로 바뀌어 지기 때문에 시상편재격이라고 하게 되는 것이다.

엄격히 말하면 진상관격이 생시상편재격이라고 칭해야 되겠지만 이것을 생략하여 시상편재격이라고 칭한다. 그런데 이 格은 辛金상관이 투출득위하고 局을 이루었으며 또 壬水財도 투출하여 子에 근하고 申子水財局을 이루어 從兒에서 從財로 변화하는 四柱다. 亥子丑운에 知府(도지사급)가 되었다. 이 격과 같은 경우 財旺生官으로 관운도 좋은데 火土운은 불리한 것이다.

註) 이 四柱는 酉月戊日生으로 신약하다. 식상이 너무 왕하고 재 또한 왕하다. 이러한 四柱가 종종 있는데 土金水로 뭉쳐 있다. 이럴 때 火土운은 신약한 戊土를 도와주니 좋고 水木운은 水로써 식상金을 설기시키고 木은 水를 설기시키니 역시 호운이다. 만약 종재격으로 본다면 목운도 수재를 설기 시키므로 대단히 불리하고 火운은 더욱 불리하다. 그럼 亥子丑운은 어떠한가? 아무리 시장이나 도지사급 벼슬이 하찮다고 하여 2~30대 오를 수 있는 벼슬이 아니다.

	년월일시
예시	戊戊戊壬
乾命	午午申子
시상편재격	己庚辛壬癸甲乙丙
	未申酉戌亥子丑寅

이 四柱는 戊日生人이 午月에 출생하고 연월일 戊土중첩하여 일주 심왕이다. 고로 설기함이 좋은데 다행히 申金을 日支에 놓았고 申金은 다시 生水하면서 申子로 결합하였으며 시상에 壬水가 투출되었으나 壬水를 일주가 능히 이길만하므로 용신을 삼으니 시상편재격이다. 유년 庚辛壬운에 早達功名(조달공명)하였고 戌운 戊戌년에 들자 양인 午中己土가 合戌하여 戊己土旺으로 克壬財하므로 群劫爭財(군겁쟁재)가 되어 재산은 片瓦未留(편와미류)로 기왓장 하나 남김없이 파산하였고 상처손첩등으로 一合升求(일합승구)로 됫박쌀을 사다먹은 처지에 있다가 癸亥운에 보신하고 또 財生木(亥中甲木)으로 制劫하여 크게 名崇祿高(명숭녹고)하게 되었다. 이 주인공은 현 이사관직인

데 앞으로 甲子운에는 틀림없이 장관까지 하나 하게 될 것이다.
  註) 이 四柱는 午月戊土로 신왕하다. 戊土三連에 申中戊土가 있어 영웅호걸 격이다. 여기에 午申이 未를 공하고 子午双包格이다. 戌운은 8자의 균형을 무너뜨리는 불운이며 金水는 四柱균형을 잡아주는 저울추역할이며 앞으로 木은 통관 용신이 되니 장관뿐 아니고 三公의 위에 오를만한 四柱다.

◎曲直格
  곡직격이란 甲乙生人이 寅卯辰全 또는 亥卯未全으로 이루어지는 이 격은 순전히 東方一片 秀氣의 木으로써 구성되는 것인데 그 木의 성질은 直하고 曲하므로 인하여 曲直이라는 意義를 지니고 있는 것이다. 또 木은 東方之仁이요, 仁者는 壽(수)하므로 仁壽(인수)라는 뜻을 가지게 되며 그 의미를 더하여 총칭 곡직격 또는 곡직인수격이라고 명칭한다. 따라서 이격은 金을 大忌하게 되어 申酉가 있어 충파하거나 경신이 투출되어 있으면 그것은 不立不奇(불립불기)하게 되는 것이다. 고로 格解라는 글에서 말하기를 곡직격은 甲乙日木이 要地支에 寅卯辰 或(혹) 亥卯未全으로 無半分(무반분) 庚申之氣하고 幸運喜東北方(행운희동북방)에 用此(용차)라, 怕(파) 西方運인데 更怕刑(갱파형)이라 하였고 또 벽연부라는 글에서는 亥卯未가 逢於甲乙(봉어갑을)이면 富貴無疑(부귀무의)라 또 말하기를 木이 全寅卯月 辰方에 功名自有라고 하였다.
  그런데 이 格은 신해8법의 類象(유상) 또는 屬家(속가)에 속하며 또 변격의 종왕격에도 속하게 되는 것인데 全的으로 그렇지는 않고 格性에 따라 用財 또는 用傷官(又食神)格으로도 변화되는 예가 많다. 고로 이 格에서도 그 상황을 잘 살펴서 그 用할바를 명확히 단정해야만 한다. 대체적으로 이 격은 앞에서 말한바 있는 庚辛申酉를 기하는 것이고 기뻐하는 것은 수목이지만 이것 역시 용신이 변하면 기뻐함도 싫어함도 달라지는 것이니 일률적으로 喜忌를 고집해서는 안되는 것이 사실이다.

		년월일시
예시		甲丁乙戊
乾命		寅卯卯寅
曲直格		戊己庚辛壬癸甲
		辰巳午未申酉戌

이 四柱는 乙日生人이 寅卯木局全하였고 또다시 卯月득령하고 甲木이 투출하여 순수한 곡직인수격을 이루고 있다. 그런데 木局이 生 丁火하고 丁火秀氣로 木火통명하여 四柱의 氣와 정신이 高强한 격으로 의사로 의학박사가 된 四柱다.

참고) 의학박사가 된 것으로 추명가 29에 寅卯夏月 甲乙日生, 丙日生人 戌亥逢과 丙申丙寅日 逢刑殺도 活人家(활인가)에 흔히 본다에 의함이다.

註) 이 四柱는 卯月乙日生으로 신왕하고 地支全木局으로 곡직격이 분명하다. 문제는 土金운을 어떻게 견딜 것인가?에 있다. 이유는 곡직격의 해석에 있다. 천만다행한 일은 이 四柱의 주인공이 의사라는 점이다. 매일 사람의 살을 찢고 꿰메는 과정에서 피를 보고 칼과 바늘을 사용한다. 사실 곡직격이라 해도 金을 만나지 못한다면 器皿(기명)이 될 수 없음은 만고의 진리다.

	년월일시
예시	
乾命	壬壬甲乙
	午寅寅亥
곡직격	癸甲乙丙丁戊己
	卯辰巳午未申酉

이 四柱는 甲日生人이 寅月寅日亥時로 곡직격을 이루었다. 亥도 合 寅木하여 生木하고 또 木의 장생궁으로 木으로 합류한다. 그리하여 四柱가 午字를 제외하고는 모두 水木으로 成立되어 泄精(설정)을 필 요로 하는데 다행히 午를 찾아 寅午로 기상관을 이루어 설기함이 기 특하다. 일찍 巳운에 대과급제하였는데 巳午未 남방운에 대 부귀가 될 四柱다.

註) 이 四柱는 寅月 甲日生으로 신왕하다. 이 四柱는 곡직격도 되지 만 六甲추건격으로 대격이다. 또 격을 떠나서도 水木火로 뭉쳐 있음 으로 金운은 金生水하여 좋고 土운은 火生土하여 좋고 火운은 木生火 하여 강목을 설기해서 좋은 만능팔자다.

예시   甲丁乙丙
乾命   寅卯未子
곡직격   戊己庚辛壬癸
      辰巳午未申酉

이 四柱는 乙日生人이 寅卯 卯未木局을 이루어 분명 곡직격이 된 다. 身主 강왕으로 설기함이 좋은데 木火통명으로 南方火운에 總兵 (총병)이 되어 10만대군을 호령하였던 四柱다.

註) 이 四柱는 卯月乙日生으로 신왕하다. 이 四柱는 水木火土로 뭉 쳐있고 金이 통관용신이 된다. 또한 乙丙丁 三奇를 얻었으며 운행 金 水로 대귀한 운명이다.

예시   壬癸甲戊
乾命   寅卯子辰
곡직격   甲乙丙丁戊己
      辰巳午未甲酉

이 四柱는 甲日生인이 寅卯辰으로 신취8법에 類象(유상)이요, 格局 法으로는 곡직인수격이 분명하다. 다행히 時上戊辰에 재고를 놓아 귀기하게 되는데 경중을 비교할 때 身旺財輕(신왕재경)이 된다. 고로 남방 巳午未運에 補財(보재)하며 木土가 상전으로 대치가 되어 있는 것을 木生火運 火生土財 용신으로 잘 통관하여 大異人이 된 四柱다.

註) 이 四柱는 卯月 甲日生으로 신왕하다. 곡직격으로도 볼 수 있지만 시상 편재격으로 보는 것이 더 운명에 근접된 해설이 아닐까 생각해 본다. 이 四柱에서는 貴奇가 보이지 않는다. 이 사주의 주인공이 大異人이라 하는데 그것은 단지 운행 火土로 운이 도왔음을 발견할 수 있다.

	년월일시
예시	壬癸甲戊
乾命	寅卯申辰
曲直用財格	甲乙丙丁戊己
	辰巳午未申酉

이 四柱는 앞 四柱와 똑같다. 그러나 다른 것은 日支 한자 뿐이다. 이 格은 申金이 되어 時上辰土의 자양을 받아 能破木氣(능파목기)하니 그만 일생을 빈한으로 불쌍한 세월을 보냈다. 이 격을 모르는 사람들이 얼른볼 때 壬寅癸卯 연월로 신이 왕하여 戊辰, 申金을 감당할 수 있어 좋은격이 아니겠느냐? 생각하겠지만 그 申金은 木집단을 파하고 甲木이 申에 絶하며 격이 아주 파하게 된다. 운행申마을에 戊辰土 財가 그만 火土용신의 病死宮이 되어 去世하고 말았다.

註) 이 四柱는 卯月甲日生으로 신왕하다. 이 四柱는 앞 四柱와 일지 申과 子인 한글자만 다르고 모두가 같은 조건이다. 이 四柱가 평생 불쌍하게 살았다고 했는데 원인이 무엇인가? 이 四柱는 土金水木으로 及身而止格이다. 또한 時上 偏財格이요, 申辰이 子를 공록하고 있어 대격이다. 행운 또한 火土운이다. 火가 통관하니 순환상생으로 대귀한 운명이어야 된다. 만약 이 四柱가 戊申운에 去世하였다면 앞 四柱

도 마찬가지 일뿐이다. 또한 戊申운을 보면 甲戊冲인데 戊가 재차 冲
하고 甲木의 뿌리인 寅을 申이 冲하고 있는데 申이 재차 冲하며 통관
용신 火운이 끝난 상태에서의 재난이라 할 수 있을 것이다. 단 하나 대
격과 길운은 맞이하고도 왜 빈곤하고 불쌍하게 살았을까?가 의문이
다. 곡직격으로 보면 申金이 병이요, 시상편재격으로 보면 甲戊冲이
병이다. 及身而止格으로 보면 丁未운까지가 이 四柱의 끝이다. 왜 가
난하게 살았을까?

◎ 炎上格
 염상격이란 불이 피어 오르는 것으로 격이 이루어졌다는 뜻인데 불
이 피어 오른다는 뜻은 丙丁火日生人이 또다시 地支에 火가 全하여야
하는 것이므로 구성은 丙丁火日生人이 地支에 寅午戌全 또는 巳午未
全을 말하는 것이다. 그러므로 이 格은 水克火하는 것을 크게 피하므
로 壬癸亥子가 있으면 破格이 되는 것이고 또 金은 生水하며 同時에
克木하여 木生火를 방해하므로 인하여 이격에 대하여 張楠(장남)선
생은 寅卯月生丙丁日에 낳고 寅午戌全이라 하여 寅卯月生으로서도
成格됨을 말하였는데 나는 화가 失時한 申酉金月이나 子丑水月의 丙
丁日이 寅午戌全 혹은 巳午未全만 아니면 물론 이격은 성립되는 것이
사실이라고 보는 것이다.
 이 格에 대한 문헌을 참고로 하여 본다면 벽연부라는 글에 이르기
를 寅午戌이 遇於丙丁이면 榮華有日(영화유일)이라. 또 말하기를 火
臨巳午未之域(화임사오미지역)에 顯達之人(현달지인)이라 하였고
또 시결에는 夏火가 焰炎高(염염고)인데 無水에 方知是(방지시) 顯豪
(현호)라 운행 木地에 方成器(방성기)하니 一擧爭嶸(일거쟁영)에 奪
錦袍(탈금포)라 말하였다. 이 格도 신취8법의 유상 속상에 속하는 것
이며 가상관격 또는 상관용재격 또는 재격 등으로 변하게 되는 예가

많은 것이니 그 거취를 잘 살펴서 희기를 논단해야 할 것이다.

	년월일시
예시	甲庚丙戊
坤命	寅午戌戌
炎上格	己戊丁丙乙甲癸
	巳辰卯寅丑子亥

이 四柱는 丙日生人이 寅午戌全으로 丙火生旺하여 炎炎之象(염염지상)으로 염상격이 분명하다. 好泄精(호설정)인데 다행히 시상戊土하여 木生火 火生土로 순수하게 잘 식신을 놓아 木火土로 三象格을 이루어 수십억대의 부인으로 삶하는 사주다.

명리 六親 초보자의 판단으로서 사주에 식신이 많고 무관성이며 범띠에 말달生으로 대불길이라 하기 쉬운데 그렇게 감평하면 오차가 아닐 수 없다. 신봉서 위경론에 말한 상관(식신이라도 2자 이상이면 상관이라 칭함)이 불견관성이면 猶爲貞潔(유위정결)이라 한 글에 정중되는 四柱格이다.

註) 이 四柱는 午月丙火日生으로 地支 寅午戌全하여 염상격을 이루었는데 염상격이 싫어하는 月干 庚金 戌中辛金에 뿌리를 놓아 약하지 않다. 그런데 해설에서는 한마디 지적이 없고 또한 三象格이라 했는데 분명 木火土金으로 四象이 누가 보아도 보이는 현상을 삼상격이라 하면 어떻게 되는가? 또한 언제부터 어디까지가 보이지 않는다. 옛말에 천석꾼이 하루아침이라는 말이 있다. 필자도 하루아침에 부자되는 사람, 하루아침에 거지되는 사람들을 수없이 보아왔다.

이 四柱는 甲子운에 寅午戌火局을 파괴하므로 50대에 끝나는 운명이요, 戊戌괴강으로, 더하여 八陽에 무관이나 행복이란 단어가 어딘지 어색해 보인다.

예시   丙癸丁甲

乾命　　　　午巳巳辰
염상격　　　甲乙丙丁戊己庚
　　　　　　午未申酉戌亥子

　이 四柱는 巳月丁日生으로 丙火투출천지염열지상으로 염상격이 분명하다. 月上癸水가 忌星이라 하나 火局에 絶하여 不畏(불외)하고 時支辰土에 다정하게 설정하고 있다. 그런데 甲木이 克制하여 爲病(위병)이요 有病이므로 귀하여 고대총장, 신민당당수를 역임한바 있는 유진오 박사님의 사주다. 행 申酉金운에 제거 병하여 상관용신이 수기유행하여 대귀하였고 또 戊戌운에 泄氣口(설기구)를 확장하여 대성공하였다.

　書曰 가상관이 행 상관운이면 필발하고 에 해당된 것이고 亥운에 財名이 부진하게 되었는데 이는 甲木病이 亥에 장생궁하여 禍必隨(화필수)하게 된 것이다.(그리고 衰神亥(쇠신해)가 冲 旺火한 탓도 된다)

註) 이 四柱는 巳月丁火日生으로 신왕하다. 丁巳巳로 비천녹마격이다. 만약 염상격이라면 癸水는 분명 巳中庚金 辰中癸水로 큰병이다. 또한 申운은 巳申辰水局을 이루니 병이요, 酉운은 巳酉金局으로 金生癸水하니 병이다. 또 申酉는 財星이므로 군겁쟁재가 되는데 이 四柱에서만 특별면제가 되는가? 필자의 단견으로 볼 때 申酉는 水木火土에 金 통관하여 吉하였고 용신은 木火가 戊戌운은 戊癸火局으로 水病을 제거하였고 己亥는 비천녹마를 파괴시키므로 부진하게 된 이유가 아닌가 싶다.

예시　　　　戊丁丁丙
乾命　　　　辰巳巳午
염상격　　　戊己庚辛壬癸
　　　　　　午未申酉戌亥

　이 四柱는 월일시 天干地支가 모두 火星으로 되어 천지화염만국이다. 다행히 戊辰土가 有情하여 巳火生 戊辰土하는데 干頭에 戊土가 火生土 秀氣(수기)로 火의 吐精(토정)을 잘 財名如雷(재명여뢰)한 사주다.

註) 이 四柱는 巳月丁火日生으로 비천녹마격이다. 庚辛金운은 火土金으로 무난하고 壬戌운은 丁壬合木으로 木生火하여 무난하고 癸운은 戊癸火局하니 무난하여 亥운은 巳亥冲으로 비천녹마격을 파괴시키니 아쉽지만 춘몽을 깨게 될 것이다.

예시   己庚丙甲
坤命   巳午午午
염상격   辛壬癸甲乙丙丁
           未申酉戌亥子丑

이 四柱는 丙日生人이 巳午火局全을 이루었고 四柱局中에 無侵水殺(무침수살)하여 순수한 염상격을 이루고 있다. 그런중 이 격의 妙는 三午가 모두 己土를 대동하고 있는데 그 정기가 연상己土로 秀氣(수기)되었고 또 巳中庚金이 月上에 투출하여 상관생재를 이루어 이 사주는 甲木生群火하고 그 火는 生土하고 그 土는 生金하여 상관생재를 이루었다는 점으로 북방亥水운에서도 庚金用神의 병이 되는 火를 제거하여 평생 부호부인이 될 사주인데 그 후 子운에 들면 冲午로 制病하여 대길할 것 같으나 쇠신이 충왕하니 왕신발하여 파란위명하게 될 것이다.

註) 이 四柱는 午月丙火日生으로 丙午 비천녹마격이다. 만약 앞의 해설대로 염상격이라면 염상격이 가장 싫어하는 金水운을 만나도 이상없음은 격국설정이 옳지 않음을 실증하고 있는 것이다. 木火土金에 수는 통관용신이 되는고로 무사 귀부인이 되는 것이고 子운은 비천녹마격을 파괴시키니 水용신이라도 旺身冲이면 무사할 수는 없는 노릇이다.

	연월일시
예시	己庚丙甲
乾命	巳午午午
염상격	己戊丁丙乙甲癸
	巳辰卯寅丑子亥

이 四柱는 앞 四柱와 똑같은 사주다. 그러나 다른점은 전자는 坤命이요 이 四柱는 乾命이다. 前者의 己巳는 현 中元甲子의 己巳요, 이 格은 100여년전 옛날 己巳년이다. 그리고 전자는 우리나라에 거주하는 부인으로써 저자(이석영 선생님)가 감정하여 경험하고 있는 사주요, 이 四柱는 중국인으로 적천수징의에 예시로 나온 사주다. 그 예 해설에 말하기를 이 四柱를 속되게 말하여 丙午日이 支全三午하여 四柱에 不見水하고 있다. 그리고 또 中年에 수운도 없다. 필작 비천녹마격으로 명리쌍전한다하고 할 것이다. 그러나 그것은 심히 不知者의 논이다. 이 四柱는 그것이 아니고 午中己土 巳中庚金 元神己庚이 연월양간에 투출되어 火土상관생재격으로 다정하게 잘 이루고 있다. 라고 설명했다. 유년 己巳戊辰운에 상관이 약한 중 상관이 합세되고 강화가 설기되어 길하고 그 戊己土는 生金하여 유업이 매우 풍부하였으며 丁卯丙寅운에 용신土金이 모두 상하여 연이은 재앙이요 또 克兩妻四子(극양처사자)에 가업이 모두 파산되고 말았다. 乙丑운에 北方境內(해자축)로 습토회화하여 生金하고 또 巳丑으로 합하여 더욱 유정해서 재기하니 경영획리하고 취처생자하여 重振家聲(중진가성)하였다. 甲子 癸亥운에 윤토양금하여(제거 火病) 발재수만으로 대성하였다. 만약 이 격을 그대로 丙午日 다봉 午火로써 비천녹마격으로 정했다고 하면 大忌하는 水운 亥子北地에서 어떻게 성공하였겠는가라고 하였다.

참고) 그러니까 단순한 비천녹마격이다. 炎上格이다(염상격에서 水는 大忌함)라고만 하지말고 그 4주구성이 어떻게 변천되는가의 상황을 잘 살펴서 정격으로 基幹(기간)을 살펴서 참작하지 않으면 안 된다는 것이다. 이 격을 내가(이석영선생님) 생각하건데 적천수에서 염상격이 변 가상관용재격이라고 단정을 내리고, 비천녹마격이 아니라고 하였는데 나는 비천녹마격도 분명하다고 본다. 단 격과 용신은 별개의 것이므로 비천녹마용재격(비천녹마 변 가상관용재)으로 해석해도 그 용신되는 土金에 귀결하는 곳은 하나요, 둘이 아닌 것이다. 라고 보는 것이다.(녹마 水官이 弱則喜金水鄕故也)

註) 이 四柱는 午日丙日生으로 신왕하고 地支火全하고 시간 甲木까지 더하여 최강격이다.

또 이 四柱는 앞의 女命四柱와 시대의 차이는 있지만 글자한자 틀림없이 똑같다. 단지 행운이 女命은 순행하고 男命은 역행하였다. 두 四柱가 모두 성공하였으나 男命은 한번 실패하고 죽을 운에서 재기하였다. 이러한 특별한 운명을 일반론화하기에는 무리가 따른다. 비천녹마격도 염상격도 모두 맞다.

다시 한번 정리해 보자 丁卯丙寅운에 패망(가산탕진, 두부인과 네 아들 잃음)했다고 하였는데 염상격이나 비천녹마격으로 보면 망할 수 밖에 없다. 가상관용재격으로 본다면 망할 수 있다. 다음 甲子운을 보자, 여기서는 무엇으로 보아도 망할 수 밖에 없다. 초보자가 보는 눈이건 프로가 보는 눈이건 원칙에는 변함이 없는 것이 세상의 원리이고 우주의 이치다. 앞에서 수없이 강조한 바 있는 태왕한 病은 섣불리 沖하면 大禍가 있게 된다 하고 衰神(쇠신)이 沖旺(충왕)에 旺身發(왕신발)이라고 하였다. 그리고 앞의 해설 말미에 祿馬水官(녹마수관)이 弱則(약즉) 喜金水鄕(희금수향)이라고 한 연유는 무엇인가?

문제는 죽을 자리, 망할 자리에서 도리어 성공하였다고 하여 원칙을 바꿀 수는 없다는 결론이다. 그럼 이 문제는 어떻게 설명해야 옳은가?

일반적으로 흔히 하는 말, 돈하고 목숨하고 바꿨다. 라는 경우가 있다. 필자는 30여 년 전에도 이 원리를 깨달아 여러 사람들에게 큰 재앙을 작은 손해로 때움 해 주었다. 예를 들면 10억의 손재수가 있을 때 100만원으로 때움하는 것이다. 그것이 적선이다. 큰절이나 큰 교회에 나가서 헌금하면 손재수가 더욱 악화된다. 굶은 사람 끼니가 어려운 사람, 돈 10만원이나 백만 원 때문에 죽게 된 사람, 아니면 라면이나 끓여먹고 있는 절이나 교회, 철학관 등 작은 돈에도 맨발로 튀쳐나와 반겨줄 그러한 곳에 적선을 하게 되면 틀림없이 손재나 재앙을 막고 피할 수 있다. 부적이나 굿도 마찬가지다. 가난한 배고픈 무당에게 찾아가서 부적을 쓰거나 굿을 해야 효과가 있다.

다시 본론으로 돌아가서 이 四柱의 주인공은 천하가 무너져 내리는 화를 당했다. 이화를 당한 운명으로 보면 가상관 용재격이 맞다. 甲子 운에 재기하게 된 원인은 비천용마격도, 가상관용재격도, 염상격도 맞지 않다. 이 주인공은 처첨한 심정으로 인생을 고뇌했을 것이다. 그리고 개과천선하여 사주를 벗어나 우주의 이치를 벗삼았을 것이다. 그로 인하여 죽을 자리에서 새생명을 발견하고 그 새생명을 지극정성으로 소중하게 간직하였을 것이다. 그 삶이 원래 큰 그릇을 채웠을 것이다. 그러니 비천녹마나 염상격을 떠나서 水火土金의 八字가 수를 얻어 통관하니 새로운 세계가 열린 것이다.

	연월일시
예시	乙辛丙甲
乾命	未巳午午
염상격	庚己戊丁丙乙甲
	辰卯寅丑子亥戌

이 格은 巳月丙日이 또다시 地支全火局을 이루어 炎熱이 만천지하여 眞염상격을 이루어 부귀아로써 백년생애 陶朱公(도주공)을 이길 만큼 잘 살았다.

註) 이 四柱는 巳月丙火日生으로 신왕한 운명이다. 비천녹마격에 염상격인데 월간 辛金과 丙辛合水로 변하여 원류유장하여 순환상생하고 官財身一體(관재신일체)를 이루는 귀기한 四柱다.

	연월일시
예시	癸己丙癸
乾命	酉未午巳
염상격	戊丁丙乙甲癸壬
	午巳辰卯寅丑子

이 四柱는 丙午日主에 地支全巳午未 火局을 놓아 염상격이 분명하다. 그런데 未土秉令(미토병령)에 己土가 투출하여 火土상관격이 또한 분명하다. 火旺泄弱(화왕설약)하여 상관용재로 酉金을 탐내게 되는데 巳午未火局 비겁이 왕하여 金이 심히 약하다. 癸水를 작용하여도 일주능력은 충분하게 되므로 그 癸水가 用官하게 된다.

고로 이격의 水用神은 酉金에 근하였고 그 酉金은 水의 制火에 의하여 존재하고 있으므로 無官則 財無存(무관즉 재무존)하고 無財則官無根하는 밀접한 관계를 맺고 있다.

그리고 또 燥土火炎(조토화염)으로 水官이 有根竝透(유근병투)하여 以官爲用(이관위용)하게 되는 것이 분명한 이치다. 운이 火土에 이르러 財産이 破하고 형벌과 喪故(상고)가 不絶하였으니 行 乙卯甲寅 운하여 癸水용신에 病이 되는 己未土를 제거시켜 大獲財利(대획재리)함과 동시에 출사하여 癸丑壬子운에 용신 癸水를 보좌하여 대귀하게 된 四柱다.

참고) 이 四柱는 전번 상관용관격(正格)에서 기재한 바 있는데 또 이 염상격으로서도 해당되어 염상용관격이라 명칭해도 좋은 것이다. 내격으로서나 외격으로서나 그 변천하여 귀일하는 점은 꼭 같으므로 두 곳에서도 모두 기재하여 그 연원을 찾아 귀추시키는 법을 교시한 것이다. 그러니까 전후좌우로 잘 관련시켜 연구해야 하며 또 격이 곧 용신이 아니요 격과 용신은 별개의 것이라는 점을 항상 명심해 두어야 하는 것이다.

 註) 이 四柱는 未月丙日生으로 신약하다. 염상격으로 보기에는 大忌하는 금수가 왕하여 어렵고 月支未中己土가 月干에 투간되어 상관격인데 未酉가 申을 공록하고 巳午未申酉 順行으로 귀격이요, 火土金水하니 木이 통관용신이다. 따라서 상관용인격이라 함이 정답으로 보인다. 초년 火土운은 8자의 균형을 무너뜨리는 忌神이고 木운은 통관용신이며 水운은 火土의 왕함을 억제시켜 균형을 유지시키는 공으로 申공록이 작용하여 정격에서 논한데로 현령을 지내게 된 四柱다.

◎ 稼穡格(가색격)

 가색격이란 농사를 짓는다는 뜻으로 농사를 지으려면 농토가 필요하게 되므로 토로 이루어 진격을 말한다. 다시 말하면 戊己土日生人이 地支에 辰戌丑未全 또는 巳午未多字로써 구성됨을 말하는데 이 격에 木관살이 있으면 안 되는 것이고 또 辰戌丑未月中 未月만은 안 되며 辰戌丑月生 戊己日로써 巳午未 또는 辰戌丑未(미월만빼고) 숲이면 순수가색격이 되는 것이다. 그 未를 月에 忌하는 것은 丁火가 암장되어 있고 火月炎天之土로써 火炎燥土가 되어 가색지공을 거두기가 어려운 까닭이다. 未土외 辰土는 辰中癸水로써 습토가 되어 좋고 戌土는 尙存(상존) 辛金之氣가 있어 그 왕토가 泄精하므로써 좋으며 또 丑月 역시 丑中辛金기가 있어 그 축토가 泄精(설정)하므로써 좋은 것이다. 그리고 이 격이 좋아하는 운은 남방화운과 서방 金운인데 이유는 火운은 전원에 조광생토하고 金은 이 격의 적이 되는 木殺을 억제하는 까닭인데 이 火金을 만나면 부귀함을 많이 보고 木운이 극파가 색하면 必死한다고 하였는데 그 신묘함을 누차 경험하여 보았다고 장남선생(신봉통고 저자)은 말하였다. 그리고 格解라는 글에 이 격은 日干 戊己가 地支에 要辰戌丑未全하고 無木克制(무목극제)하고 有水爲用하니 方成此格(방성차격)이라 운에서 西南을 기뻐하고 동북을 싫어한다고 하였다.

하지만 그 연원을 잘 살펴야 함은 未月生이 不用이라 하나 土旺好泄精金으로써 가상관격으로 위용하게 되어 대길한 사주가 되는 등의 근본상황을 잘 살펴야 한다.

옛글에 말하기를 戊己日 未月生이 見金結局者(견금결국자)는 가상관격으로 不貴則富(부귀즉부)라 하였고 또 未月뿐 아니라 辰戌丑未月生 戊己日 旺者도 好泄金局하므로 書曰 土逢季位에 見金字多는 終爲貴라고 하였다. 他方으로 金局을 보는 四柱에도 해당되지만 戊己日生人이 辰戌丑未月에 출생하여 가색격을 이루고 金局을 보는 사주를 주로 하는 말이니 이는 곧 가색격이 가상관격으로 변화하는 것을 말하는바 우리는 항상 이격을 다룰 때 우선 격을 알고난 다음 사주상황 연원을 잘살펴 그 격의 변상하여 나가는 진수를 파악해서 용신을 정해야 되는 것이니 그 격에만 고집하여서는 안된다는 것을 명심해야 하는 것이다. 또한 가색격에서 재성을 만나면 매우 복록이 높은데 만약 관살이 임하여 있으면 그 화에 얽매어 살게 되는 것이다.

	연월일시
예시	戊己己戊
乾命	午未未辰
가색변재관격	庚辛壬癸甲乙丙
	申酉戌亥子丑寅

이 四柱는 己日에 출생하여 地支에 全土局을 놓고 또 天干에 全戊己土로 가색격이 잘 이루어진 것 같이 보이나 未月이 迎合(영합) 午火하여 土燥火炎으로 되어 있어 이 격으로 쓰기가 어렵고 未月未日辰時

(帶木地土)의 각각 장간 三乙木을 인출 용신하게 된다. 고로 북방수운에 크게 성공한 사주다.

註) 이 四柱는 未月己土日生으로 土줄인데 조토다. 초년은 金운으로 三星格으로 좋고 중년 亥子丑水운은 습토가 되어 만물을 생육할 수 있으니 조화가 이루어져 성공한 까닭이다.

	연월일시
예시	丙戌己甲
乾命	寅戌丑戌
가색격	丁丙乙甲癸壬辛
	酉申未午巳辰卯

이 四柱는 己日生人이 寅戌로 유취 火局하여 生土하고 戌丑戌로 月日時에 全土를 놓아 가색격을 이루었다. 그러나 시간 甲木殺이 투출되어 파격직면하여 있는데 己土日主를 만나 甲己로 化土하였고 또 년월의 丙戌로 化土가 되어 순수화격으로 가색이 되어 酉申, 未午巳辰 운 면면호운하여 女 의학박사로써 행복하게 부귀를 누리며 잘살고 있는데 卯木운에 끝나리라고 본다.

참고) 추명가 117 "戌己日生 時惑月乾 刀圭之業(도규지업)하게 된다." 에 해당되어 의사가 된 것인데 時惑月乾이란 時間이나 혹 月에 戌이나 亥가 있음을 말함이요, 도규지업이란 의사를 말함이다.

註) 이 사주는 戌月 己土日生으로 신왕하고 甲己合土 寅戌火局으로써 土에 집중되어 가색격이다. 여기에 木火土 三星格이니 金은 土生金하고 水는 水生木하니 무슨 운인들 나쁘랴, 거기다가 직업적성 卯酉戌中二字逢이면 의업이다 하였는데 그 적성대로 의사가 되었으니 丑戌未三刑에도 무사통과하는 귀격이다.

	연월일시
예시	丁戌戌丁

乾命　　　　　未申戌巳
가색격　　　　丁丙乙甲癸壬辛庚
　　　　　　　未午巳辰卯寅丑子

　이 四柱는 戊日生人이 干頭에 火土全하고 地支에 未戌巳中戊土全으로 가색격을 이루었다. 그런데 이격은 신금월을 만나 변격되어 申宮庚金 戌中辛金 巳宮庚金으로 설기가 잘 되어 있다. 그런데 더욱 묘한 것은 천간지지운으로 모두 두루두루 통관이 잘 이루어진 점인 것이니 년시상 丁火가 生戊土하고 그 戊土는 生申金하였고, 또 年上丁火가 生未土하고 그 未土는 다시 生申金하였으며 또 시상 丁火가 생戊土하고 그 戊土가 生申金하여 그야말로 天地無間(천지무간)에 關通自在(관통자재)로 잘 이루어져 있으며 또 운에서도 丁未 丙午乙巳甲辰운은 물론이고 東方癸卯 木운에서도 木生丁巳火 丁巳 火生戊土 戊土生申金으로 통관이 잘되어 홍도익중한 귀인의 四柱다.

　註) 이 四柱는 申月 戊土日生이다. 고로 신약이나 신금을 빼고는 모두가 화토로 구성되어 있고 申중에도 戊土가 암장되어 가색격이 정확하다. 또한 巳未가 午를 공하고 申戌이 酉를 공하고, 未申과 戌이 천관지축격인데다가 火土金三星格이다. 木운은 木生火하고 水는 金生水하니 대격이요 대귀한 四柱다. 그렇지만 위의 해설처럼 천간지지가 모두 두루두루 통관이 잘 이루어졌다고 하는 구절은 좀처럼 이해하기 힘든 내용이다. 火生土 土生金에서 멈추었는데 어떻게 통관이 되는지? 이러한 아전인수식 해설이라면 대중철학 대중문화로써 자리매김하는데 더욱이 인류문화의 창달을 선도하기 위한 학문으로 하기에는 심히 우려되는 바가 크다.

　　　　　　　연월일시
예시　　　　　己辛己辛
乾命　　　　　巳未未未

가색격   庚己戊丁丙乙甲
         午巳辰卯寅丑子

이 四柱는 己日生人이 地支에 全土를 놓아 가색격이 된다. 그러나 미월이 사화를 회합하여 土燥火炎(토조화염)이다 다행히 巳中庚金에 辛金이 有根하여 있고 또 未中己土가 투출되어 己土가 生辛金하니 가상관이 되어있다. 조토가 辰운을 만나 습토가 되어 生金하니 대과급 제하여 판사직에 올라 성공하였고 木火운에서도 木生巳火하고 巳火生己土己土生 辛金으로 잘 순환통관하여 안정된 생활을 하고 있는 사주다. 만약 이 格이 申酉金운을 만났더라면 대부귀가 될 사주인데 그만 그 기운이 없어 유감된 일이다.

註) 이 四柱는 未月己土日生으로 신왕하다. 이 四柱의 특징이라면 가색격으로 보기에는 어딘지 모르게 미심쩍은 부분이 있는 것 같다. 未土가 三連하여 있고 未中乙木이 三連이다. 巳未가 午를 공하고 있는데 아쉬움은 8자가 너무 건조하다는데 있다. 하지만 火土金三星格으로 어떤 운에도 흔들리지 않을 만큼의 내공을 갖춘 사주라고 말할 수 있다.

            연월일시
예시   甲戊己甲
坤命   戌辰巳戌
가색격   丁丙乙甲癸壬辛
            卯寅丑子亥戌酉

이 四柱는 己日生人이 地支에 全土局을 놓아 가색격이 되는데 연시상 甲木이 격중 忌物이 된다.(兩甲故로 不化) 그러나 연시상 甲木이 辰中乙木, 木여기에 根하여 元不神 甲木으로 용신하게 되니 土多가 병이 된다. 일찍 寅卯乙운 조년에 행복하였고 축운에 잠시 巳丑으로 金局해서 용신갑목을 제하여 蹇滯(건체)되었으나 앞으로 갑자계해운에 제토 생목용신하여 60평생 내내 행복하게 생활할 수 있는 사주다. 이 격을 가색용관격 또는 시상상관성격이라고 불러도 좋다.

참고) 의사부인이 된 것은 추명가 117 "戊己日生 時或月乾 刀圭之業하게 된다. 同351" 만약 自身 아니며는 夫子之間其業이요"라는 구절이 해당되어서이다.

註) 이 四柱는 辰月己土日生으로 신왕하다. 巳戌귀문에 천문이 있어 지혜가 출중하고 三官(연시상 甲木, 辰中乙木)女命은 평강공주가 바보온달을 장군으로 만들 듯 남편을 성공시키는 운명이다. 여기에 木火土로 三星格이다. 또한 卯酉戌中二字逢은 醫業이라 하였는데 본인이 의사가 아니라도 앞의 해설처럼 남편 또는 자식외에도 가족이 의약업으로 살아감을 많이 볼 수 있다.

	연월일시
예시	乙庚己戊
坤命	丑辰丑辰
가색격	辛壬癸甲乙丙丁
	巳午未申酉戌亥

이 四柱는 己丑日生人이 地支에 丑辰丑辰으로 土局全을 놓아 가색격이 분명하다. 그러나 이 격이 忌하는 乙木이 투출되어 무정인데 다행히 乙木은 투출된 庚金상관에 合去하고 또 地支 丑中辛金이 自坐殺地하여 丑辰으로 土生乙庚 化合해서(合而又化去)완전 가색격을 이루었다. 그러나 이 격은 官殺이 合去傷하여 成格(성격)되었기 때문에 夫君은 傷하였고 財産은 부흥하였으며 人品은 매우 중후하여 만인의 칭송을 받으며 살아가는 한 여인의 四柱다. 차라리 무관살이었더라면 부부궁도 좋았을 것이다.

註) 이 四柱는 辰月己日生으로 신왕하다. 이 四柱 또한 앞 四柱와 같이 三官(년상 乙木, 월지 辰中乙木, 시지 辰中乙木)을 갖추었는데 문

壬辛庚己戊
午巳辰卯寅

이 四柱는 未月 戊日生으로 신왕하다. 물론 土中에 辰戌丑未 四土가 있으나 辰土는 癸水의 財를 띠고 있어 극하고 丑土와 戌土는 각각 辛金을 含(함)하여 泄之하니 이 土들은 비록 왕하여 보이나 왕하지 않는고로 戊日이 臨比三位(임비3위)하고 金多면 作 가색격하여 不失中和(부실중화)하는 것이나 四土中 未土만은 그와 성질을 좀 달리하여 未中 丁火氣가 있으므로 土主가 심히 왕한 까닭에 戊日이 臨未月하고 四柱에 土重하면 火炎土燥(화염토조)하므로 인하여 가색격으로 작용함은 불가하게 되는 것이다.

그러나 이 未月戊日生은 見金結局한 가상관으로 不貴則(불귀즉) 富하게 되는 것이므로 書曰(서왈) 土逢季位(토봉계위)에 見金多者는 終爲貴(종위귀)라 하였다.

이 四柱는 未月戊日로 巳丑金局을 놓아 가상관격이 분명한데 유년 午운에 克金하여 모든 일이 막혔고 辛巳庚辰운에 약한 金用神이 逢金운하여 財發 갑부가 되었다가 寅운에 용신금이 絶(절)하고 寅中丙火가 약한 용신금을 극하니 甲辰년에 생을 마감했다.

註) 이 四柱는 또한 대단한 귀격이다. 未月戊土로 日支干合하고 있으며 좌우癸水와 합하고자 하나 兩癸水 투기로 합방을 하지 못한다. 천만다행한 일이다. 戊寅운에 꿈에도 그리던 합방을 하게 되었다. 그러나 문제는 합방한 관계로 토변화가 되었는데 식상토가 너무 많아 기진맥진하게 되었으니 호사다마라고 해야 옳을지!

예시	연월일시
乾命	丙丁壬辛
假食神格	子酉申亥
	戊己庚辛壬癸甲

申酉戌亥子丑寅卯

이 四柱는 戊日生人이 辰戌丑未全으로 가색격을 이루었는데 未月로써 燥土火炎(조토화염)되어 가색격으로 不用하게 된다. 그러나 奇한 것은 시간 癸水가 丑中癸水에 根하여 유정으로 가색용재격이 된다. 북동서운이 모두 길한데 水縮病死於寅卯(수축병사어인묘)로 그 운에 끝나고 말게 될 것이다.

註) 이 四柱는 未月 戊日生으로 신왕하다. 8자에 단일점 癸水가 他星인데 다행히 戊癸가 투합이라 합은 이루지 못해도 충은 안 된다. 이 四柱의 귀기함은 戌未가 천관지축격으로 대격인데 戌未가 申酉金을 공하고 未辰이 巳午火를 공하고 辰丑이 寅卯를 공하고 있음이다. 따라서 5행 得氣格이 되었다. 이로써 地支 戌未辰丑이 만물을 공하고 암장하니 이보다 더 귀한 사주가 되기는 어려울 것이다.

◎ 從革格

종혁격이란 革을 종하여 이루어진다는 뜻인데 그 혁이란 고친다. 또는 가죽과 같이 벗겨 낸다는 뜻이니 즉 更新이란 뜻으로 통하며 갱신은 庚辛의 原義(원의)인 것이니 庚辛日生으로써 申酉戌全 또는 巳酉丑全으로 從하여 격이 이루어지는 것을 말한다. 고로 이 격은 남방火를 忌하고 庚辛旺을 喜하는 것이다. 이 격의 문헌을 추려보면 격해라는 글에 말하기를 庚辛日生이 見巳酉丑 或 申酉戌全者가 是也라 忌南方運하고 若庚辛旺運則吉也라 하였고 또 벽연부라는 글에 말하기를 庚辛局全巳酉丑이면 位重權高(위중권고)라 또 말하기를 全備申酉戌之地에 부전무휴라고 하였다. 그리고 또 명리정종 장남은 말하기를 종혁격은 庚辛日干이 見 申酉戌全 或 巳酉丑全을 말함인데 이 격은 타격으로 분류되어 순수한 원격이 아님이 많다. 그리고 壬癸윤하격이치와 같이 보는 것인데 이 二格은 내가 많이 본바 부귀함을 보지 못하였다. 단 항상 별격으로써 추리되는 命은 별도이고 곡직가색 二格은 부귀함을 많이 보았다. 그리고 火全巳午未格 역시 그 아름다움을 보지 못하였다. 고로 正한바는 높이고 그릇된 바는 헤쳐서 고쳐야 한다고 하였다. 그러므로 나는 이격도 물론 정격으로 이루어졌을때는 그 정격으로 추리해야 하는 것은 사실이니 가령 庚辛日이 申酉戌全 혹은 巳酉丑全으로써 時上에 칠살이 있고 그 살이 根이 있으면 이는 그 살로서 마땅히 용신하여야 할 바인즉 운 역시 남방 火운을 기뻐해야 함이 사실이다. 그리고 또 종혁격이 泄氣口를. 언어 가상관격이 되는 경우는 물론 식신상관운을 기뻐하게 되는 것이니 이격 역시 격의 변천을 잘 살펴서 논단해야 한다는 것을 강조하여 둔다.

     연월일시
예시   庚甲庚乙
乾命   子申申酉
종혁격 乙丙丁戊己庚辛
     酉戌亥子丑寅卯

이 四柱는 申金 秋月生人이 庚日에 낳고 또다시 金局全을 이루고 있는 중 하나도 忌物을 만나지 않아 貴非常한 격으로 일국 내무차관까지 되었던 사주다.

이 四柱에 특기할 점은 시간 乙木이 乙庚合하여 化金하였고 그 化合을 방해하는 연상 庚金은 生地支 子水하고 甲庚沖하여 방해불능으로 乙庚이 잘 순탄하게 合化하게 되고 그 金은 또 월지 연지로 申子類聚水局(신자류취수국)상관을 생하여 亥子丑 북방수운에 잘 발전하였다가 寅운이 들어오면서 패배하게 된 사주다. 이 格은 종혁이 변 가상관인데 그 미약한 子水用神이 寅에 病宮이며 旺한 종혁 申金을 沖한 탓이다.

註) 이 四柱는 申月兼金日生으로 신왕이다. 金水木 三星格으로 귀격인데 충파없이 잘 지내다가 寅운을 맞이하여 衰神(쇠신) 인이 沖旺(全局)에 旺身發(왕신발)에 정중된 4주다. 어떤 경우에도 旺身을 沖하게 되면 죽음은 면한다 해도 패배나 후퇴, 파산은 면할길이 없음을 잘 보여준 예이다.

	연월일시
예시	辛甲庚丙
乾命	酉午申戌
종혁격	癸壬辛庚己戊丁丙
	巳辰卯寅丑子亥戌

이 四柱는 庚日生人이 申酉戌全으로써 종혁격이 분명하다. 이 격이 제일 忌하는 丙丁火(午中丁火)를 만나서 종혁격으로는 보지 못하는 것이다. 庚申日生人이 申酉戌로써 身旺하여 官을 요하게 되므로 종혁격은 변 時上丙火 일위귀격 용신이 분명하게 되는 것이다. 고로 卯寅己운에 육군대장으로 참모총장까지 지낸바 있고 6대 7대 국회의원이 된 사주다.

참고) 이 四柱는 전 시상일위귀격에 예시한 바 있는데 원 종혁격으로써 丙丁火를 만나 이 격으로는 추리할 수 없고 별격으로 다루어 시상 丙火 용신으로 일위귀격이 결정되는 것이므로 양격에 모두 예시하여 전후 종횡으로 연구에 편의를 제공한다. 이 격으로볼 때 전록격, 종혁격, 양인격, 시묘격, 시상일위귀격으로 모두 다섯격에 다 해당된다. 그러나 용신을 정함에 있어서는 시상병화에 일위귀격이라고 하는 것이다.

註) 이 四柱는 午月庚金日生으로 신약이다. 그러나 木火土金으로 及身而上格이요, 午申이 귀를 공하고 申戌이 천관지축격으로 대귀격이다. 만약 종혁격이었다면 庚寅운에 旺身發이 되었을 것이고 관성이 午火 하나뿐이었다면 戊子운에 황천객이 되었을 것이다. 또한 시상일

위귀격에 예시가 없을뿐더러 시상일위귀격으로 보기에는 午戌이 있어 파격이다. 위해설에서 申酉戌全으로 보고 있지만 중간에 강력한 時令午火가 버티고 있는데 申酉戌全이란 어불성설이다. 무엇인가 분명 착오가 있는 듯하다.

	연월일시
예시	戊壬庚乙
건명	申戌申酉
종혁격	癸甲乙丙丁
	亥子丑寅卯

이 四柱는 乙이 庚을 따라 金으로 化하고 地支에 申酉戌全으로 종혁격을 이루고 있다.(化格도 亦從革) 그러므로 從其 강세하여 好壬水 泄精으로 좋은데 壬之칠살 戊土가 극제 壬水하고 있어 불능인통 설기하게 된다. 유년 亥子운에 順其氣勢(순기기세)하여 財喜遂心(재희수심)하였으나 丙寅운에 그 왕신 金을 沖觸(충촉)하여 대패로 의식에 크게 타격을 받다가 목을 메어 죽고 말았다.(水용신의 病死宮도됨), 이것이 正謂(정위) 旺極者 泄之有益(왕극자 설지유익)이요 傷之有害也(상지유해야)라고 한 글에 해당된다.

註) 이 四柱는 秋令 戌月 庚日生으로 신왕하고 申酉戌申全 金局하여 종혁격이 분명하다. 申戌申으로 좌우 酉를 공하고 申戌이 천관지축격이다. 乙木은 庚金과 化金하고 土金水로 三星格 또는 化金을 무시해도 土金水木으로 잘 이루어져 있다. 그런데 불행하게도 丙寅운을 만나 천충지충되어 旺身發(왕신발)이 되었으니 참으로 애석한 일이다. 이 四柱와 앞 四柱는 비교해 볼만한 가치가 있다.

만약 앞 四柱가 종혁격이라면 이 사주처럼 寅운에 황천객이 되어야 마땅하다. 다시말하면 앞 사주는 신약이고 이 四柱는 신왕이다. 衰神(쇠신)이 沖旺(충왕)에 旺身發(왕신발)이란 이 경우를 두고 나온 말이다.

	연월일시
예시	丁己庚乙
坤命	丑酉申酉
종혁격	庚辛壬癸甲乙丙
	戌亥子丑寅卯辰

이 四柱는 地支에 酉丑申酉로 金局全하고 있다. 丁火忌物은 酉金月에 死하고 無根이며 또 보기토하여 하등 겁낼 것 없고 乙木은 庚金을 從하여 化合하니 순수한 종혁격을 이루고 있다. 그리고 庚申日生에 丑은 공망이요, 巳酉丑生에 丑은 화개인데 글에 말하기를 "華盖(화개)가 逢空(봉공)하니 情通僧道(정통승도)라 하였고 또 官星丁火는 金에 死하고 乙木엔 位僧道(위승도)라 하였다. 無依란 財官이 없음을 말한다.

註) 이 四柱는 酉月庚日生으로 신왕하다. 시상 乙木은 乙庚으로 化金하였고 地支全金局하여 가색격이다. 연상 丁火는 월상 己土를 생하고 월상 己土는 일간 庚金을 생하니 한점 흠이 없다. 여기에 木火土金으로 及身而止格이다. 따라서 水가 통관용신이 된다.

또 三奇貴人格이다. 만약 乾命이라면 정승팔자요, 승도가 아니라면 정경부인감이다. 앞 해설에서 無依라 하였는데 어딘가 명쾌하지 않다.

	연월일시
예시	辛辛辛甲
乾命	巳丑酉午
종혁격	庚己戊
	子亥戌

이 四柱는 辛日生人이 巳酉丑金局全하고 또 丑月辛金이 연월일에 秀氣(수기)하여 三朋(삼붕)으로 天地萬局金(천지만국금)을 이루어 종혁격이 분명하다. 그런데 상황이 다른 것은 이 격이 大忌하는 巳午火

가 있다. 고로 종혁격으로는 볼 수 없는 것이요, 별격으로 추심 身旺
凉凍節(신왕양동절)로써 火를 用하게 되는데 운행 亥운에 들자 용신
이 절하였고 또다시 己亥년 19세에 재차 용신이 受克入絶(수극입절)
하여 불록지객이 되고 말았다.
　註) 이 四柱는 丑月 辛金 日生으로 신왕하다. 여기에 연월일지 巳酉
丑金局을 이루고 辛金3連(신금삼연)으로 영웅호걸격에 종혁격이 분
명하다. 그리고 앞 해설에서 巳午火를 크게 싫어하므로 종혁격이 아
니고 별격으로 보아 火가 용신이라 하였는데 그렇다면 庚子운에 子午
沖으로 죽어야 마땅하다. 그런데 子운을 넘기고 亥운에 죽었다. 이 역
시 巳亥沖으로 죽었다쳐도 午火는 무엇인가? 이는 분명 종혁격이 맞
고 己亥운에 죽음을 맞이하게 된 연유는 앞해설과 달리 巳酉丑金局을
衰神(쇠신)이 沖旺에 旺身發(왕신발)이 합당하다.

　　　　　　　연월일시
예시　　　　　辛戊庚辛
乾命　　　　　酉戌申巳
종혁격　　　　丁丙乙甲癸壬辛
　　　　　　　酉申未午巳辰卯

이 四柱는 庚日生人이 地支에 酉戌金局을 놓고 戊土가 투출하여 可
하다. 그리고 이 格은 신취8법의 類象(유상)과 동일한 것인데 權衡之
職(권형지직)으로 어각에 오른 것이다. 정격으로 추리할 때 戌中戊土
가 투출하여 인수격으로 신주가 매우 고강해서 용관하게 되는 바 時
支巳中丙火로 용신하여 시상일위귀격이 되는 것이나 戌中丁火가 좀
보조하고 있지만 火가 심히 약한 중 남방 巳午未운에 合勢火炎(합세
화염)하여 재상직에 까지 오르게 된 것이다.
　註) 이 四柱는 戌月庚金으로 신왕하다. 地支申酉戌金局全으로 종혁
격이 마땅하다. 여기에 申戌천관지축이요, 사신으로 관합이니 대격이

요, 귀기하다. 또한 火土金으로 三星格이니 火木水가 모두 호운이다. 만약 대격이 아니고 소격이었다면 木운에 군겁쟁재가 되어 황천객이 되었을 것이다.

◎ 潤下格(윤하격)

윤하격이라함은 윤습으로 적신다. 습하다는 뜻이요. 下라 함은 流下 즉 흘러내려간다는 뜻이니 윤하란 만물을 적시고 흘러내려가는 성질을 가진자 즉 壬癸水를 말하는 것이다. 고로 윤하격이란 이 壬癸水로써 격이 이루어졌다는 뜻인데 壬癸日生人이 地支에 申子辰全 또는 亥子丑全으로써 구성되는 격을 말하는 것이다.

따라서 이 格은 辰戌丑未土가 있으면 그 흐르는 물에 막힘으로 크게 싫어하는 것이고 또 동방목운은 그 水가 水生木으로 설기되고 수축되는 것이며 남방화는 炎熱(염열)하여 그 물이 뜨거워지고 또 火는 生官殺土하므로서 木火운도 마땅치 않다는 것이다.

마땅한 것은 西方金운인데 그것은 金生水로 흐르게 하는 까닭이다. 고로 詩에 말하기를 天干壬癸가 喜冬臨(희동임)인데 更値申辰(갱치신진) 會局成(회국성)하거나 或是全叛(혹시전귀) 亥子丑이면 等閒平步上雲梯(등한평보상운제)라고 하였고 또 벽연부에서 말하기를 壬癸格得(임계격득) 申子辰이면 福優才足(복우재족)이다 또 말하기를 壬癸가 能達五湖(능달5호)는 盖有倂流之性(개유병류지성)이라고 하였다.

이격도 물론 正格으로 이루어질때는 정격으로 다뤄야 원칙이므로 재관이 심히 약하여 있을 때 陰男陽女가 亥子月에 生하면 역운으로 곧 亥子申酉운에 임하게 된다. 이와 같이 全格이 재관약에 또다시 金水운이 會合하게 되면 이것을 왈 運會元辰(운회원진)이라고 하게 되는데 그렇게 되면 須當妖折(수당요절)하게 된다고 5행 원리 소식부에

서 전하고 있다. 그 예의 四柱를 보면

丁壬壬辛
丑子申丑

으로 月日申子로 水局이요 또 연지 丑中癸水의 時支丑中癸水로써 그 水가 도도표탕(홍수)하게 되는데 戊土(무토)로 제지가 불능하게 된다. 연시 양축과 丁火가 있으나 水多에 火土가 약하여 불능제지하고 있는 中 申亥대운 16세 壬辰年에 그만운회원진(水格의 수운화합)하여 요절하게 된 것이다. (一無火土則反爲吉, 일무화토즉반위길) 그리고 이격에 대하여 5행원리소식부에는 또 말하기를 水盛則危(수성즉위)라 하였고 그 註解(주해)에서 말하기를 水盛 滔滔하여 貴乎土止라 고로 日土克水나 水局者에는 必要培土(필요배토) 成厚(성후)로 福이라 만약 4주에 全水象이 무토지자 즉 泄流之患(설류지환)이라고 하였다. 그러므로 女命에 이 격이 水旺에 호설정으로 가상관격을 이루었거나 아니면 水土旺으로써 잘 이루어졌으면 그것은 대성복할 수 있게 되는 것이지만 조금 잘못 이루어지면 서북운에 流走無定(유주무정)하여 음람대성으로 이어 하천지부가 되기 쉬우므로 위경론이라는 글에서는 水聚汪洋(수취왕양)에 花街之女(화가지녀)라고 말하게 된 것이다. 이 격에 있어서도 위에서 논한바와 같이 원칙적으로는 喜酉方 金운하고 忌土 동방운하는 것이지만 財官이 미약할 때에는 그와 반대로 喜火土운에 忌 서북운 하는 것이며 또 가상관으로 변격 되었을때에는 喜 동방운에 忌 酉方운하게 되는 것이지만 격을 추리함에 있어서 그 격이 어떻게 변격하였는가의 상황을 잘 판단하여 용신을 정하지 않으면 1분의 차가 만리의 誤(오)를 범하게 되는 것이다.

          연월일시
예시   甲戌壬辛
乾命   子辰申亥

윤하격　　　　己庚辛壬癸甲乙
　　　　　　　巳午未申酉戌亥

　이 四柱는 壬日生人이 地支 申子辰全에 또다시 시간에 辛亥金水를 놓아 윤하격이 되는 것이다. 그러나 월건 提綱(제강)에 戊辰土가 임하여 있으면 별격으로 다루어야 되는 것이다.
　辰中에 癸水가 있어 습토로 不用할 듯 하나 辰은 5陽之節이요 戊土가 투출되어 可히 戊土 편관으로 용신하게 되니 己巳 庚午 辛未운에 모두 안정한 생활을 이루었고 또 申酉金운에서도 용신을 극하여 병이 되는 甲木을 제거시켜 아무 파란없이 지나고 있는데 앞으로 甲戌운을 당하여 天克地沖으로 용신이 손상하여 위명이라고 보고 있다.
　註) 이 四柱는 辰月 壬日生으로 본 신약이다. 그러나 연월일 申子辰 水局을 이루었고 비겁 子水가 관칠살 辰土와 官合하고 있으며 申亥 천관지축격으로 대격이다. 문제는 흘러내릴 수 있는 물이냐 흘러내릴 수 없는 물이냐가 중요하다. 이 四柱는 戊辰土와 申中戊土亥中戊土로 四戊土로 왕토인데다가 亥中甲木, 辰中乙木, 연상甲木으로 木 또한 약하지 않으니 흐를 수 없는 물이다. 비록 현재는 중학교 교사라 하나 그의 뱃속에는 문교장관을 맡아도 능임할 수 있는 지략이 숨어 있는 것으로 보인다.

　　　　　　　연월일시
예시　　　　　壬辛癸丙
乾命　　　　　申亥亥辰
윤하격　　　　壬癸甲乙丙丁戊
　　　　　　　子丑寅卯辰巳午

　이 四柱는 癸日生人이 申宮壬水 양 亥中 壬水辰中癸水로 水局全하여 윤하격을 이루고 있다. 그런데 시간에 辰土가 있어 用하여 보고자 하나 장축 癸水하고 있는 까닭에 四柱에 왕양한 金水를 능히 제지시킬 수가 없으므로 辰土용신은 어렵고 亥中 甲木에 설정하고 있는 중 甲木은 입동을 여러날 지나 甲木司令에 접어들어 있으므로 能行丙火 (능생병화)하게 된다. 그런데 丙火는 秀氣로써 木의 生을 받으며 辰土를 生하여 濟水할 수 있으므로 매우 유동성이 있다. 고로 甲寅乙卯 丙운 25년간 대성공하여 득세하였던 것이다.

참고) 甲木司令이라는 뜻은 亥月中에 戊甲壬이 있는데 초기 무가 7일2분, 중기 木이 7일2분, 壬水가 16일 5분으로 되어 있다. 고로 입동에서 4일까지는 戊土氣가 司令하고 7일에서 14일까지는 甲木이 司令하고 입동 14일부터는 壬水本氣가 司令하고 있는데 이 四柱는 입동 7일후로써 甲木司令中에 있다는 뜻이다.

註) 이 四柱는 亥月癸日生으로 신왕하다. 얼핏 보기에는 水태왕으로 보인다. 하지만 亥中戊土와 日支干合하고 있는데 地支全四合을 이루고 있다. 또한 申亥천관지축격이요, 壬癸辛三奇貴人格이니 대격이다. 여기에 양 亥中甲木과 辰中乙木이 호설기하여 조화로우니 일생 두려운 일이 없을 운명이다.

	연월일시
예시	甲辛壬庚
乾命	子未子子
윤하격	壬癸甲乙丙丁戊
	申酉戌亥子丑寅

이 四柱는 壬日生人이 地支에 三子로써 水局全하여 윤하격을 이루고 있다. 그런데 未土月生이 되어 이 격이 가장 싫어하는 것이다. 고로 이 격이 성립되느냐 파격으로 타격으로 변격되느냐의 문제인데 그 未土는 申月 입추 7일전으로 이제 金進氣로 向하여 행하는 중이고 또 天干에 庚辛이 투기하여 地支에 全水局해서 金水성왕이 되어 있으므로 그 未土는 많은 水를 제지할 힘이 없어 金水에 化하게 되므로 化하

여 순수한 윤하격이 이루어진다. 고로 壬申癸酉운에 일찍 발신하였고 甲戌운에 애로중루하다가 乙亥운에 경찰서장이 되었고 丙子운에도 계속 약진하고 있는 사주다.

註) 이 四柱는 未月壬日生으로 본 신약이다. 그러나 壬子일에 二子를 더하니 비천녹마 격이다. 여기에 金水木 三星格이다. 위 해설에서 壬申 癸酉운에 일찍 발신하였다고 하였는데 이는 철저한 아부형 해설이라고 본다.

	연월일시
예시	丁壬壬甲
乾命	未子子辰
윤하격	辛庚己戊丁丙乙
	亥戌酉申未午巳

이 四柱는 壬子日生人이 壬子 冬水月에 출생하고 子辰으로 水局하여 윤하격이 이루어진바 辰土가 있어 辰中 戊土로 制水하여 보고자 하나 辰中癸水가 장축되어 있고 또 凍土(子月土)로써 왕양자수를 불능제지하게 된다. 고로 대단히 난처하여 있는 중 사방을 둘러보니 생년에 丁未가 있어 未土가 辰土와 培土(合土)하였고 丁火가 未中丁火에 뿌리가 있으므로 동토 辰은 미온지토가 되어 능히 辰中戊土 官으로 작용하게 된다.

그런데 시간편관으로 용신하게 되는 경우를 시상일위귀라 말하고 또 11월 한천의 경우 그 丁火와 未中丁火의 공으로 미온지토가 되어 可用할 수 있으므로 매우 丁火가 귀여운 준재가 되어있는 까닭에 인하여 그 丁火를 冬日可愛(동일가애)라 말하는 것이다.

行 47세 후로 丁未 丙午운에 들면서 미약한 土官用神을 보하여 면면 20년간 대통하여 국회의원으로 등장하게 된 四柱다.

참고) 이 四柱는 5행원리 소식부에서 말한 수운은 도도하여 貴乎土

止(귀호토지)라 고로 曰 토극수나 水局者에는 必要培土(필요배토)로 成厚福(성후복)이라는 글에 해당된다.

註) 이 四柱는 子月壬日生으로 신왕하다. 비천녹마격에 년지 未中 乙木 시상 甲木 시지 辰中乙木으로 식상이 왕하고 辰未土와 丁火가 신왕을 견제하니 균형이 알맞다. 또한 丁火財는 壬水와 합하고 辰土 官은 子와 합하니 身官財가 합으로 귀기하다.

	연월일시
예시	壬戊癸壬
乾命	子申未子
윤하격	己庚辛壬癸甲乙
	酉戌亥子丑寅卯

이 四柱는 癸日生人이 申子子로 水局을 이루어 윤하격을 이루었는데 이 격이 忌하는 未土와 戊土가 있다. 그런데 未土는 四柱干支 金水 태왕으로써 물을 제지할 수 없이 土流되고 戊土와 합세하여 제지 水하고자 하나 戊土는 地支의 申金을 생하여 더욱 水를 생하므로 합세 제지 水할 수 가 없다. 연중 地支未土는 子와 파해하여 水로 합류 하므로써 변 순수 윤하격이다. 고로 金水운에 지방의 면장직을 지내며 명망이 높았다.

참고) 이 四柱의 주인공의 처가 산망을 하였는데 그 처가 산망한 4 주상의 원인은 未中己土官 子女와 丁火財妻가 동시에 子에 파해하며 왕양지수에 피상된 탓이다. 따라서 추명가 185 "癸未日生 柱逢多子 更逢 肩劫하는 자는 産死妻魂(산사처혼) 호곡하니 産裡産厚(산리산 후)주의하라" 하였다.

註) 이 四柱는 申月癸水日生으로 신왕하다. 그런데 월간 戊土와 합 化火局하여 신약이 되었다. 다행한 것은 土金水 三星格에 숨어서 돕 는자가 많다. 먼저 戊土官과 합하니 관합이요, 申中戊土와 또 관합이

요, 未中丁火財는 비겁 壬水와 丁壬財合이요, 子中壬水와도 합이요, 申中壬水와 또 합이니 8字 合全으로 한평생이 희희낙락할 운명이다. 단 참고에 처 산망에 대한 언급이 있었는데 子未破가 모두 산망은 아니다. 그 처의 운명일 것이다.

	연월일시
예시	丙辛癸乙
乾命	子丑亥卯
윤하격	壬癸甲乙丙丁戊
	寅卯辰巳午未申

이 四柱는 癸日生人이 地支에 亥子丑全하여 윤하격을 이루고 있다. 그리고 연월 丙辛이 합하여 合水하므로 地支亥子局을 도와 氣聚坎局(기취감국)이 된다. 이와 같이 氣全한 4주가 다행히 시간 乙卯專木(전목)을 만나 그 기를 설기하게 되었으나 이는 가상관격으로써 木火운이 모두 대길하게 된 4주다. 이는 연월일이 천지수기의 모임이요, 시간은 木氣聚會(목기취회)로써 天之靈秀之氣(천지영수지기)를 잘 받고 있는 4주가 되어 정신이 순수하였고 또 卯에 문창귀인을 놓아 千古文章(천고문장)으로 청수하게 살다간 중국 소동파의 4주다. 이 4주에서 서운한 것은 丙火에 상관용재 하였더라면 재상 한자리까지 하였을 것인데 그 丙火는 子水 殺地에 坐하였고 또 丙辛이 化水하여 比劫(비겁)으로 그만 문장에 그친 것이다.

註) 이 四柱는 丑月癸水生으로 본 신약이다. 그러나 연월일지 亥子丑水局하여 신약을 면하였고 5행이 모두 갖추어져 있으며 財官神이 합하고 日支干合하므로써 귀한 운명이 된다. 이 四柱는 엄밀히 살피건데 윤하격이 될 수 는 없다. 亥卯木局에 乙木이 투간되어 있고 5행을 모두 갖추었으므로 정격으로 보아야 마땅하여 정격으로 보면 상관용상관격이라야 옳다고 본다.

```
         연월일시
예시      丙壬壬乙
乾命      子辰申巳
윤하격    癸甲乙丙丁戊己
         巳午未申酉戌亥
```

이 四柱는 申子辰水局全한곳에 壬水日生이 되어 윤하격이 분명하다. 春水汪洋(춘수왕양)으로 시상 乙木에 吐秀(토수)하여 가상관격이된다. 아직도 水汪木弱하므로 더욱 배설구 확장을 요하는바 다행히 연상 丙火를 발견했다. 그러나 그 丙火가 子水살지에 앉았고 또 月上 壬水가 制丙하여 사용불상태로 서운한데 시지 巳中丙火에 근함이 크게 반가운 일이다. 고로 吐秀傷官(토수상관) 乙木이 生巳中丙火하여 상관용재격이 분명하므로 인하여 木火운에 대재벌이 되었던 4주다.

註) 이 四柱는 辰月壬水로 본 신약이다. 다행히 失令은 하였으나 得地하여 申子辰水局, 巳申合水로 身官財印과 辰中乙木 식상까지 5행 모두가 하나로 합하였다. 여기에 운마져 8자를 도와주니 귀기한 운명이 될 수 밖에 없다.

```
         연월일시
예시      庚己壬庚
乾命      申卯子子
윤하격    庚辛壬癸甲乙丙
         辰巳午未申酉戌
```

이 四柱는 壬日生人이 申子子로 水局全하고 양인비겁으로 신강인데 卯木에 설기하여 水木 상관격인바 왈 가상관격이라고 한다. 그러나 좀 섭섭한 것은 庚金이 태왕(庚庚申)한중 己土官이 庚金에 泄하고 자좌 卯木殺地하여 無氣(무기)한 것과 또 사주에 火가 없어 배설구 卯木을 확장하지 못하며 동시에 이 四柱用神 卯木을 극하는 庚金病을 제지 못하는 점이다. 또 하나 火가 없어 官星도 생하여 주지 못하여 운행 남촌에서도 무재하고 무력 관하여 부귀는 누리지 못하고 청귀인에 그치고 만 사주다.

註) 이 四柱는 卯月壬日生으로 본 신약이다. 壬子가 子를 봄으로 하여 비천녹마격인데 이것 빼고는 아무것도 볼것이 없다. 金水 왕으로 두뇌명석하여 훈장은 가능한 四柱다.

火가 통관용신인데 金水 아래 눌린 火로 제 역할을 하지 못하니 운도 나를 돕지 않는 격이다.

	연월일시
예시	壬辛癸癸
乾命	辰亥亥亥
윤하격	壬癸甲乙丙丁戊
	子丑寅卯辰巳午

이 四柱는 癸日生이 天干에 金水全하고 地支에 三亥로 水局全하니 천지만국 水로써 북방一氣 윤하격을 이루었다. 辰土로써 제지 水하고자 하나 진중장축수로써 왕양한 水氣를 제지할 수 없고 또 亥中甲木에 설정시켜 보고 싶은 생각이 있으나 간두투출이 없어 用을 못하고 고민하고 있는 중 생각하니 癸水가 多逢亥는 沖巳하여 巳中丙화와 戊土로 녹마(재관)를 작용하는 飛天祿馬격이 생각났다.(亥中甲木이 生 丙戊祿馬로 因함) 신이 왕하여 능히 그 충동하는 녹마를 작용할 수 있으므로 부귀격이다. 식신운을 만나 財丙火를 생하고 또 재운에는 재를 보하며 관을 도와 정기유동으로 크게 훈명사업에 성공하게 되었고 또 木火로써 잘 설정유동하고 또는 三亥天門을 놓아 도덕문장으로 천고에 전한 四柱다.

물론 甲木장생궁의 甲木으로 水氣설하여 비천 巳中丙火와 木火合勢해서 生官한 것은 사실이므로 辛金이 生水 水生甲木 甲木生巳中丙

火, 丙火生巳中戊土, 戊土生辛金으로 보이지 않는 生意不悖之精神(생의불패지정신)이 들어 있는 것이다.

註) 이 四柱는 亥月癸水로 신왕하다. 또한 天地萬局(천만국) 水一氣로 통일되어 있다. 地支三亥로 영웅격인데 癸亥가 2해를 더하니 비천녹마격이다. 또한 인수, 관, 식상, 비겁이 은연중 모두 합하여 귀기를 더하고 있다. 여기에 土金水 三星格이니 5행운이 모두 나를 돕는다.

	연월일시
예시	壬癸壬庚
坤命	子卯子子
윤하격	壬辛庚己戊丁丙
	寅丑子亥戌酉申

이 四柱는 壬日生人이 地支天干에 모두 水局으로써 天地滿水를 이루었다. 그리고 三子中 子癸水로써 羊刃이 三四중하여 신왕한 것은 다시 더 설명할 필요조차 없다. 고로 汪洋一會向東流(왕양일회향동류)로 卯木을 향하여 호설정이나 배설구가 너무 좁아 곤란하다. 行 木火운이면 한번 크게 발하여 볼것이로되 그만 木火운을 만나지 못하고 金水운에 들어 더욱 왕양지수가 되어 流走不停(유주부정)하여 마침내 천비가 되고 말았다.

註) 이 四柱는 卯月 壬水로 본 신약이다. 그러나 8자중 월지 卯를 제외하면 水滿局(수만국)이다. 여기다가 壬子는 二子를 더하여 비천녹마격이요 金水木으로 三星格이다. 아쉬운 것은 8자나 地支암장 어디에도 재관이 없고 식상 卯木마져도 合이 없고 형을 하고 있다. 이러한 운명은 木火운이 온다 해도 별 볼일은 없는 것이다. 아무리 4주8자라 해도 사람 살아가는 일과 전혀 무관할 수도 없을 뿐더러 다르지 않음이다. 더구나 女命으로 재관이 없고 합이 없음은 성공할 수 없음을 예시하고 있다. 음덕은 조상덕이요, 양덕은 인덕인데 숨은 공덕이 없으

니 어찌할 것인가? 안타까울 뿐이다.

```
              연월일시
예시         癸癸壬辛
坤命         亥亥寅亥
윤하격        甲乙丙丁戊己庚
              子丑寅卯辰巳午
```

이 四柱는 壬日生人이 地支에 水局을 놓고 天干에 또 金水쌍전으로 매우 格淸局正을 이루고 있다. 고로 매우 고상한 名妓가 되었고 또 다행히 寅木을 놓아 寅亥로 好泄精하니 매우 재예가 비범하여 만인의 총애를 받게 되었으며 또 寅卯운에는 인기독점하여 크게 치부하게 된 한 기생의 四柱다. 이 격이 서운한 것은 丙火가 투출되었더라면 상관용재로써 부귀지부가 되었을 것인데 그만 그렇지 못하여 기생으로써 부에 멈추어진 것이다. 그리고 만약 상관용재가 되었더라면 개화결실격인데 그만 상관격에 멈춘관계로 개화무실격이 되었다.

참고) 이 四柱는 5행 원리 소식부의 "四柱에 金水象이 戊土制止(무토제지)면 流走不停之患(유주부정지환)이다." 에 해당되고 또 위경론의 "水聚汪洋(수취왕양)에 花街之女(화가지녀)라" 추명가 266의 "수취왕양 좋다마소 女命에는 大忌하니 홍등가에 연주부어 기생몸이 된답니다" 에 해당되는 것이다.

註) 이 四柱는 亥月癸水로 태어나 신왕하다. 이 四柱는 앞 四柱와 구도상 한글자도 틀리지 않는다. 음일주와 양일주가 다를 뿐이다. 같은 비천녹마격이요, 金水木 三星格이요 단 암장이 다르다. 앞 사주는 암장까지 뒤져도 재관이 없는데 이 4주는 암장 亥中戊土가 癸水와 일지 干合하고 地支全 戊土干合하고 있으며 地支全 암장 식상 甲木을 지니고 있다. 이 4주는 안방에 갇혀있는 정경부인이라고 부럽겠는가? 정승판서를 희롱할 만한 기귀한 대격 4주다. 이것이 음양덕의 있고 없음

의 차이다. 따라서 천비와 명기의 차이도 역시 숨어있는 음양덕의 유무에 있음이다.

◎ 井欄叉格(정란차격)

정란차라는 뜻은 우물의 물 즉 지하수를 다스려 하나의 격이 이루어졌다는 뜻이다. 즉 다시 말하면 申子辰水局을 지하수(정란)라고 하는데 庚金日에 출생한 사람이 申子辰全을 만나면 그 申은 寅을 沖出시키고 그 子는 午를 沖出시키고 그 辰은 戌을 沖出시킬 수 있으므로 그 申子辰全은 寅午戌全을 충출시킬수가 있는 것인데 그 寅中甲木은 庚金日主의 財가 되고 그 午中丁火는 官이 되고 그 戌中戊土는 인수가 되어 그 寅午戌은 財官印의 작용을 하게 되므로 귀기하게 된다는 것이다.

喜忌편에서 말하기를 이격은 庚申, 庚子, 庚辰日生이 地支에 申子辰全을 말하는 것인데 庚日 申子辰全을 놓고 三庚이 俱全되어 있으면 더욱 기하나 庚日 申子辰이 그 三庚을 다 안 갖추고 다른 천간, 예를 들어 戊子 戊辰으로 갖추어도 격이 성립된다고 말하였다. 그리고 이 격은 申子辰全으로써 寅午戌을 충출시켜 작용하는 것이기 때문에 主逢寅午戌이면 財官印이 진실되어 不奇한 것이고 또 官을 작용하는데 壬癸水가 있으면 原有 申子辰水局과 합세하여 상관이 태심하여지므로 대기하는 것이며 또 巳午火도 충출되는 寅午戌에서 官을 작용하는데 塡實(진실)하여 重重관살이 되므로 대기하는 것이다. 그러므로 희기편에서 또 말하기를 庚日이 全逢閏下(전봉윤하)면 忌壬癸巳午之方인데 時遇子申(시우자신) 그 복이 減半(감반)이라 하였고 또 舊註(구주)라는 글에서 시우 子申도 감반복한다는 이유를 다음과 같이 들고 있다. "子는 庚日에 丙子 時가 되어 火官이 투출로써 이 격이 진실관이 되며 시상 일위귀가 되는 것이고 또 申은 庚日 申時로써 귀축격이 된다. 그러므로 이 격에서는 복이 반감되는 것인즉 복기가 不全하여 虛名薄利(허명박리)라 고 한 것이다. 그리고 또 鷓鴣天(자고천)이라는 글에서 말하기를 "庚日全逢 申子辰格은 三合으로써 沖하여 合官星하는 격이므로 巳午未를 만나지말아야 하고 또 壬癸가 있어 丙丁火를 破하지 말아야 하며 운에서도 그 申子辰을 沖하는 寅午戌이 없어야만 得顯名(득현명)하게 되므로 不作逢萊三島客(부작봉래삼도객) 이면 也須金殿玉階行(야수금전옥계행)이라" 고 말하였다. 格中에 壬癸를 보면 破格(파격)이 되는 것이니 그것이 곧 경에서 말한 "忌壬癸巳午之方)이라" 고 한 바와 같은 것이다.

이 격에서는 희기함을 다시 간추려 보면 寅午戌 巳午 진실과 虛遙(허요)하여 작용하는 官을 파하는 壬癸와 또 子時 시상일위귀와 申時 귀록을 忌하는 것이고 喜함은 동방 즉 甲乙卯木이 되는 것이다. 그 이유는 申子辰水局이 生木하여 木으로 하여금 생 火官케 하므로 그 통관이 잘되는 것이기 때문이고 寅木이 이곳에서 제외되는 이유는 申이 沖하여 有眞實(유진실) 까닭으로 이곳에서 좋아하지 않음이 사실인 것이다. 또한 이 격에서 申子辰 3자중 한자만 없어도 격구성은 절대로 아니되는 것이다.

	연월일시
예시	癸庚庚庚
乾命	卯申子辰
정란차격	己戊丁丙乙甲癸壬辛
	未午巳辰卯寅丑子亥

이 四柱는 庚子日에 出生하고 地支에 申子辰이 俱全(구전)되어 있고 더욱 간두에 三庚이 구전하여 금상첨화로 잘 이루어져 있다. 그런데 연간에 癸水가 있어 지지 申子辰을 이루어 상관이 좀 과하고 신이 미약하게 되어있다. 중년 木火운에서 군주의 勅任御使(칙임어사)로

써 대귀히 되었다가 壬子 대운 辛亥년 81세에 낙직불록객이 되고 말았다. 이런 경우의 격이 바로 글에서 발한 忌壬癸라고 한 문구에 믿음이 있는 것이다.(진상관의 행상관운)

註) 이 四柱는 申月庚金으로 신왕하다. 월일시 干頭三庚이 아름다운데 지지 申子辰이 정란차격을 이루어 귀기하다. 부귀공명하고 장수까지 누렸으니 무엇을 더 바라리요 壬子대운은 虛邀(허요)를 重沖(중충)하니 아무리 허요라 하지만 2중 공격에는 午中丁火 관이 무너지지 않을 수 없다. 부귀공명의 운명도 허요와 함께 사라진 격이다.

	연월일시
예시	庚庚庚丁
乾命	子辰申丑
정란차격	辛壬癸甲乙丙丁
	巳午未申酉戌亥

이 四柱는 庚日生人이 지지에 申子辰을 구전하였고 또 연월일 三友 庚金을 만나 더욱 아름답다. 28세 丁卯年에 도통제라는 귀중한 관직에 오르게 된 것이다. 여기서 의문나는 점은 이중 子가 沖午하여 午中 丁火官을 허로 맞이하는데 사전에 丁火가 실제로 있어 불길할 것인데 어떻게 성공하였을까의 문제인 것이다. 그것은 이 정화가 있고 또 허요하는 관을 맞이하여 二重관이라도 능히 그 관을 감내하고도 아직 관이 부족한 상태에 놓여있으므로 巳午火운, 丁卯木火 流年에 대성할 수 있었다는 것을 알아야 할 것이다.

主) 이 四柱는 辰月庚日生으로 신왕하고 干頭三庚에 申子辰水局을 이루고 있어 귀기하다. 또 辰中乙木으로 日支干合하고 子辰申이 좌우에 丑寅卯와 巳午未 木火를 공하고 있는 것 또한 귀격으로 5행을 두루 갖춘 격을 대신하니 행운을 누리는 상이다.

연월일시

예시　　　　戊庚庚己
坤命　　　　辰申子卯
정란차격　　己戊丁丙乙甲癸壬
　　　　　　未午巳辰卯寅丑子

이 四柱는 庚子日生人이 지지에 윤하 즉 申子辰을 全逢하여 분명 정란차격을 이루고 있다. 天干에 庚申庚子로 月日에 二庚을 갖추고 생년에는 庚을 갖추지 못하고 戊土로 이루어져 있다. 그러나 그것은 무방하게 되어 있으니 순수한 격이 이루어지고 있다. 그런 중 이 격이 기뻐하는 東方卯木을 얻어 이름답고 時候가 凉寒으로 戊午丁巳 丙辰운과 또 그 官火를 生하는 乙卯甲寅木운이 면면하여 67세까지 행복한 가정의 주부임에 틀림없는 4주다. 그 후 癸丑운에는 꺼리는 북수운에 들게 되는데 그때는 수명이 다하여지는 것이다. 일방 이 四柱는 신왕으로써 상관용재(卯木용신)로 재생관하는 사주이므로 내내 木火운을 크게 기뻐하는 것이다.

主) 이 四柱는 申月庚金으로 태어나 신왕이다. 地支 申子辰을 놓아 정란차격이 되었는데 정란차격은 격구성요소 외에 식상이나 관살을 싫어하는데 이 사주는 적격이다.

대신 운은 목화를 기뻐하는데 운 또한 호운을 만났으니 인생이 형통한 것이다.

허요란 없는 것을 있는 것 처럼 인정하는 것인데 실제로 있는 것은 진실이라고 한다. 따라서 이 사주는 무관이므로 형통하였고 만약 有官이었다면 복이 반감되거나 불행하였을 것이다.

◎ 玄武當權格(현무당권격)

현무라 함은 북방 임계수를 말하고 당권이라함은 持勢(지세) 즉 권세를 가졌다는 뜻인데 권세란 官力(官權 관권)과 金力(재)을 가졌다는 뜻으로써 壬癸日生이 寅午戌火局재와 辰戌丑未官을 구전하여 놓음으로써 格이 이루어졌다는 뜻이다. 그러니까 壬癸 壬午 壬戌 癸巳 癸丑 癸未日生人이 지지에 前에 말한 財官이 갖추어 있으면 이 격이 성립되는 것인데 희신 왕하여 그 재관을 감내할 수 있어야 되는 것이기 때문에 月令에 인수나 비겁의 생기가 통하여 있는 것을 貴로 하는 것이다. 그리고 크게 꺼리는 것은 형충신약과 또 본국상관이 중중하여 오는 것인데 그렇게 되면 不意의 흉사가 있다는 것이다. 만약 壬癸日生人이 土局을 놓아 이 격이 이루어졌을 때 火重이면서 금을 보면 대단히 좋아지는 것이니 그것은 그 火가 生土하고 그 土는 다시 生金으로 生助壬癸水하여 주게 되므로 인하여 本身爲吉(본신위길)이라고 하게되는 것이다.

　이곳에서 내가 두 마디 첨가하고자 하는 것은 첫째 癸巳日이 입격한데 대하여 이격은 본 壬癸日生人이 寅午戌辰戌丑未로써 구성되는 것이기 때문에 巳字는 들지도 않아있는데 어떻게 명리정종이나 삼명총회에 모두 들어 있는 것인가의 문제다. 그것은 다름이 아니고 재와 관을 當權이라고 하는 것인즉 그 재는 寅午戌뿐 아니고 巳午未도 되는 것이기 때문인데 오는 먼저 壬午로 들어있고 또 未는 辰戌丑未로 들어있어 癸未로 入格되어 있는데 유독 巳만이 빠져있다. 고로 癸巳로써 마져 입격시킨 것이 아닌가 하고 생각하는 바이다. 둘째는 전기 양서에서 모두 신약을 대기한다고 한데 대하여 나도 전적으로 옳다고 보는 동시 본래 이 격이 재관으로 이루어지는 격이니만큼 자칫 잘못하면 신약하여지기가 10중 팔구다. 그렇게 되면 그것은 財多身弱 또는 殺重身輕(살중신경)이 되어 禍非輕(화비경)으로 이격은 그만 파격되는 것 분명해지는 것이지만 차라리 신약할바에는 극히 약해져 버리면 종재나 종살이 되는 것이니 反爲吉(반위길)되는 수도 있다는 것을 말해두는 것이다. 그리고 명리정종이나 연해자평에 없는 詩 玄武

秋生旺北方(현무추생왕북방)이 如臨巳午土神鄕(여임사오토신향)에 若見艮寅(약견간인)이면 財福厚(재복후)하여 평생명리 兩吉昌(양길창)이라 현무당권 要得眞(요득진)인데 일간 壬癸坐財星(임계좌재성)이라. 이 삼구를 삼명총회에서 옮겨 써서 참고로 供(공)한다.

	연월일시
예시	丙甲壬辛
乾命	戌午寅亥
현무당권격	乙丙丁戊己庚
	未申酉戌亥子

이 四柱는 壬寅生人이 지지에 寅午戌財局全하여 현무당권격이 분명한 것이다. 다행히 시간에 辛亥를 만나 월일양중임수가 祿根於亥(녹근어해)하여 재를 감내해보려는 의욕이 생긴다. 그러나 재에 비하여 조금 身이 약하므로 亥水에 귀의하게 된다. 이것이 현무당권용겁(用歸祿 용귀록)이 되어 신유금운과 해북운에 대용하게 되어 크게 귀히 되었던 사주다. 子운은 亥와 같이 좋은 듯 하나 왕한 재국의 오를 沖하여 크게 불길한 것인데 이것이 바로 이 격에서 忌하는 沖破(충파)가 되는 까닭이다.

註) 이 四柱는 午月壬水로 태어나 신약이다. 지지에 寅午戌 火局하여 재왕인데 身이 약하여 감당하기가 어렵다. 그러나 다행한 것은 일지 寅木이 관과 재를 합하고 비겁 亥와 합하니 재왕하다 하여 身을 배신할 위험이 감소되었다. 여기에 연월일시 天干이 金生水, 水生木 木生火로 물흐르듯 흐르고 있으며 5행이 다 갖추어져 生生不息하니 상격이요, 대격이다. 金水운이 好운인데 庚子운은 분명 金水운이다. 그러나 재관식상이 合하고 있는 寅午戌財局(인오술재국)을 쪼개 양단시키니 더 버티기 힘들게 된다.

연월일시

예시　　　　庚丙壬甲
乾命　　　　戌戌戌辰
현무당권격　丁戊己庚辛壬癸
　　　　　　亥子丑寅卯辰巳

　이 四柱는 壬日生人이 辰戌丑未全中丑未는 없으나 전술진토국으로 현무당권이 분명하다. 그런데 일주무근이요 甲木이 辰中乙木에 根하여 제토로써 식신제살할듯하나 그 木은 九月에 失令하여 제토불능하게 되므로 부득이 종살국하게 된다.
　고로 현무당권종살격이 되는 것이다. 이는 전 농협중앙회 모부장의 사주인데 그 필법이 英筆(영필)로 뛰어난 재질을 타고나서 멀리 해외까지 본받아 가고 있다.
　참고) 그것은 필자가 다년간 경험에서 얻은바 월령 辰戌丑未中 인수가 간두에 투출되어 있으면 그는 명필가라는 것을 많이 발견하였다. 이 사주의 경우 戌中辛金 인수가 있는데 연상 庚金으로 金인수 元神이 투출되어 있는 탓이다. 昔時(석시) 중국의 명필 왕희지 사주도 그러 하였다.
　註) 이 四柱는 戌月 壬水로 태어나 신약이다. 하지만 戌자 삼형제는 이름을 남기는 운명이요 戌中丁火 재가 日刊 壬水와 合을 하여 돕고 地支全 암장 戊土 四官이 일체되어 귀기한 四柱가 되었다. 從殺격은 분명하지만 일반 從殺격과 다른점은 5행을 모두 갖추고 있다는 점에서 행운이라고 말할 수 있을 것이다

　　　　　　연월일시
예시　　　　辛辛壬庚
乾命　　　　巳丑戌戌
현무당권격　庚己戊丁丙乙甲
　　　　　　子亥戌酉申未午

이 四柱는 壬戌生人이 巳火 丑土 戌土 戌土로써 현무당권격을 이루고 있다. 그런데 丑中 辛金이 투출되어 있고 또 연지 巳丑이 유취 金局하고 또는 연간 辛金도 나타나고 있어 辛金을 용신할 수 있으므로 현무당권용인격이 되는 것이다. 물론 이격이 내격(정격)으로 다룰 때 丑中 신금 투출로써 잡기(丑月)인수용인격이 분명한 것이나 외격으로 다룰때면 앞에서 말한 현무당권용인격이 분명한 것인데 내적, 외적으로 모두 용신귀추점은 辛金으로 동일한 것이다. 그리하여 현재 대갑부의 아들로써 그 문필이 매우 뛰어나고 있는데 그것은 월중잡기 인수가 투출된 탓이다.

참고) 이 格 구성에 巳火는 끼어 있지도 않은데 어떻게 연지 巳火를 인용한 것일까? 의문이 나게 될 것이다. 그러나 이 격의 당권이란 의미는 재관을 말하는 것이라고 하였은즉 財는 寅午戌외에 巳午未도 되는 것이므로 먼저 번 설명한 바와 같이 癸巳日로써 구성에 입격이 되는 규례가 있어 그 巳火도 이격구성에 자격이 부여된 것으로써 연지 巳火도 이 격에서 작용하는 것이다.

註) 이 四柱는 丑月 壬水로 태어나 신약이다. 재관이 모두 합 身하고 巳丑이 인수 酉를 공하고 丑戌이 亥子를 공하여 있는데 巳火는 丑과 金局을 이루어 결국 三星格이 되었으니 귀격이다. 거기다가 이석영 선생님의 의견대로 丑月壬日生이 辛金 인수투출로 명필이요 金水가 왕하니 두뇌 또한 명석함이 특출한 상이다. 또한 乾命에 괴강살이 2위나 있어 직장생활을 한다해도 승승장구 출세할 운명이다.

	연월일시
예시	壬戌壬壬
乾命	午申寅寅
현무당권격	己庚辛壬癸甲
	酉戌亥子丑寅

이 四柱는 壬寅日生이 寅寅午로써 火局을 이루어 현무당권격이 된다. 申월 壬水가 秋水통원으로 根하고 三朋壬水(삼붕임수)가 투출하여 신주가 왕하다. 고로 戊土官을 능히 감내할 수 있으니 그 戊土는 일장당관으로 군림하게 된다. 그런데 좌하 申金에 그 戊土官이 설하여 무기력하여 지는데 다행히 寅午火局에 戊土관이 根하여 재자약살로 매우 아름다워진다. 그런데 그만 申金인수에 根을 하고 신왕하였던 바 寅이 沖申하고 또 寅午로 克金하여 身이 약화되므로 다시 申金의 坐에 귀의하여 용신하지 않으면 안되는 바 午火가 克用神金하므로 그 午火는 나의 병이 된다. 고로 除去病(제거병)하는 水운과 보용신하는 金운에 대발복하였으니 이는 곧 현무당권 용인격이요, 내격으로는 戊土殺이 火局에 根하여 生金하고 그 金은 다시 生我하므로 살인상생격이 되는 것이다. 행 甲寅운중 寅운에 들자 그만 용신 金이 絶하고 成火局하여 重病으로 극용신하는 바람에 그만 세상을 하직하게 되었다.

註) 이 四柱는 申月壬水日生으로 신왕하다. 그러나 인수 申金을 寅木이 沖하므로 인수가 약한데 午火가 옆에 있어 더욱 약하다. 또한 천간에는 戊土官이 壬水와 沖하니 壬水日生이 득령은 하였으나 失勢失地(실세실지)하므로 외롭다. 戊土官은 四地支에 모두 뿌리를 두고 있으니 가장 막강하다. 다행한 것은 5행이 모두 갖추어져 있다는 점이요, 두 번째는 운이 金水로 흐르고 있다는 점이다. 그렇다면 午가 병이 아니고 戊土官이 병이라 할 수 있다. 또 앞 해설에서 寅午火局한다고 했는데 寅申沖으로 申金이 가로막고 있는데 沖을 건너서 寅午합을 이룰수는 없다고 본다. 따라서 이 四柱는 편관 용인격으로 보는 것이 좀더 옳을 것이다. 또한 이 四柱가 발복할 수 있었던 점을 寅申沖하는 가운데서도 申午가 未土정관을 공하여 火生土, 土生金으로 申金인수를 조금이나마 보호하고 있다는 점으로 보인다. 甲寅운은 三寅이 용신 申金을 집중공격하니 아무리 공록이 버티고 있다한들 더는 어렵게

되었다.

◎ 句陳得位格

　구진득위격도 앞의 현무당권격과 같은 이론으로써 무기는 토요 속 중앙으로 謂之句陳(위지구진)이 되는 것이고 또 득위라는 뜻은 먼저 格과 똑같이 재관을 말하는 것이니 戊己日의 재가 되는 申子辰水局과 그리고 戊己日의 官이 되는 寅卯辰이나 亥卯未木局이 地支全이면 이 격이 구성되는 것이다. 다시 구체적으로 나타내본다면 戊寅 戊辰 戊申 戊子 乙亥 乙卯 乙未 七日生人이 地支에 亥卯未나 寅卯辰 또는 申子辰에 俱全되어 있음을 말하는 것이다. 이 7일중 戊辰日과 己未日은 재관이 없어 보이므로 득위가 아니될 듯 하나 地支에 子申이 있으면 그 戊辰은 申子辰으로 水財局이 되는 것이고, 또 地支에 寅卯가 있으면 寅卯辰木局으로 官이 되는 것이기 때문에 역시 이격에 드는 것이며 또 乙未日은 地支에 亥卯가 있으면 亥卯未木局으로 官이 되는 것이기 때문에 이격이 되는 것이다. 고로 명리정종에는 戊辰이 없으나 삼명통회에서는 명확히 기재되어 있는 것이다. 그리고 이 격이 官으로 구성될 때에는 귀하고 재로 구성될 때에는 부한다고 三命通會에서는 규정지었고 또 이격이 관으로 구성되어 있는 경우는 傷官을 忌하고 재로 구성되어 있는 경우는 劫財(겁재)를 보면 아니되므로 그 忌星(기성)을 不見이라야 爲奇(위기)라 하였으며 또 財官을 막론하고 忌見刑沖(기견형충)하며 殺旺(살왕)이면 生災(생재)인데 그것은 柱中에서 뿐만 아니라 세운에서도 역시 忌한다고 말하였다. 물론 이격도 종재하거나 종살하게 된다면 그것은 財殺旺(재살왕)에 反爲吉(반위길)하여 진다는 것은 다시 말할 나위 없는 것이다.

　연해자평에 없는 삼명통회의 詩를 이곳에 記하여 자평서와 종횡으로 참고연구에 拱한다.

"戊己 구진이 財旺鄕(재왕향)이면 寅卯之宮號最强(인묘지궁호최강)이라. 若是更臨辰卯未(약시갱임진묘미)하고 亥子相逢(해자상봉)에 大吉昌(대길창)이라" 하여 戊寅己卯戊辰 己未 己亥 戊子 戊申(暗財 암재)을 列記하여 이 격의 구성을 나타냈고 이것을 상봉하면 대길창하다고 밝혀 놓은 것이다.

詩結(시결)에 이르기를 戊日己日生人이 鬼官(귀관) 즉 殺官(살관)을 만나면 이것을 이름하여 구진득위격이라고 보는 것이다. 그리고 또 大財 다시 말하여 戊己日生人이 申子辰財局을 보면 서기가 비쳐 부귀하게 되는 것이다. 인생운명에 이것이 놓여져 있으면 조정귀반에 열하게 되는 것이다. 구진득위란 戊己日生人이 地支에 재국 申子辰을 놓거나 또는 官局寅卯辰이 회합됨을 말하는것인데 그곳에 沖破가 없어야만 그 命이 반드시 안정하게 되는 것이다. 申子辰 北方과 寅卯辰 東方木이 戊己日에 태어난다면 그는 반드시 옆에 印을 차고 궁전출입이 있게 되는 것이다. 戊己日生人이 구진득위격을 혼탁함이 없이 淸(청)하게 놓여져 있으면 다시 財格으로 놓여져 있는가 관격으로 이루어져 있는가를 분명히 하여 관격이면 귀하고 재격이면 부하게 되는 것을 가려 알아야 한다.

그렇게 순수하게 잘 이루고 세운에서 충파를 만나지 아니하면 그는 부귀쌍전에 태평세월을 누리게 되는 것이다.

	연월일시
예시	丁丁己戊
乾命	亥未卯辰
구진득위격	丙乙甲癸壬辛庚
	午巳辰卯寅丑子

이 四柱는 己日生人이 亥卯未全 木局으로 구진득위격이 분명한 것이다. 그런데 未月 丁火가 투기하여 쌍 丁火가 炎炎(염염)하고 亥卯未

木局이 生火하여 身主를 생조하고 시간에 다시 戊辰土를 방신하여 신주가 왕하므로 능히 亥卯未 재관을 用할 수 있으므로 甲乙寅卯 木운에 크게 귀히된 사주다.

    註) 이 四柱는 未月己日生으로 신왕하다. 그리고 지지전 亥卯未辰 木局인데 官財身合하고 亥未천관지축격으로 귀기하다. 여기에 行運까지 도와주니 부귀한 명운이다.

                  연월일시
예시   癸戊己丙
乾命   亥午未寅
구진득위격   丁丙乙甲癸壬辛
                巳辰卯寅丑子亥

이 四柱는 己日生人이 亥未寅으로써 癸水가 투출하여 水木局으로 구진득위격을 이루고 있다. 그런데 午未寅午가 火局하고 간두에 丙戊己로 투출하여 신주가 고강하여 진다. 고로 能用水木하여 寅卯壬癸 水木운에 대발해서 해군준장까지 되었는데 앞으로 甲寅乙卯년에는 틀림없이 소장으로 승급될 것으로 내다 보았다.

    註) 이 四柱는 午月己日生으로 신왕하다. 이 四柱 또한 財官身이 합하고 있으며 未亥 천관지축격이다. 또한 水生木, 木生火, 火生土로 及身而上格인데 년월주가 녹원호환까지 이루어 귀기한 명운이다.

                  연월일시
예시   癸甲戊乙
坤命   亥寅辰卯
구진득위격   乙丙丁戊己庚
                卯辰巳午未申

이 四柱는 戊辰日生人이 木殺局全에 癸甲乙 水木이 간두에 강왕하다. 辰土에 근하여 戊土가 從하지 않을 듯 하나 寅卯辰 木殺局이 왕하여 그 辰土는 帶木之土(대목지토)로 木에 從하게 되어 從殺(종살)하게 되는 것이 분명하다. 戊土는 陽干이요 陽干은 從氣不從勢(종기부종세)라는 법칙에 의하여 四柱가 全木局이므로 從木氣하여 종살격인즉 이것이 正謂(정위) 구진득위종살격이 되는 것이다. 그리하여 부귀로 복록이 쌍전한 한 여성의 四柱다.

註) 이 四柱는 寅月 戊土日生으로 신약하다. 정격으로 寅中 甲木이 투간되어 편관용관격으로 볼 수 있다. 하지만 여기서는 구진득위격으로 보는데 역시 신약한데다가 관살이 너무나 강왕하여 종살(살을 따른다)할 수 밖에 도리가 없다. 그러나 다행한 것은 戊土가 비록 약하지만 辰寅亥에 암장 戊土를 지녀 四戊土로 부귀쌍전을 누릴 수 있는 운명이 되었다.

　　　　　　　연월일시
예시　　　　　丁癸己甲
乾命　　　　　卯卯未子
구진득위격　　壬辛庚己戊丁丙
　　　　　　　寅丑子亥戌酉申

이 四柱는 己未日生人이 卯卯未로 유취 木局을 이루고 또 癸水가 자에 녹근하고 또 甲木 투출하여 從木하게 되므로 從殺이 된다. 얼른 보기에 未中 丁火로 火土氣가 있어 종하지 않을 듯 하나 주변이 전부 卯未로 木局하고 또 陰干(己日) 從勢無情義(종세무정의)라 하여 많은 水木의 세를 따라 종살하게 되는 것이다. 운이 水木마을에 들자 크게 성공하여 육군장성이 되었는데 甲寅乙卯年에 계급이 더 진급할 것을 나는 확신하고 있었다. 다음으로 운이 西方(酉金마을)에 들면 卯酉로 沖하게 되니 衰神(酉)이 沖旺(卯木)에 旺神發이라는 적천수의 말과 같이 강왕한 木이 노발하여 朝天할 우려가 있다고 내다보는 것이다.

註) 이 四柱는 卯月己日生으로 신약이다. 그러나 時干甲木이 合土

하고 未土가 있고 未中丁火가 돕고 있으며 또한 卯中甲木과 合하고 있으니 만만치가 않다. 그러나 그것은 어디까지나 숨은 공덕이요 득세득령의 木을 이길수 없어 殺을 따라야 하는데 북방운에 대발하여 장군이 되었다는데 甲寅乙卯운에 진급을 예상한다면 그 운은 대운 戊戌운이다.

여기서 이 四柱가 또다른 얼굴 水生木 木生火 火生土에서 土生金을 못하고 멈추었으니 及身而止(급신이지)격이다. 여기서 戊戌대운을 맞이하여 身官이 균형을 이루어 좋은데 더 좋은 것은 官身合이다. 즉 卯未合이 그것이다.

◎ 福德格

복덕격에 대하여 삼명통회에서는 福德秀氣格(복덕수기격)이라고 말하고 있는데 이 복덕격이나 복덕수기격에는 다른 의미는 없는 것이고 똑같은 뜻이다. 그런데 복덕이란 두 가지 의미를 나타내고 있다. 그 하나는 傷官食神 즉 我生者子孫을 복덕이라고 하는 것과 다른 하나는 巳酉丑을 복덕이라고 하는 말이 있는 것인데 이곳의 복덕은 巳酉丑 三合의 복덕을 말하는 것이다. 그 이유는 巳酉丑三合이 乙木에 붙으면 從殺로 化하기 쉽고, 己土에 붙으면 從兒(종아)로 化하기 쉽고, 辛金에 붙으면 從華(從旺)으로 化하기 쉽고, 丁火에 붙으면 從財에 化하기 쉽고, 癸水에 붙으면 從印(從强)에 화하기 쉬우니 어디를 가나 利하게 복이 되는 작용이 되어 덕을 줄 수 있다는 의미에서 복덕이라고 하게되는 것이다. 三命通會에서 말하기를 가령 乙巳 乙酉, 乙丑日生人이 金이 殺이 되는 喜印數(희인수)하고 또 喜制金(희제금)하는 것이므로 만약 未月生이라면 그 木이 入墓(입묘)하여 不喜(불희)하다고 하였다. 그리고 또 八月生이 不宜(불의)하지만 차라리 살이 再露(재로)하면 從殺이 되고 또는 운이 인수에 行할때는 殺印相生(살인상생)하여 吉하고 또 살왕운에는 문득 능히 발복한다고 말하였다. 그리고 丁巳 丁酉 丁丑 三日에는 丁의 官이 되는 壬을 합하여 火木으로 生火하여 기뻐하지만 그 巳酉丑金은 왕하므로 生水殺旺으로 인하여 不喜하다는 것이며 또 八月生은 그 火가 酉에 死하므로 功名이 蹭蹬(층등)되어 不喜하는 것이고 또 11월생도 불희하는 것인데 그 이유는 子中癸水가 殺이 되어 壽不耐(수불내)하게 되는 까닭이라고 말하였다. 그러나 만약 주중에 차라리 재관이 왕하면 그때는 도리어 종재가 되거나 종살이 되어 爲貴(위귀)하게 되는 것인데 그런때에 운행관왕이면 便可發福(편가발복)한다고 말하였다. 그리고 또 己巳 己酉 己丑 三日生은 이에 甲木으로 爲官(위관)하는 것인데 巳酉丑金局이 克官으로 傷官이 되고 또 日主가 盜氣(도기)당하여 무엇이 吉함이 있겠는가라고 하는 術士(술사)가 있으나 그것은 심히 모르는 말이다. 왜냐하면 그 상관금은 生水財하여 제운에 크게 발한다라고 말하였으며 이 격에서는 不要(불요)丙丁寅午戌인데 그 火는 傷官局 형충파해하는 까닭이라고 말하였으며 또 四月生을 不喜한다고 하였는데 그 四月巳火는 爐冶之火(노야지화)로써 火旺하여 秀氣(수기)가 천박하고 立身이 財晚(재만)하여 多成多敗(다성다패)하게 되는 까닭이라고 말하였다. 그리고 또 辛巳 辛酉 辛丑 三日生은 柱全金局(주전금국)으로써 爲妙(위묘)하다. 만약 午戌火旺으로 보면 파격으로써 도리어 재앙이 많게 되는 것인데 만일 丙火가 왕하여 있으면 正氣官星으로 신왕관왕하여 길하여지게 되는데 혹 寅位(인위)가 놓여져 있으면 辛日에 天乙貴人(천을귀인)이 갖추어져 매우 길해지는 바 세운에서도 亦同(역동)이라고 말하였다.

그리고 또 癸巳癸酉癸丑 三日生인은 그 金局을 爲印綬(위인수)하는 것이기 때문에 그 인수金은 능生癸水하여 喜秋冬(희추동)하게 되는 것이고 巳月生은 그 水가 절하여 불희할듯하나 그 巳宮은 金의 장생궁이 되어 生水하므로 불희하지 않는 것이고 득관인운하면 편능발복이라고 하였으며 다만 嫌(혐)하는 것은 火財가 傷金(상금)하는 것이라고 말하였다. 그런데 혹자는 이격을 비천녹마와 같이 巳月生을 月臨風(월임풍)이라고 말하는 것이며 貴位를 眞實(진실)하였다는 말과 또한 통하는 것이라고 하였다. 그런데 그 진실이라는 뜻은 癸日巳酉丑 인수가 왕하면 要官星(요관성)하는 것이니 巳月中 戊土가 나타나 있어 진실이라고 하는 말같이 보인다. 그리고 삼명통회의 詩는 연해자평 시결에 없는 것이 많이 있는데 먼저 자평서의 시를 기재하고 그 서에 없는 시를 다시 뒤이어 기재하기로 한다.

연해자평 시결에 乙日生人에 丑酉巳가 임하면 복덕격이 구성되는 것인데 만약 6月生이면 모든 일이 암암하여 슬픔이요 탄식이더라 또한 신약관왕으로 관록을 얻어도 길지 않고 문장의 길을 가도 과시하기에는 부족하다. 丁火가 巳酉丑하면 복덕격이 성립되는 데 12월생이면 丑中癸水殺이 왕하여 장수하기 어렵다(三命通會에서는 11월), 또 혐오하는 것은 명리에 성패가 많고 재산이 파하고 소모가 많고 황음하게 되어 그 녹이 성창하지 못하는 것이다. 己土日生이 巳酉丑을 만나면 복덕이요 용맹스러우나 火가와서 侵克(침극)하면 진격이 되지 못하니 명리는 공허할 뿐이다. 辛金이 巳酉丑하면 전도가 양양하고 조화가 무궁하며 淸奇(청기)하여 명리를 얻게 되나 8자에 火가 있어 극파하게 되면 명리가 물거품이라, 하지만 西方金운을 만나면 흉함도 두려움도 사라지고 공명발복하게 된다. 癸日巳酉丑이 巳月生(巽爲風故也 손위풍고야)이면 명리는 더디고 의심이 많아 매사 不成이요 부귀생성을 기대하기 어렵다.

春生이 丁壬合化木이면 복덕이 기쁨이요 夏生 甲己合土나 戊癸合火도 좋고 秋生 乙庚合金과 丙辛合水도 좋다. 이들은 모두 복덕격의 길상으로 인생이 아름답게 되는 것이다.

三命通會詩訣에 乙日 복덕격이 八月生이면 단명하고 4주중에 火상관이 있어 관을 극하면 관직이 강등되고 실직한다. 丁日 복덕격이 八月生이면 인연이 길지 않고 명리가 갑론을박인데 더욱 꺼리는 것은 친구와 음주라, 己日 복덕격은 火인수가 金식상을 극하는 것인데 그렇게 되면 설사공명을 얻었다해도 잠깐 뿐이다. 辛日 복덕격은 두려운것도 거칠 것도 없더라, 관살이 있게 되면 신왕관왕으로 더욱 발복하게 되나니 공명은 서서히 일어나 마침내는 황성에 오르게 된다.(이 구절은 연해자평, 삼명통회 양쪽에 모두 기재되어 있다) 癸日 복덕격이 四月生은 매사 오래가지 않고 공명은 만년에 조금 이루어지는데 가장 꺼리는 것은 음색과 음주이니 평생 조심해야 하는 것이다.

	연월일시
예시	癸辛乙辛
건명	酉酉丑巳
복덕격	1 11 21 31 41 51
	庚 己 戊 丁 丙 乙
	申 未 午 巳 辰 卯

이 사주는 乙丑日生人이 巳酉丑全하여 복덕수기격이다. 그런데 乙丑日生人이 무근하여 종살격으로 매우 귀하게 됨이 의심없다. 더욱이 從殺金은 癸水에 설하여 더욱더 좋아진다. 그러나 한가지흠은 운이 없는 점이다. 초년 庚申운에는 잘 자랐고 己未戊 15년을 조토이지만서도 그런대로 평탄한 삶을 살았고 午丁巳丙 20년은 火운에 火旺傷金(화왕상금)하여 모두가 수포로 돌아갔으며 辰운에 습토로써 生金하여 다시 안정된 생활을 하며 복구일로로 행하려다가 그만 乙木운에 들자 다시 몰락되어 자선사업을 하더니 그 후 묘운에 冲旺酉金으로 絶命하게 된다.

註) 이 四柱는 酉月乙日生으로 신약이다. 다행히 巳酉丑 金局全으

로 從殺하게 되어 귀격이 되었으나 숨은 공덕이 없다. 앞에서 말한 시결을 보아도 乙日 八月生에 해당된다.

50대 卯酉冲은 적천수에 있는 쇠신이 충왕에 왕신발의 복사판이라 할 수 있을 것이다.

	연월일시
예시	戊 己 辛 癸
坤命	子 丑 酉 巳
복덕격	9 19 29 39 49 59
	甲 癸 壬 辛 庚 己
	子 亥 戌 酉 申 未

이 四柱는 辛酉日生人이 巳酉丑全으로 복덕격이 분명한 것이다. 그리하여 癸水로 잘 설정하고 있음이 더욱 아름답다. 그런 중 더욱 기한 것은 대운이 旺喜(왕희) 순세제운으로 金水마을로 들고 있으니 매우 행복가 될 것이다. 일찍 子癸水운에 경기여중고를 졸업하고 이대 영문과를 졸업 천하수재 소녀소리를 들으며 칭찬을 받고 있다. 본래가 부귀가문에 태어나서 이날까지 아무 그리움없이 또 마음고생없이 행복하게 잘지내고 있는 좋은 四柱에 좋은 운이다.

註) 이 사주는 丑月 辛日生으로 신왕하다. 더구나 巳酉丑金局하여 복덕격이자 종혁격이다. 그런데 천만다행한 일은 운이 나를 돕고 있다는 것이다. 예를 들어 앞 四柱도 같은 복덕격이다. 그런데 문제는 앞 四柱는 운이 좋지 못하여 고급 승용차로 비포장도로를 달리는 운명이라면 이 四柱는 고급승용차로 잘 포장된 고속도로를 질주하는 형국이다. 이 주인공은 지금도 어디에선가 크게 부귀를 누리며 잘 지내고 있을 운명이다.

	연월일시
예시	乙 乙 丁 辛

坤命　　　　丑酉巳亥
복덕격　　　3 13 23 33 43 53
　　　　　　丙 丁 戊 己 庚 辛
　　　　　　戌 亥 子 丑 寅 卯

　이 四柱는 丁巳日生人이 巳酉丑을 만나 복덕격을 이루었다. 그런데 일주 丁火가 두 乙木이 있고 巳火가 있어 많은 金에 從하지 않을듯하나 년乙은 丑中辛金 殺地에 앉았고 月上乙木은 酉金에 自坐殺地하였으며 그 巳火는 酉丑에 화하는 동시 逢亥冲하여 부득이 丁火는 從金水勢하게 된다. 운이 일찍 丙戌에 조금 불안했다가 亥운부터 발복하기 시작하여 子운 己丑庚운에 20년에 대부귀부인으로 잘살아 왔는데 50부터는 대운 寅운이 들어오고 또 유년도 甲寅乙卯가 되어 용신 金이 絶하게 되므로 하루아침에 대풍진이 일어날 것이 틀림없고 그 두 해를 넘기면 앞으로 卯운에 酉金을 冲하고 용신 亥水가 卯에 死하여 수명이 다할 것으로 보는 것이다.
　참고) 丁日 복덕격에 酉를 忌한다고 한 것은 丁日의 관성 壬水를 유로 生하여 관살을 왕하게 한다는 뜻에서인데 이렇게 從財하는 격에서는 도리어 酉月이 좋아지는 것이 틀림없다.
　註) 이 四柱는 酉月 丁火日生으로 태어나 巳酉丑金국을 놓아 복덕격이 되었다.
　위 해설에서는 金과 水를 용신이라 표현하였는데 이는 착오가 있는 듯하다. 또한 이 四柱는 5행을 두루 갖추고 있으며 巳酉丑合은 재관신 合으로 귀기하다. 걱정은 巳亥冲인데 亥中壬水가 丁壬으로 암합하니 亥가 巳를 冲함에 약하고 또한 인수격인 酉金이 끌어 合金하니 亥의 역할이 약해져서 더욱 좋다. 문제는 이 四柱를 정격으로 볼 것인가? 아니면 복덕격으로 볼 것인가?이다. 만약 정격으로 본다면 辛卯대운을 큰 탈없이 넘길 수 있지만 복덕격으로 본다면 辛卯대운은 이 주인공의 끝이 될 것이다. 그럼 복덕격이 아니라면 어떻게 부귀 부인이 될 수 있었겠는가 하는 의문이 생긴다. 그것은 재관신합이다.

     연월일시
 예시   辛癸乙丁
 乾命   丑巳酉丑
 복덕격 1 11 21 31 41 51 61 71
     壬 辛 庚 己 戊 丁 丙 乙
     辰 卯 寅 丑 子 亥 戌 酉

이 四柱는 乙酉日生人이 巳酉丑으로 복덕격을 이루었다. 그런데 일주 乙木이 무근에 辛金殺이 투출하여 분명 종금勢로 종살이 틀림없는 것이다. 그리고 이 격의 특이한 점은 月支巳火에서 시작하여 生연지 丑土하고, 그 丑土는 연간 辛金을 生하고 연간 辛金은 生月干癸水하고, 그 癸水는 生日干乙木하고 그 乙木은 生시간 丁火하고, 그 丁火는 生시지 丑土하고, 그 丑土는 生日支酉金하여 巳酉丑三合으로 生生不己에 生意不悖地格(생의불패지격)을 이루어 놓은 점이다. 그리고 31세 己丑운부터 발하기 시작하여 亥子운에 백억을 확보하였고 丙火운에 약간 파동이 있다가 戌운에 다시 生金하여 재산이 한층 더 부흥하여 대재벌로 손꼽혔던 고 설향동님의 사주다.

註) 이 四柱는 巳月乙日生으로 신약이다. 그런데 巳酉丑 金局全하여 복덕격이다. 여기에 日地干合하여 재관신합 일체를 이루어 귀기한데다가 연월일시 천간이 金生水 水生木 木生火로 흘러 한점 흠이 없는데 5행까지 두루 갖추었으니 옛날 같으면 영의정 팔자요 만석군 팔자다.

     연월일시
 예시   辛辛乙庚
 乾命   巳丑酉辰
 복덕격 9 19 29 39 49 59

庚 己 戊 丁 丙 乙
子 亥 戌 酉 申 未

이 四柱는 乙酉日生人이 巳酉丑으로 복덕격이 분명한 것이다. 그러나 일주는 무근하고 乙庚은 化金으로 천지만금국살하여 이는 化金으로 獨象(독상)을 이루어 旺喜順勢(왕희순세)하게 되는 것이다. 그러므로 일찍 戊土운 癸丑년에 독일에 유학하여 공학박사 학위를 받았다. 앞으로 戌酉申土金운에 계속 성공할 것은 틀림없다고 보는 것이다. 그런데 이격에 乙木과 巳火가 있어 化金에 木火가 병이 되는데 일변 未운에 들면 金局을 생하는 丑을 冲하고 巳未가 유취 火局하여 克用神金殺하므로 모든 財名이 끝나게 되고 수명도 아울러 위험하게 되리라고 보는 것이다.

註) 이 四柱는 丑月 乙木日生으로 신약이다. 그런데지지 巳酉丑 合金하고 乙木도 乙庚으로 합금하고 일지간합하여 만국금이 되었다. 따라서 재관신이 합금으로 일체를 이루었다. 순풍에 돛단 듯 만사가 여의할 것이다. 乙未운은 조금 걱정되나 필자가 보는 바로는 金冲이 아닌 土冲으로 중하지 않을 것으로 본다. 만약 丑未冲이 중병이라면 19세 대운 巳亥冲도 29세 대운 辰戌冲도 중병이 되었어야 한다.

	연월일시
예시	戊辛己乙
乾命	申酉巳丑
복덕격	10 20 30 40 50
	壬 癸 甲 乙 丙
	戌 亥 子 丑 寅

이 四柱는 己巳日生人이 巳酉丑全하여 복덕격이 분명한 것이다. 그리고 지지에는 巳酉丑申金局이 맹위를 떨치고 있고 간두에는 辛金이 나타나 있어 從金하게 됨이 분명한 것이다. 이곳에 巳火인수로 用할

듯하나 그 巳火는 酉金에 死하고 失時하였으며 또 己日陰干은 從勢無情義(종세무정의)하는 법칙에서 그 旺한 金세를 따라 종하게 되니 왈 종아격이 된다. 고로 金이 용신이요 乙木과 巳火는 용신지병이 되는 고로 癸亥子운이 크게 부하게 되었고 또 丑운에도 면면홍가 하다가 50 후 丙寅운에 바뀌어 들면서 간두에 辛金을 合居하고 지지 申酉金이 沖되며 臨絶(임절)하여 그 많은 재산이 일조에 파탄하고 55세 壬寅년에 불록지객이 되고 말았다.

註) 이 四柱는 酉月己日生으로 신약하다. 그런데지지 巳酉丑申으로 金局하여 복덕격이 되었다. 복덕격외에는 아무리 찾아도 귀격이 없다. 8자는 木火土金으로 水가 없는데 초중년 水운에 들어 발복하였다. 丙寅운에는 종아격의 主神인 申金을 沖하고 寅巳申 三刑을 성립하여 官合이 없는 운명에 종지부를 찍게 되었다.

	연월일시
예시	丁丙己乙
乾命	巳午酉丑
복덕격	10 20 30
	乙 甲 癸
	巳 辰 卯

이 四柱는 己酉日生人이 지지 巳酉丑을 얻어 복덕격을 이루어 金이 위세를 과시하려고 했으나 그만 연월 丁巳丙午가 巳午로 火局하고 天干으로 丙丁火하여 그 火세역시도 융융하므로 신왕이 되어 능히 그 金을 제련할 수 있으므로 그 金에 용신할 수가 있는 것이다. 월봉인수에 희 관성으로 시상 乙木官을 용하고 싶은 욕심이 있으나 丑中辛金에 자좌살지하고 5월 염염고갈에 임 사사궁하여 불용하고 酉金으로 용신하게 되는 것이다. 그런즉 火가 병인데 일찍 巳火운에 크게 불길할 듯 하였으나 巳火운은 丑습토에 晦氣(회기)하며 巳酉丑金局으로 화

하여 좋았었고 다음 辰운에는 炎火가 생습토에 회기하여 發財利名(발재이명)으로 癸운까지 잘 지내다가 卯운에 들자 그만 용신 酉金을 冲하고 무근의 시상 乙木이 卯에 根하며 生火病神(생화병신)하여 克金 용신하며 乙木은 또다시 丑土 희신을 극파하여 家資如洗(가자여세)로 파산되고 말았으며 39세 乙未년에 희신 丑土를 冲하여 生金 용신을 불능케 하므로 인하여 절연지객이 되고 말았다.

註) 이 四柱는 午月己巳日생으로 신왕하다. 지지 巳酉丑으로 金局하여 복덕격인데 사이에 午火가 끼어 있고 또 得令하여 火旺한 것이 흠이다. 또 천간에 乙丙丁 三寄를 놓아 귀기한데 또 하나의 흠은 木火土金에 水재가 없다는 점이다. 이로 보면 앞 사주와 유사점이 無財(무재)다. 하여 앞 사주는 水운만 쓰고 木火운에 절연하게 되는데 이 四柱 또한 水운만 쓰고 木운에 절연하게 된다. 이렇게 보면 앞 사주도 이 사주도 水통관용신이란 생각이 든다.

丑辰은 다같이 암장 癸水를 응하고 있어 무난하였다고 보여진다. 두 사주 또한 官沖(乙己沖)무재란 점에서 동일한 성격을 띠고 있다. 앞에서도 여러차례 밝혔지만 성공한 8자는 관재신합이다.

```
            연월일시
예시         戊乙癸丁
乾命         申丑酉巳
            8 18 28 38 48 58 68
복덕격        丙 丁 戊 己 庚 辛 壬
            寅 卯 辰 巳 午 未 申
```

이 四柱는 癸酉日生人이 巳酉丑金으로 인수국 복덕격을 이루었다. 신왕 好制(호제)로서 戊土官을 용하여 보고자 하나 지지 申金에 설하여 매우 미약한데 다행이도 時干丁火재가 巳火에 근하여 財滋弱殺(재자약살)로 아름답다. 고로 丁火로 용신하게 되므로 초년 寅卯운에 부모은덕으로 고이자라 공부했고 戊己 중앙토운에는 제거 癸水病하여 면면 부귀하였으며 다음 계속 午未火운에는 보화용신하여 대부대귀 하였는데 앞으로 壬申대운이 들어와서 庚申년 73세나 77세 癸亥년에는 용신이 受克病宮(수극병궁) 또는 용신이 천격지충으로 傷하여 불록지객이 될 우려가 다분히 있다고 보는 것이다.

註) 이 四柱는 丑月癸水로 태어나 신약인데 지지 巳酉丑金局으로 인수가 되어 신왕이 된다. 또 이 四柱가 앞의 두 사주와 확연히 다른 점은 5행을 두루 갖추었다는 점이요, 재관신이 합 내지는 암합하고 있다는 점이다. 이 사주의 초년 寅卯운에 寅申沖 卯酉沖이 무사한 이유는 旺神이 아니라는 점이다. 癸水가 의지하는 것은 물론 巳酉丑金局 인수지만 丑中癸水에 뿌리를 두고 巳中戊土, 申中戊土 연간 戊土와 외적 내적으로 슴하고 있다는 점이 천충지충 인수충에도 무사한 이유다. 앞의 해설에서처럼 壬申 대운의 끝자락인 癸亥년에는 필자도 위태롭다고 보고 있다. 용신 丁巳火를 천충지충하는데 丁巳火는 재관이면서 조후요 재관충에 무사하기란 어려운 일이기 때문이다.

◎ 棄命從財格(기명종재격)

기명이란 일주가 심히 약하여 생조(인수) 또는 방조(비겁)의 도움을 받아도 스스로 기능을 발휘할 수 가 없어 모든 방조를 포기하는 것을 말함이요, 從財란 왕한 재로 말미암아 財에 종하지 않으면 안될 경우 그 왕재에 종해야 된다는 뜻이다. 그러므로 기명종재격이란 재로인해 신이 심히 약하여 인수의 생조나 비겁의 방조를 받아도 기능을 발휘할 수 없을 경우 부득이 모든 것을 抛棄(포기)하고 재에 종하여 격이 이루어졌다는 뜻이다. 만약 여기에 인수가 왕하였다하면 신왕용재가 되던가 아니면 용재인수격이 되었을 것은 사실이다. 그리고 재와 인수가 병립되어 있을 때 인수는 무근하여 도저히 인수의 힘을 믿을 수가 없을 경우 그때는 차라리 왕한 재의 힘을 따라 인수의 힘을 포기해야 되는 것이니 그런 경우를 이름지어 棄印從財(기인종재)라고 하는 것이다. 그런데 이와 같이 가벼운 것을 버리고 왕한자를 따라야 된다는 법칙인 것이니 이것을 말하여 輕捨重之法則(경사중지법칙)이라고 하는 것인데 기명종재나 기인종재나 똑같이 차별 없이 취급하는 것이다.

그런데 이격 구성에 있어서 종재하려면 종재해야 할 이유가 있어야 하는 것인데 그 이유로써 첫째 일주가 무근이라야 하고 둘째 지지에 재국전을 이루어야 하고 셋째 그 재가 간두에 나타나 있음을 더욱 기뻐하며 넷째 일주가 방조를 받음이 없어야 한다. 이상의 4대 요건이 갖추어져 있을 때 비로소 종재하여 격이 이루어지는 것이다. 이 격은 전에 설명한 바 있는 신취 8법중의 從象이라는 곳에 해당되는데 그 종상은 다섯가지로 분류 從財 從殺 從兒 從强(從印) 從旺(從比劫)이 있는데 이격은 그 첫째되는 종재격이다. 그런데 이격에 대한 문헌을 추려보면 4언 독보라는 글에 기명종재가 須要會財(수요회재)인데 若逢根基(약봉근기)면 命損無情(명손무정)이라고 말하였고 또 三命通會에서 예를 들어 말하기를 가령 丁日生人이 酉月에 成局金하고 또다시 4주에 多逢庚辛金한 사람이 그 일주가 無氣면 이것이 기명종재인데 운이 서북마을에 行하여 재관이 旺地면 이는 순수하게 입격하게 되는 것인데 만약 格이 잘 이루어지고도 운이 서북으로 향하지 않고 남으로 行하게 되면 그때는 재앙이 百出(백출)하는 것이다 라고 하였다. 그리고 또 古歌에서 말하기를 日干無氣(일간무기)에 財가 滿局(만국)되어 있으면 그 재에 종하여 기명종재격이 되어 이에 福基(복기)가 되는 것이다. 運旺財官(운왕재관)은 모두 부귀가 되는 것이나 만약 일주를 방조함이 있으면 도리어 재앙을 이루는 것이다 라고 하였다.

그리고 기명종재를 일명 棄印就財(기인취재)라고도 하는데 經에 말하기를 기인취재는 정인과편인을 가려서 논하라. 정인이 月令에 居하고 있는자 財를 보면 不可한데 만약 연월일시에 재가 왕하여 있으면 다못 재격으로 用하게 되는데 그 재는 나를 생하는 인수를 克하여 적이 되는 것이나 그 재는 도리어 복이 되는 것이다. 그러나 편인은 정인과 사정이 좀 달라 연월일시에 재를 보아도 무방하다. 왜냐하면 예를 들어 壬日生人이 편인 申月에 낳거나 또는 丙日生人이 편인 寅月에 출생하면 그들은 모두 각각 日主之長生宮이 되어 연시에 득재하여도 그는 신왕이 喜見財地(희견재지)되어 무방한 것이다. 그리고 정인, 편인과 재의 관계에 있어서도 4주 상황에 따라 달라지며 그 조화가 무궁하게 변하는 것이며 기인취재가 이루어지는 4주는 조업을 버리고 사수성가하게 되는 것이며 또 母妻間(모처간)에 情和(정화)가 이루어지기 힘들어 처를 따르자니 어미가 울고 어미를 따르자니 처가 울게 되기 쉬운데 기인종재는 격 글자 그대로 어머니를 떠나 처를 따라서 대부귀가 되는 묘한 사주격인 것이다.

	연월일시
예시	癸辛丁辛
건명	酉酉酉丑
기명종재격	7 17 27 37 47 57
	庚 己 戊 丁 丙 乙
	申 未 午 巳 辰 卯

이 四柱는 酉月 丁日에 두 辛金재가 투출하고 지지에 三酉一丑으로 丑酉金局하여 재만반하였으며 일주가 무근하여 분명히 종재격을 이루었다. 그리하여 유년 申酉庚申운에 부모덕으로 매우 금지옥엽 고이 자랐고 己未戊운중 未운이 沖丑土하여 약간의 풍파가 있었으나 대체적으로 좋았고 午운에 火克金 財로 대불길할 듯 하나 순탄한 것은 4주 丑土 습기에 그 午火가 누설되어 火生丑土 丑土生金한 탓이며 앞으로 巳운도 火로써 불길할 듯하나 巳酉丑 三合金局으로 재에 화하여 대성

하게 될 것이고 辰土는 습토로써 生金하여 부귀여뢰하게 될 것이 틀림없으며 다음 卯운으로 변하여 들어오면 왕재를 沖하여 일조에 패배하고 신명도 매우 위험하게 될 것이 틀림없는 일이니 이것이 바로 적천수의 쇠신이 충왕하니 왕신발이라는 말에 해당된다.

註) 이 四柱는 酉月丁火로 태어나 신약이다. 그런데 8자를 보니 金滿局이다. 이는 싫고 좋고를 떠나서 무조건 나를 버리고 재를 따라가야 한다. 천만다행한 일은 운의 흐름이 좋았다는 점이다. 57세 乙卯운에는 불가항력일 것이다. 酉金 3형제와 火土金 一水로 귀격인데 인수 木이 없음으로 기명 종재격이 성립되었음이다.

	연월일시
예시	辛丁丙戊
건명	酉酉申戌
	8 18 28 38 48 58
기명종재격	丙 乙 甲 癸 壬 辛
	申 未 午 巳 辰 卯

이 四柱는 酉月丙申日로써 간두에 土金이 투출하고 지지에 申酉戌 金局이 全하여 그 氣가 취합 兌金(태금)하였으므로 인하여 종재격이 되는 것이다. 월상 丁火가 用劫(용겁)으로 군림할 듯하나 무근실시하여 用을 못하고 18~28 乙未甲午운에 매사 무진전으로 애만 쓰다가 38세후 癸巳운에 들면서 財名이 여뢰하였고 43세 癸卯년에 巳酉丑金局이 加하여 제2제철 부사장이 되었다. 巳는 火인 듯 하나 4주에 만국금으로 巳酉丑化하여 金으로 합화하므로 길해지고 그 후 壬辰辛운 마을에 들어 태평세월로 지낼 것이요 다음 63세후로 들어오는 卯 대운중 66세 丙寅년에는 그 액운이 비상하게 되리라고 보는 것이다. 그 이유는 왕화순세인데 卯가 沖하여 쇠신이 沖旺에 왕신발하고 또 寅년에 용신금이 絶하고 病이되는 丙丁火가 寅卯에 根하여 火金이 전투하므

로 신명도 위태롭게 될 것이라고 염려가 된다.

註) 이 四柱는 酉月丙日生으로 신약하다. 그런데 지지 酉酉申戌로 金태왕이다. 월상 丁火, 일간 丙火, 戌中丁火가 있으나 火는 土를 生하고 그 土는 또 金을 生하니 별수없이 날 버리고 재를 따라 가야 하는 형국이다. 다행히 火土金三星格에 申戌천관지축격이니 국가의 동량이라 귀기하다. 앞해설에서 18~28세까지 매사 무진전이라고 표현했는데 이는 분명 착오가 있는듯하다. 43세에 제2제철소부사장이 되었다면 그 이전은 평사원이나 무직자였다는 이야긴가? 乙未甲午운에도 승승장구 하였을 것으로 본다. 다행한 것은 乙未 甲午운에 沖이 없었다는 점이요, 일간 丙火는 년간 辛金, 연월지 암장 辛金 戌中辛金과 財合하고 비겁 丁火는 일지 申中壬水官과 합하여 재관신 합 4주가 되어 크게 성공하는 운명이다.

	연월일시
예시	乙己庚己
乾命	亥卯寅卯
기명종재격	3 13 23 33 43 53
	戊 丁 丙 乙 甲 癸
	寅 丑 子 亥 戌 酉

이 四柱는 卯木財月에 庚寅日主로써 지지가 全木局財하고 일주무근에 乙木財가 나타나서 분명 종재격이 되는 것이다. 그리고 또 乙庚이 合化金인데 역시 재로 화하여 있으니 그 金이 재를 따라 화하게 되는 것이므로 이 격은 從財가 되는 동시 化財로도 되는 것이다. 그런데 庚金은 乙木地夫요 乙木은 庚金之妻가 되는 것인데 庚金夫가 乙木妻를 따라 合化하였으므로 이것을 왈 夫從妻化라고 하게 되는 것이다. 월시상 己土 인수가 있다하나 무근지토로써 자좌살지하여 불능 生金하므로 용신하지 못하는 것이고 전부 木一色으로 化하였으므로 이것

을 獨象格(독상격)이라고도 하여 왕희순세로 대희 水木火운하는 것이다. 유년 寅木운 이후로 丁丙子乙亥운으로 계속 成富一路(성부일로)에 있는 中이다. 41세 대운 해수에 甲寅乙卯木세운을 만나 일약 갑부가 될 것이 틀림없는 사주인데 앞으로 48세 甲운까지는 계속 행운이 끊임없을 것이다. 그 후 戌운에는 己土가 根하여 從財에 방해되므로 인수의 힘을 믿을까 재를 따를까 하는 형상이므로 기로에서서 좀 방황하게 될 것이고 다음 癸운에 다시 邁進一路(매진일로)로 부귀하게 되다가 酉운에 들면서 왕재를 沖하여 처액, 손재, 그리고 위명 등으로 순탄치 못함이 거의 틀림없을 것이다.

註) 이 四柱는 卯月庚日生으로 신약하다. 월시간 己土가 좌우에서 보좌한다 해도 지지 亥卯寅卯 木局에 연간 乙木까지 더하니 날 버리고 재를 따라갈 수 밖에 없다. 그런데 앞 해설에서 乙庚합이 妻를 따라 木이 되었다고 夫從妻化라 하였는데 이는 분명 착각에 서 나온 것 같다. 乙庚合化金이지 어떻게 乙庚合化木인지 이해할 수가 없다. 또 중간에 己土가 있어 乙己沖이 먼저지 어떻게 乙庚合을 할 수 있는가? 도 문제다. 다행한 점은 庚金이 좌우월시지 卯中地木과 합으로 내통하고 있다는 점이요, 아쉬운 점은 무관이라는 것이다. 53세 癸酉대운의 예측은 이의가 없다.

	연월일시
예시	壬壬庚戊
乾命	寅寅寅寅
기명종재격	癸甲乙丙丁戊己
	卯辰巳午未申酉

이 四柱는 庚金日生人이 맹춘 寅月에 출생하고 네기둥 지지가 전부 寅木이다. 日主가 자연 약화되어 있으므로 戊土 인수의 힘을 빌리고자 하나 자좌살지하고 또 臨病宮(임병궁)하여 用하지 못하게 된다. 이

러한 때에는 종재할 수 밖에 없는 것이다. 그런데 庚金이 生壬水하고 壬水가 生寅木하여 秀氣流行(수기유행)이 되어 더욱 아름답다. 종재 寅木하게 되면 金이 爲病(위병)이다. 고로 동남마을 즉 木火운에 대길 하여 그 운에 일찍 등과해서 궁궐출입을 하게 된 사주다.

註) 이 四柱는 寅月 庚金으로 태어나 신약하다. 그런데 지지 全 寅木 局으로 태왕한데 時干戊土가 生金하고 日間 庚金은 生水하고 그 水는 다시 생목하니 종재할 수 밖에 별 도리가 없다. 다행히도 木火운으로 木은 용신운이요, 火는 통관용신이 되어 길하다. 그러나 영광이 오래 지 않아 아쉽다.

```
           연월일시
예시        丙庚壬乙
건명        寅寅午巳
기명종재격   辛壬癸甲乙丙丁
           卯辰巳午未申酉
```

이 四柱는 寅中丙火가 투출되고 지지 寅午巳午로 火局이 이루어져 있고 日主는 무근으로 되어 있고 庚金은 生壬水할 것 같으나 그 庚金 은 寅에 絶하고 四柱丙火가 克金하여 불능 生壬水하게 되므로 인하여 완전 종재가 된다. 그리하여 壬水는 生寅木하고 그 寅木은 生午火하 여 병화로 투출하니 秀氣流行이 되어있어 더욱 아름답다. 그리하여 일찍 火운에 등과 갑제하여 크게 벼슬하고 마침내는 재상벼슬에 까지 오르게 되었던 것이다.

註) 이 四柱는 寅月壬日生으로 신약하다. 그런데 지지 寅巳午 火局 하고 丙火가 투간된데다가 월간 庚金이 金生水 水生木 木生火하니 財 火 태왕으로 종재하는 수 밖에 없다. 여기에 日支干合하고 寅午火局 하니 재관신이 일체가 되었다. 이것이 앞 四柱와 비교되는 부분이다.

이 외에도 그간 학자들이 연구한 수많은 격들이 있다.

예를 들면 귀족격, 금신격, 6을서귀격, 6음조약격, 시묘격, 6갑추건격, 형합격, 6임추간격, 합록격, 전재격, 자요사격, 축요사격, 비천녹마격, 공록공귀격, 협구공재격, 전록격, 일귀격, 일덕격, 괴강격, 임기용배격, 재관쌍미격 등은 그래도 대표적인 격이고 그외 에도 100여개가 더 있으니 일일이 다 열거하기 힘든다.

사실 필자도 60갑자에 대한 관심이 많아서 접하게 된 시간이 40년을 넘어섰다. 하지만 그래도 무엇인가 아쉬움 때문에 지금도 공부중이다. 조용히 생각해보니 공부란 끝이 없다는 시쳇말이 새삼 마음에 와 닿는다. 더욱이 인생공부는 인생의 절연싯점이 공부도 책도 접는 시간이 아닌가 생각해 본다. 필자는 얼마전 인체를 발견하고 인체사용설명서인 인체 메카니즘이란 책을 냈다. 이어서 우주변화의 원리이야기는 인생 사용설명서인 셈이다. 또한 부족하지만 세상을 보고 느낄 수 있는 지표가 될 것이다. 그리고도 우주변화의 원리 이야기는 계속해서 성명학과 만세력, 음양택 비결로 이어질 것이다.

필자가 한 생명을 부등켜 안고 발버둥치면서 소백산에서 기도하고 도를 참견한 후 벌써 36년이란 세월이 흘렀는데도 바로 엊그제 같은 기분이다.

눈있는 자는 볼 것이요, 귀 있는자는 들을 것인데, 굳이 봐라, 들어라 할 필요는 없는 것 같다. 모두가 인연임을 부인할 수 없기 때문이다. 인연이 닿으면 천리길도 멀지 않고 인연이 닿지 않으면 눈 앞에서도 만리길이 되기 때문이다. 누가 왈가왈부해도 덕을 닦은 곳에서 복은 자라고 덕을 닦지 않았는데 복이 싹틀수는 없는 것이다. 지면이지만 이 글을 보고 있는 독자제현들 모두 잘살기 보다는 행복을 느끼는 삶이 되길 빌고 또 빈다.

끝으로 우주변화의 원리이야기(60갑자 이야기)를 출판하게 음으로 양으로 도와주신 제자 여러분들과 출판을 맡아주신 엠·애드 출판사의 임선실 싱장님을 비롯 임직원 여러분께 진심으로 감사를 올립니다.
항상 건강하고 행복하세요, 감사합니다.
　　　　서자천지독자(書者天之讀者) 독자천지서자(讀者天之書者)

　　　　　　　　2019년 12월 共平

참고문헌
황제내경(빙, 고보형(당,송) 문광도서
구산역, 심재식 저
사주첩경, 이석영 저
주역, 서정기 역저
정역, 일부 김항 저
우주변화의 원리, 한동석 저
우주의 역사, 콜린윌슨저, 한영환 옮김
한의학용어대사전, 영림사
부도지, 박재상 저, 김은수 역
장자, 윤재근 저,
훈민정음의 구성원리, 이정호

우주원리 이야기 ②

2020년 1월 20일 초판 1쇄 인쇄
2020년 1월 25일 초판 1쇄 발행

저 자 | 조 대 일
발행인 | 이 승 한
편집인 | 이 수 미
발행처 | 엠-애드
등 록 | 제 2-2554
주 소 | 서울시 중구 마른내로8길 40
전 화 | 02) 2278-8063/4
팩 스 | 02) 2275-8064
이메일 | madd1@hanmail.net

ISBN 978-89-6575-12-67(03110)

값 35,000원

저자와의 합의하에 인지 첨부 생략합니다.
이 책은 저작권법에 의해 보호를 받는 저작물이므로 무단전재와 복제를 금합니다.